新时代文化素质教育系列教材

# 社会调查方法

## SHEHUI DIAOCHA FANGFA

### （第2版）

主 编 王 茜

副主编 肖琪畅 刘孝利

重庆大学出版社

## 内容提要

该教材融入"项目导向,任务驱动"的职教理念,将社会调查实践活动解构为调查前期的准备、调查对象的确定、调查信息的获取、调查信息的分析、调查成果的表达等 5 个项目。再将 5 个项目进一步解构成 12 个可完成、可评价的具体任务,在此基础上,重构《社会调查方法》的教学内容。教材设计的每个任务中,都渗透对学生与人交流、数字应用、信息处理、与人合作、解决问题、自我学习、革新创新等职业核心能力的培养。

本教材不仅适用于高职高专、成人高校及本科二级学院公共课及文秘专业基础课程教学,也可供实际调研部门人员和对社会调查有兴趣的其他读者自学及实践参考。

**图书在版编目(CIP)数据**

社会调查方法 / 王茜主编. -- 2 版. -- 重庆:重庆大学出版社,2023.1
ISBN 978-7-5624-5409-0

Ⅰ.①社… Ⅱ.①王… Ⅲ.①社会调查—调查方法
Ⅳ.①C915

中国国家版本馆 CIP 数据核字(2023)第 004363 号

新时代文化素质教育系列教材

**社会调查方法**

(第 2 版)

主 编 王 茜
副主编 肖琪畅 刘孝利
策划编辑:陈筱萌
责任编辑:陈 曦 版式设计:贾 曼
责任校对:刘志刚 责任印制:张 策

\*

重庆大学出版社出版发行
出版人:饶帮华
社址:重庆市沙坪坝区大学城西路 21 号
邮编:401331
电话:(023)88617190 88617185(中小学)
传真:(023)88617186 88617166
网址:http://www.cqup.com.cn
邮箱:fxk@ cqup.com.cn(营销中心)
全国新华书店经销
重庆俊蒲印务有限公司印刷

\*

开本:787mm×1092mm 1/16 印张:14.5 字数:311 千
2023 年 1 月第 2 版 2023 年 1 月第 10 次印刷
印数:12 801—13 800
ISBN 978-7-5624-5409-0 定价:42.00 元

# 编委会

BIANWEIHUI

**总主编**　孙汝建

**编委会成员**

王　茜　朱利萍　向　阳　孙汝建

李强华　杨群欢　时志明　吴良勤

余红平　陈丛耘　周爱荣　施　新

贾　铎　彭明福　焦名海　楼淑君

# 总 序

用"十年磨一剑"来形容本系列教材是很恰当的,十年来本系列教材经历了以下三个阶段的历练。

2009 年,重庆大学出版社邱慧和贾曼同志来南通大学与我商谈,准备出版一套文秘专业教材。我们所见略同,一拍即合。重庆大学出版社决定由我牵头在全国范围内遴选组建两百多人的编写团队,编写出版了 34 种文秘专业教材,在全国百余所院校使用后反响良好。其中 5 种教材于 2013 年被教育部作为"十二五"国家级规划教材立项。

2014 年,重庆大学出版社贾曼同志来华侨大学与我商谈,根据文秘专业教学需要,出版社准备从上述 34 种教材中遴选 27 种修订出版,我们所见略同,一拍即合。教材出版后,有 5 种教材于 2014 年被教育部正式评为"十二五"国家级规划教材。

具体书目如下:

一、教育部职业院校文秘类专业教学指导委员会规划教材(国家"十二五"规划教材 3 种)

档案管理实务(第 2 版)(国家"十二五"规划教材)

商务秘书实务(第 2 版)(国家"十二五"规划教材)

商务写作与实训(第 2 版)

秘书理论与实务(第 2 版)

秘书职业概论(第 2 版)

秘书心理与行为(第 2 版)

秘书写作实务(第 2 版)(国家"十二五"规划教材)

企业管理基础(第 2 版)

秘书岗位综合实训(第 2 版)

秘书语文基础(第 2 版)

秘书信息工作实务(第 2 版)

会议策划与组织(第 2 版)

办公室事务管理实务(第 2 版)

市场营销理论与实务(第 2 版)

人力资源管理理论与实务(第 2 版)

社会调查方法

新闻写作(第 2 版)

办公自动化教程(第 2 版)

二、高等院校文化素质教育系列教材(国家"十二五"规划教材2种)

职业礼仪(国家"十二五"规划教材)

毕业设计(论文)写作指导(第2版)(国家"十二五"规划教材)

公共关系实务(第2版)

口语交际与人际沟通(第2版)

形体塑造与艺术修养(第2版)

规范汉字与书法艺术(第2版)

实用美学与审美鉴赏(第2版)

文学艺术鉴赏(第2版)

文化产业管理概论

2019年,重庆大学出版社贾曼同志来郑州大学与我商谈,出版社准备在以上27种教材中遴选16种教材进行修订出版,我们所见略同,一拍即合。

这次修订出版的教材分为两个系列,具体书目如下:

一、新时代文秘类专业系列教材(国家"十二五"规划教材3种)

档案管理实务(第3版)(国家"十二五"规划教材)

商务秘书实务(第3版)(国家"十二五"规划教材)

商务写作与实训(第3版)

秘书理论与实务(第3版)

秘书写作实务(第3版)(国家"十二五"规划教材)

秘书信息工作实务(第3版)

会议策划与组织(第3版)

办公室事务管理实务(第3版)

人力资源管理理论与实务(第3版)

办公自动化教程(第3版)

二、新时代文化素质教育系列教材(国家"十二五"规划教材2种)

职业礼仪(第2版)(国家"十二五"规划教材)

毕业设计(论文)写作指导(第3版)(国家"十二五"规划教材)

口语交际与人际沟通(第3版)

规范汉字与书法艺术(第2版)

实用美学与审美鉴赏(第3版)

社会调查方法(第2版)

十年来,我先后担任教育部高职高专文秘类专业教学指导委员会主任委员、教育部职业院校文秘类专业教学指导委员会主任委员。目前担任中国教育学会秘书学专业委员会副理事长。作为重庆大学出版社文秘系列教材的总主编,十年中我与编写团队、出版社以及全国文秘专业和秘书学专业教师,都非常关注教材使用的效果。为此,我还牵头主持完成了教育部课题《文秘类专业职业教育教材质量抽查》(2014JCCC 033)》,不断跟踪研究如何提高文秘教材质量。

本系列教材以习近平新时代中国特色社会主义思想为指导,根据文秘专业最新国家标准和用人单位对文秘专业人才的需求,按照"工学结合、理论够用、突出实训"的原则调整大纲、遴选内容、更新案例、设置单元,突出核心知识点,实训举一反三;凡涉及国家标准的内容,如公文、标点符号、数字用法、计量单位、秘书职业标准等都采用最新国标;教材名称与教育部公布的文秘专业课程名称尽量一致,确保教材选用的精准性和契合度;为保持教材的延续性和生命力,根据老中青相结合的原则适度调整了修订人员;根据"互联网+"的时代特征,部分教材增加了视频、课件、图片、音频等数字资源,不断增强教材的时代感;教材开本及体例原则上不变,但封面及装帧也做了重新设计。

文秘专业系列教材的发展方向是"传统纸质教材+配套数字资源+在线教学服务平台",这种新形态教材的开发与教学服务平台的建设,会进一步适应新时代文秘专业人才培养的需要,这也要依靠全体编写人员和各校文秘专业骨干教师的不懈努力。

孙汝建

2020 年 7 月

# 再版序言

ZAIBAN XUYAN

2010年7月，重庆大学出版社、教育部高职高专文秘类专业教学指导委员会组织来自全国各地开设文秘专业的骨干教师，编写了满足文秘专业教学需要系列专业规划教材。其中，《社会调查方法》作为文秘专业基础课程，由主编王茜组织来自部分高职高专的相关专业老师编写了适用教材《社会调查方法》，教材在编写过程中，遵循"以职业素质为本位、以职业能力为核心、以职业活动为导向"这一原则，切合"学中做，做中学"的教学需要。具有内容保持职业活动的完整性、融入"项目导向、任务驱动"的职教理念、体例编排"双线并行"、渗透职业核心能力的培养等诸多特点。出版发行后为多所高职院校所采用，并收录在北京大学图书馆。

时代在不断发展，新技术不断涌现，教学需求也在发生着较大的变化。为满足广大师生的使用需要，编者对教材进行了全面的修订与更新，在参考更多更新社会调查方法教材的基础上，增加了中南大学社会学专业硕士毕业的刘孝利老师作为副主编，增补了之前文秘专业学生不常用的"SPSS统计软件的操作与使用"内容，删除了典型调查与个案调查等不常用方法，更换了诸多任务中大部分的"操作示例"。修订后的教材保留了5大项目，由原来的14个缩减为12个。教材编写与修订具体情况如下：

王茜（湖南大众传媒职业技术学院），主编，编写项目一任务1、2、3，项目三任务6。

肖琪畅（西南政法大学），副主编，编写修订项目五任务12。

刘孝利（湖南大众传媒职业技术学院），副主编，编写项目四任务10、11。

童李君（苏州职业大学），编写项目二任务4。

戴香智（长沙民政职业技术学院），编写项目三任务5，项目四任务10。

刘江兵（湖南商务职业技术学院），编写项目三任务7、8。

侯典牧（中华女子学院），编写项目三任务9。

在教材编写与修订过程中，参阅了不少同类教材及访问了相关网站，吸收了大量颇有价值的研究成果，由于联系的不便，无法与原稿作者一一联系沟通，在此表示诚挚的敬意与谢意！感谢重庆大学出版社的鼎力支持和编辑人员的辛勤劳动，在此，一并表示衷心感谢！同时，真诚欢迎各位专家和同行提出宝贵意见，以便在将来重印或再版过程中及时修订、补充，不断完善和提高。

编　者

2022年11月

# 目　录

## 项目二 调查对象的确定

## 项目三 调查资料的获取

# 导　论

　　现代社会是一个复杂多变的信息社会,正确认识并科学管理现代社会,离不开对社会信息准确及时地收集和处理。作为收集和处理社会信息的基本方法,社会调查在现代社会中具有越来越重要的作用。在秘书工作中,调查研究既是秘书综合处理信息的重要手段,也是秘书工作的主要内容,因此,熟练掌握调查研究的基础理论与基本技能,并能在实际工作中加以灵活运用,秘书工作才能游刃有余、得心应手。

## 一、　社会调查的含义

　　正如宇宙万事万物无不处于一个系统之中一样,社会也是一个系统,而且是一个极其复杂的系统。对这个复杂社会的认识,必须建立在科学的认识基础之上。科学认识,离不开对社会信息准确及时地搜集和处理,而要做到这一点,就要做社会调查。

　　什么是社会调查? 不同的学者其认识也不相同。有人把到社会中了解情况的各种不同形式的活动都称之为社会调查;有的学者认为,社会调查就是搜集社会资料的活动与过程;有的则认为,社会调查不仅包括调查收集资料的工作,也包括研究分析资料的工作,即调查与研究工作。

　　调查是通过各种方法和手段,进行有目的的实际感受与考察,了解掌握客观世界的各种实际情况,从而获取信息的过程。研究则是根据所获取的信息,运用科学的认识论和方法论,进行归纳、分析,寻求内在联系与运动规律的过程。在实际工作中,调查和研究的联系是密不可分的,调查是研究的基础和前提,研究需要先进行调查。调查工作中的选定题目、确定方法、处理疑难等需要进行研究,研究工作中的核实、补充资料等仍然需要进行调查,因此,我们认为社会调查既包括"调查"这种感性的认识活动,也包括"研究"这种理性的认识活动,可以把两者作为一个整体来认识。

　　社会调查,即社会调查研究或调查研究,是指人们在一定的理论指导下,有目的、有意识地通过对社会现象的考察,系统、直接地搜集有关社会现象的信息资料,进而加以分析、综合,作出描述和解释,阐明社会现象的本质及其发展规律的一种自觉的社会认识活动。

　　对于社会调查,可以从四个方面去理解其含义:

　　其一,社会调查是一种自觉的认识活动。任何社会调查都是有目的有意识地进行的,它与人们日常生活中对社会现象的一般观察和了解是有原则性区别的。

其二,社会调查的对象是社会自身。社会调查不仅要研究以人和人群共同体为重点的各种社会要素,而且要研究以生产方式为基础的各个方面的社会结构,特别是要着重研究对社会系统的整体功能具有决定性作用的全社会的总体联系、总体协调和总体控制。

其三,社会调查的方法,既包括考察、了解社会实际情况的各种感性认识方法,又包括对搜集的感性材料进行思维加工的各种理性认识方法。

其四,社会调查的目的是了解社会生活的真实情况,探索社会现象的本质及其发展规律,并进而寻求改造社会的道路和方法。

## 二、 社会调查的主体与客体

**1. 社会调查主体**  是指社会调查行为的发动者和执行者,是社会调查行为的主导部分和实际运作者。

按照在社会调查中的不同地位和作用,可以分为两个组成部分:一是社会调查的委托者,即社会调查的发动者;二是社会调查的受委托者,既可以是一个严密的组织,又可以是从事社会工作的研究人员。

**2. 社会调查客体**  通常又称为社会调查对象,是指社会调查主体在调查过程中获取信息的对象和认识研究的对象。

它由两个相互联系但又有区别的层次构成:一是社会调查目的决定的课题领域(社会现象及其规律),二是载负课题领域信息的信息载体。

## 三、 社会调查的作用

### ≫(一)一般作用

人们天天生活在社会环境之中,为什么还要对社会情况进行专门的调查和研究呢? 众所周知,社会是一个不断运动变化发展的系统,社会的运动是一种高级的物质运动形态,它比机械运动、物理运动、化学运动、生物运动等物质运动形态复杂得多,人们如何及时、准确地认识社会生活的真实情况及其变化发展趋势,也就成为一件比较困难、比较紧迫的任务了。

**1. 及时搜集社会现象的真实资料**  这是社会调查的首要任务。只有及时搜集社会现象系统真实材料,才有可能对所研究的社会现象进行客观描述、作出正确解释,进而进行科学预测和对策研究。

**2. 探索出现社会现象的客观物质动因**  任何社会现象的发生都不是没有自觉的意图、没有预期的目的。只要我们不停留在人们的思想动机层面上,而是进一步去调查研究人们的需要、人们的经济和政治地位,那么,我们就可能正确地揭示出产生某种社会现象的客观的、物质的原因。

**3.揭示出社会现象的本质及其发展规律** 社会现象总是个别的、多样的,总带有某种程度的偶然性。社会规律却不同,同类事物中具有普遍性、可重复性和相对稳定性,这些是事物内在的本质的必然的联系。我们只有从大量的、个别的、复杂的、多变的同类社会现象中去寻找那些共同的、不断重复的、相对稳定的东西,从各种各样的偶然事件、偶然现象中去寻找那些内在的必然的东西,才能揭示出社会现象的内在本质与发展规律。

**4.寻找改造和发展社会的对策** 正确政策的出台必须有充分的理论准备。通过社会调查,可以提出决策的理论依据,进行可行性论证,最大限度地减少失误。

总之,透过社会现象,去揭示其本质及其发展规律,是社会调查的根本任务。

### ≫(二)秘书工作中的作用

调查研究是秘书一项经常性的职能工作,它与秘书其他的办公室工作密切相关,并在秘书工作中发挥着重要的作用。

**1.做好常规工作的前提** 办公室的各项常规工作,无论是撰拟文稿、筹办会议、处理信访还是督促检查,都离不开调查研究。可以说,调查研究贯穿于秘书工作的全过程与各个环节,是秘书做好常规工作的基础。

**2.辅助决策的关键** 领导决策是否正确,关键在于能否从实际出发,使主观认识与客观实际相一致。秘书要辅助领导作出符合实际的决策,首先必须了解实际。调查研究可以促使秘书辅助决策更具客观性、针对性和有效性。决策在执行过程中,还需要调查研究来检验决策的正确程度与执行效果,秘书也必须通过多种调查方法与调查渠道取得反馈信息,作为领导修订或重新决策的依据。

**3.处理突发事件的必要手段** 秘书部门是一个综合性事务的处理部门,工作性质决定了秘书部门必须要面对大量临时性、突发性的事务。处理突发事件,更是要依靠调查研究,只有掌握了第一手信息,掌握了第一手的材料,然后通过科学的分析,才可能选择正确的处理方法。

**4.提高秘书人员自身素质的有效途径** 经常参加调查研究活动可以促使办公室秘书不断提高自身素质。秘书人员通过调查研究可以加深对各项方针政策的理解,学习基层的新鲜经验,发现社会上一些不良现象,可以提高观察能力、分析综合能力、交际能力、表达能力等。

### 四、 社会调查的类型

根据不同的标准,社会调查可分为不同的类型。

## ≫（一）根据调查对象的不同，分为普遍调查与抽样调查

1. **普遍调查**　是指对选题涉及到构成总体中所有个体（元素）无一例外地全部进行调查。

普遍调查常被用来进行全国性或者地区性调查，如人口、土地、经济调查。世界各国都定期进行人口普查，我国分别于 1953 年、1964 年、1982 年、1990 年、2000 年、2010 年、2020 年进行了七次全国人口普查。普遍调查得到的信息是最全面的，但由于所涉及的对象多而复杂，范围广、人员多、成本高、周期长。因此，其应用范围受到一定限制。

2. **抽样调查**　是从所研究的总体中，按照一定的方法对其中部分个体（元素）进行调查，并以调查的结论或数据来推断总体。相比于普遍调查，抽查调查因具有成本低、周期短、人员少等优势而被广泛使用。但值得注意的是，由于调查的不是全部对象，不可避免会存在一定误差，因此，在应用抽样调查时要尽量减少抽样误差。

## ≫（二）根据调查目的不同，分为描述性调查、解释性调查

1. **描述性调查**　是对总体特征的分布情况进行详细的描述。一些以了解国情、民情为主要目的的社会调查，如人口普查、民意测验等，都是以客观地反映社会事实为主要任务。

2. **解释性调查**　是找出事情发生、现象出现的原因。有许多社会调查，不仅会进行总体描述，还会在此基础上分析该社会现象产生的原因，揭示它的本质以及它发展变化的规律性。

社会调查还可根据其他的标准来划分，根据调查方式不同，可分为文献法、问卷法、访谈法、观察法、实验法等。这种划分标准下的各种调查方法，将在项目三调查信息的获取中详细介绍。

## 五、　社会调查的一般程序

社会调查是人们认识社会现象的一种自觉活动，有比较固定的程序。大体可分为选题阶段、准备阶段、调查阶段、研究阶段和总结阶段这五个阶段。有关这五个阶段的内容，在本任务中只作粗略的说明，让初学者从宏观上把握调查的一般程序，详细内容我们将陆续在后面相关任务中作详细介绍。

## ≫（一）选题阶段

选择一个合适的调查课题并不是一件容易的事，调查课题一经确定，整个调查活动的目标和方向也就随之确定。从一定程度上来说，调查课题决定着调查成果的好坏优劣。因此，正确选择调查课题是做好社会调查的前提。

### ≫（二）准备阶段

准备阶段是整个调查研究的起始阶段,主要做好以下四项工作:

**1. 设计调查方案** 包含设计调查指标及设计调查总体方案,并对设计的调查方案进行可行性研究等三个方面。设计调查指标是指根据调查研究课题分解出反映调查对象的类别、环境、水平、速度等特性的项目,为调查提纲、调查表和问卷表的设计制作提供可能。设计总体方案是为达到研究目标而对社会调查的目的、方式、方法、手段、工具、费用等进行总体安排。总体方案的可行性论证是对方案是否科学、是否可行、在实践中是否具有操作性等方面进行科学论证。社会调查取得成功的关键在于科学设计调查总体方案。

**2. 准备调查工具** 主要是指准备好调查所依赖的测量工具或信息收集工具——调查问卷、访谈提纲、观察提纲等。

**3. 选取调查对象** 调查的信息来源于调查对象,除普通调查以全部个体作为调查对象外,其他所有的调查由于整体太大,而且没有必要调查全部对象,只需取其中一部分,甚至一个个体。对于一项具体调查来讲,部分调查对象的确定是要依据科学的方法来选取的。比如说抽取样本、选择典型或确定个案。

**4. 组建调查队伍** 组建调查队伍是顺利完成调查任务的基本保证。调查者要根据调查任务的大小,选定人员、明确分工、制定纪律、组织训练、认真执行。

良好的开端是成功的一半,社会调查的领导者和组织者,必须下大工夫,花大力气做好这一阶段的各项工作。实践证明,许多大规模的或比较复杂的社会调查(如人口普查,经济普查等),往往需要几个月甚至几年的时间进行准备。如果准备工作做得充分,就能明确调查的中心和重点,把握事物的关键,避免盲目性,确保调查阶段的工作的顺利。

### ≫（三）调查阶段

调查阶段是调查总体方案的实施阶段,也是最重要的阶段。包含以下任务:进入调查现场,采取各种科学有效的调查方法进行信息资料的收集。

在调查阶段,调查人员的接触面最广,工作量最大,情况最复杂,变化最迅速,实际问题最多,指挥调度也最困难。调查往往会受到主客观方面各种因素制约。从主观方面来说,一项调查工作,特别是那些难度、任务比较大的调查任务,调查人员会处在一种非常紧张的压力之下,这就要求我们的调查人员要保持高度的工作热情,认真对待每一张表格的填写或每一个问题的提出与回答,不能忽视调查中出现的每个细小问题,有时往往是一些小问题,给后续的工作带来极大的困难。

从客观方面来讲,调查者对调查中外界因素是无法完全控制在自己的工作进程中。为获取真实可靠的信息资料,调查者应注意做好以下几件事:一是熟悉被调查对象及他们的周边环境;二是密切联系被调查对象及被调查对象所在的调查地区、单位的组织,要尽可能在不影响或少影响他们正常工作的前提下,合理安排调查工作的任务和进程,争取得到他们的充分理解、积极支持和帮助。

调查阶段是所有调查者分散到各调查现场收集调查信息的阶段。分散在各个调查现场的调查人员遇到的情况也许是千差万别,这就需要调查的领导者和组织者亲临第一线,分阶段做好内部指导。调查初期,指导调查人员尽快打开调查工作的局面,注重调查人员的"实战"训练和搜集材料工作的质量,为整个调查工作开一个好头。调查中期,注意总结和交流调查工作的经验,及时发现和解决工作中出现的新情况、新问题,特别是要采取得力措施,加强后进的单位和环节,促进调查工作的平衡发展,加快整个调查工作的进度。调查后期,狠抓搜集材料的扫尾工作,同时要对调查资料进行严格的质量检查和初步整理工作,以便及时发现问题,就地补充调查。

总之,在调查阶段,社会调查的领导者和组织者,应集中精力做好外部协调工作和内部指导工作,力求以最少的人力、最短的时间、最好的质量完成搜集材料的任务。这个阶段的工作做好了,下一阶段的研究工作也就有了良好的基础。

## ≫（四）研究阶段

研究阶段是社会调查的深化、提高阶段,是从感性认识向理性认识飞跃的阶段。正如农产品从地里收获后须经过许多道工序,才能最终成为人们喜爱的香甜可口食品一样,从现实社会中调查所得到的众多信息资料,同样需要经过调查研究者各种加工和处理才能最终变成调查研究结论。这个过程称之为研究阶段。此阶段的主要任务是:审核、整理资料,研究分析和开展理论研究。

审核资料就是对调查的文字资料和数字资料进行全面审查、复核,辨明真假,区分精粗,以保证资料的真实、准确、简明和完整。整理资料是对鉴别后的原始资料进行初步加工,使之条理化、系统化,并以集中、简明的方式反映调查对象的总体情况。

对所获得的调查信息资料进行数量关系的研究分析,从而揭示调查对象的发展规模、水平、结构和比例,说明事物的发展方向和速度,及与其他事物之间的内在关系等问题,为进一步开展理论研究提供准确而系统的数据资料。

开展理论研究,就是运用逻辑方法和与调查课题有关的其他科学理论,对鉴别整理后的信息资料和统计分析数据,进行思维加工,揭示事物的内在本质,说明事物的前因后果,预测事物的发展趋势,以证明调查者提出的研究假设,作出新的理论说明,并在此基础上提出对实际工作的具体建议。

## ≫（五）总结阶段

总结阶段的主要任务是:撰写调查报告、应用调查成果、评估调查质量和总结调查工作。

调查报告是一种以文字和图表将整个调查工作所得到的结果系统地、集中地、规范地反映出来的文字材料。它是调查研究成果的集中体现,从调查的目的、方式到信息的收集,从分析方法的运用到调查得出的结果及成果的质量,都会在调查报告中得到比较全面的反映。因此,可以说调查报告是对整个社会调查工作进行的一次全面总结。

评估调查成果,主要包括两个方面:一是从学术成果看,要对社会调查所提供的事实和数据资料、理论观点和说明以及所使用的调查研究方法,作出客观的评价;二是从社会成果看,要对社会调查结论的采用率、转引率和对实际工作的指导作用,作出实事求是的估计。评估调查成果实质上是在实践中应用调查结论和检验调查结论的过程。因此,社会调查的成果应以不同的形式应用到社会实践中,发挥其认识社会现象、探索社会规律的巨大作用。

总结调查工作,包括整个社会调查工作的总结和每个参与者的个人总结。通过总结,既要积累成功的经验,又要吸取失败的教训,特别是要注意寻找改进社会调查工作的途径和方法,为今后更好地进行社会调查打下基础。

## 案例引入 ••••••••••••••••••••••••••••••••••••••••••••••••••••

随着我国进入新的发展阶段,产业升级和经济结构调整不断加快,各行各业对技术技能人才的需求越来越紧迫,职业教育的重要地位和作用越来越凸现。为夯实学生可持续发展基础,拓展就业创业本领,缓解结构性就业矛盾,2019 年 1 月,国务院发布了《国家职业教育改革方案》,提出启动 1+X 证书试点工作,鼓励职业院校学生在获得学历证书的同时,积极取得各类职业技能等级证书。为指导学生考取技能等级证书,各类证书考试的培训广告布满大学校园的广告栏:教师资格证、会计证、理财师证、高新技术等级证、物流师资格证、公共营养师证……各类证书培训,花样繁多。"你考了吗?"已成为大学中的流行语。

"艺多不压身,艺高人胆大。"

"多拿一个证,就多一个就业机会,多一条生活出路。"

……

"高校考证热"持续升温,呈现出"高烧不退"的趋势。面对校内外种类繁多的各类培训和证书,一些大学生无所适从,茫然无措。

在校大学生应该考取什么证书,该如何利用业余时间考取自己理想的证书? 证书越多越好吗? 大学生该如何树立正确的考证观? 我们又应该如何看待校园里的考证热? 对此社会有关部门和学校又该如何引导呢? ……如此这般的问题,已摆在我们面前,亟待解决。

## 案例分析 ••••••••••••••••••••••••••••••••••••••••••••••••••••

要解决这一系列问题,需要我们了解事情的真实情况,找到其原因,最后才能对症下药。

　　毛泽东早就说过："没有调查就没有发言权。"如何了解大学生考证的真实情况？我们必须对此作认真的调查，获取相关信息，对信息进行认真分析研究，方能回答这一问题。俗话说，成功属于有准备的人。要做好调查，先必须做好调查前的充分准备。

# 项目一
# 调查前期的准备

## 知识目标 ..........

掌握社会调查选题的原则。

掌握调查总体方案的内容。

了解社会测量、效度、信度。

## 能力目标 ..........

能运用选题基本标准确定调查选题。

能按照要求设计社会调查总体方案。

## 任务 1　选择确定调查课题

### 任务描述 ..........

在社会调查中，我们可以选择类似高校考证热、高校社团建设、大学生兼职、智能手机使用、电商时代消费方式变化、农村留守儿童问题等来调查，而有些社会现象或社会问题则不太好做调查，或因条件局限暂不能做调查。那么，什么样的社会现象、什么样的社会问题可以选择做调查，这就涉及到如何选择与确定调查课题。人们常说"题好一半文"，选题如何关系到调查研究成功与否、调查报告质量的高低。一篇好的调查报告关键在于选题好，如果选题不好，即使花再大的力气，写作水平再高，也难以写出好的调查报告。因此，要写好调查报告，首先就要慧眼识珠选好题。

### 任务完成 ..........

一、任务完成目的与要求

了解选题的重要意义，明确社会调查选题的类型以及选题确定的过程，掌握选题标准。在充分了解和认识专业知识的基础之上,能够在众多社会现象和社会问题中选择适当的调查课题。

二、任务完成步骤

1.教师结合设计的大项目进行分析,让学生了解、熟悉、掌握基本教学内容。

2.教师提供若干社会现象作为选题范围,学生依此选择调查课题。

3.学生就自己的选题明确各自的调查目的、确定分析单位。

4.学生个人或分组讨论分析所选课题的价值、可行性与创新之处等,写出选题论证报告。

5.学生(小组代表)发言,陈述选题的价值、可行性及创新之处。

6.师生评议,最后确定调查选题,以备后续学习实践之用。

## 必备知识

### 一、 调查课题的含义及其类型

调查课题就是社会调查所要说明或解决的社会现象或社会问题。

社会需要是多种多样的,因而调查课题也是多种多样的。按照不同的标准,调查课题可以分为不同的类型,其中主要有以下几种。

1.**按照调查目的区分**　理论性课题和应用性课题。理论性课题是指以揭示社会现象本质和发展规律为主要目的的课题。当要证明某一假设或理论是否正确,就需要从事理论课题研究对该假设或理论进行论证;若对某一理论产生怀疑,也需要进行理论课题研究,对此加以证实,如现代社会的家庭及其发展趋势。应用性课题是指以提出解决社会实际问题的方案或对策为主要目的的课题。它是为解决现实问题而去查明事物的现象、分析其产生的原因,寻求其内在联系和发展趋势,从而提出解决的方案或对策,如劳动力市场调查等。

应用性课题与理论性课题的研究目标不同。应用性课题注重实用性,调查时效性要求较高。理论性课题注重理论上的研究。但它们之间又相互联系、相互促进、相互补充。应用性课题能够为理论课题提供大量的感性材料,而理论课题的成果又有助于应用课题的研究。

2.**按照调查深度区分**　描述性课题、因果性课题和预测性课题。描述性课题是指对社会真实情况进行具体描述和叙述的课题。它主要回答"是什么""怎么样"的问题。例如职工生活状况调查等;因果性课题是指揭示两种或两种以上社会现象之间的因果关系的课题,它主要回答"为什么""怎么办"的问题,如青少年犯罪问题调查;预测性课题就是指在说明社会现象及其因果关系的基础上,进一步预测今后发展趋势的课题。它主要回答"将怎么样""应怎么样"的问题,如2010年的中国就业状况等。

**3. 按照承担的情况区分**　主动调查和被动调查。主动调查即调查人员从自身意愿及职能需要出发主动获取和加工有效信息的调查活动。被动调查则是调研人员接受委托并按委托者意图所进行的调研活动。秘书主要从事的是被动调查活动,比如,为领导的决策需要去获取相关信息,为回复问题而去了解相关情况,为完成诸如文稿撰拟、政策起草、制定协调方案等职能活动而进行的信息综合与分析等。

## 二、 选题的意义

社会生活包括许多的层次和方面,构成众多不同的领域,每个方面和领域中,都有许多可以调查的课题。因此,对于一项具体的调查来说,我们是从众多可作调查的课题中选择一个,这就是选题。选择调查课题在整个社会调查研究的过程中,有着十分重要的意义。

**1. 决定着调查与研究的总体方向**　科学的社会调查研究和日常生活中人们对社会的了解有着质的差别。日常生活中人们对社会的了解是零碎的和不系统的,往往止于对社会现象的感触和感悟。而且它感触什么体验什么,是随着生活的展现自然而然地进行的。科学的社会调查研究,则是要通过对社会现象的考察,揭示社会运行的规律,指出社会问题的症结,并提出改进社会的方案。因此,当我们计划进行一项社会调查时,以什么作为调查研究对象,完成什么任务,最终要达到什么目的,这都与调查课题密切相关。实践证明,课题选择得好则事半功倍,可以迅速取得研究成果,反之,会使研究工作受到影响,甚至半途而废,造成人力、物力、财力和时间上的巨大浪费。

在某种意义上,我们可以说调查课题就是调查目标,目标一旦确定,方向也就确定,即整个社会调查的基本方向也就确定。

**2. 影响着社会调查的方案设计,制约着社会调查的全过程**　选择与确定的调查课题不同,调查的对象、方法、内容、规模、方案设计等就不相同,调查人员的选择、调查队伍的组织、调查工作的安排也不相同。例如,农民居住情况和某大学应届毕业生择业倾向这两个调查课题,设计的调查方案就完全不同,进行调查的方法和过程也有极大的差别。前者是以农民住房为调查对象,主要调查住房的间数、面积、建筑结构等指标,它不仅可采取访问调查法,更应采取实地观察法,对于调查人员和调查时间的选择比较灵活。后者则不同,它所要求的只是在一所大学中的小范围抽样,抽样程序相对简单,样本规模也要小得多。资料收集方法只需自填问卷,问卷的内容也比较单一。因而只要少数几个调查人员在很短的时间内就能完成,花费也很小。这说明,选择调查课题,是设计调查方案、安排调查工作进程的基础或前提。

**3. 关系着社会调查的成败和调查成果的社会价值**　选择与确定调查课题是否得当,关系着社会调查的成败与成果的价值。一个错误的选题,不管调查方案设计得如何周密,调查工作进行得如何认真,都不可避免地导致彻底失败。调查课题是否妥当,还决定着调查成果的社会价值。一个具有现实性和时代感的重大调查课题,如果调查取得成功,其调查成果就可能具有巨大的理论价值和现实意义。相反,一个陈旧的或脱离实际的调查课题,不管调查工作花费了多大精力,调查资料如何翔实、完整,不会得到社会的反响,也不可能产生好的社会效益。由此说明,选择调查课题,于社会调查的成败及其社会价值有很大的制约作用。

**4. 体现着调查者的调查研究水平**    爱因斯坦指出:"提出一个问题往往比解决一个问题更重要,因为解决一个问题也许仅是一个数学上的或实验上的技能而已,而提出新的问题,新的可能性,从新的角度去看旧的问题,都需要有创造性的想象力,而且标志着科学的真正进步。"爱因斯坦的这一论断,对于社会调查也是适用的。这是因为,选择与确定调查课题,既需要用到调查研究者所掌握的专业理论知识、调查研究方法知识和各种操作技术,又需要研究者具有比较开阔的视野、比较敏锐的洞察力、比较强的判断能力。同时,还需要研究者具有一定的社会生活经验。一个学术上有创见的人,不大可能主动选择那些陈旧的课题,一个缺乏理论修养的人,也很难对学术性的调查课题感兴趣。一个教条主义者也绝不会去研究如何发展"社会主义商品经济"的问题。

总之,选择调查课题是社会调查最重要的决策,它对整个社会调查工作的成败具有决定性的意义。

### 三、    选择与确定调查课题的步骤

#### ≫ (一)发现并提出调查课题

调查课题就是社会调查所要说明或解决的问题。千姿百态的社会生活是各种社会调查课题最丰富、最经常的来源,但并非社会中的任何问题都能成为调查课题,它受各种条件的制约。作为调查者,他所遇到的问题只是部分的社会问题,有时这些社会问题还相互关联、错综复杂,就他各方面的条件而言,不能一次性解决所有问题。正因为如此,调查者在进行社会调查前,必定要经历一个从发现问题到提出调查课题的过程。

如何发现并提出社会调查课题?费孝通教授曾指出:"社会调查的题目,从根本上说是来自于社会实践的发展。"因此,作为社会调查者应主动投入到社会实践活动中去,善于观察、勤于思考,养成对各种社会现象、社会问题、社会行为、社会心理等问题经常问个"为什么"的习惯,在思考时去发现并提出有价值的社会调查课题。

调查者除了在社会实践中发现并提出调查课题外,还可以通过查阅文献的方法来发现问题,查阅文献不仅可以让调查者比较全面地了解本领域中的研究状况、研究成果,还可以了解到以往的研究者在探索该问题领域时所采取的各种不同的研究角度和研究方法。

下面是一个青年研究者给著名社会学专家风笑天教授的一封信,从中不难发现社

会调查课题的一个重要来源就是社会实践和文献阅读。

尊敬的风老师：

您好！

我是安徽师范大学社会学院的青年教师王杰。从 2002 年以来，我们一直使用您的《现代社会调查方法》一书作为本科生教材。

......

另外，我还要向您表示感谢！感谢您在学术研究上的方向性引导。2006 年的早些时候，我在《人口研究》2006 年第 1 期上看到了您的《农村外出打工青年的婚姻与家庭：一个值得重视的研究领域》这篇文章，我对您提出的这个主题和五个议题很感兴趣。我来自农村，有着城乡两种生活经历，对农村的变化很熟悉，也有着一种关注和思考的热情，本科论文写的就是这个主题。您的观点激发和支持了我的研究冲动，于是在结合前期资料和多次调查的基础上，我写了一篇关于农民工婚姻的小文章，很幸运地被《青年研究》（2007 年第 11 期）采用了。回首这个过程，如果没有您的学术引导，也许我没有勇气和眼光去做这方面的研究，所以请接受一个求知路上的青年人的由衷敬意！

祝：暑假凉爽，工作顺利！

晚辈  王杰敬上

2008.8.13

对于从事秘书工作的人员而言，选择调查课题的具体途径主要有以下几种：

**1. 根据领导意图确定调查课题**　领导意图反映领导工作的思路，也包含着领导工作对有关信息的需求情况。领导意图体现在领导者个人、领导班子集体或领导机关的工作行为中，体现在指导组织成员工作的实践所提出的意见以及所作出的决定、批示和交办的事项之中。领导意图有时是通过文字或口头明确表达的，有时蕴含在有关的文件或口头讲话中。这就需要从事调研工作的秘书人员认真地分析领会，把握实质，主动地确定调查课题。

**2. 根据中心工作需要确定调查课题**　一般来讲，组织在一段时期内的中心工作，是这段时期关系到全局的工作重点和关键，是在一定时限范围内，按照特定的要求和标准必须完成好的任务。因此，领导机关和领导者都十分重视中心工作。中心工作全面展开后，往往会出现一些意想不到的新情况、新问题。如果对这些新情况、新问题不及时进行调查研究，就很难制定出有效的对策，也就可能对整个中心工作的顺利开展带来消极影响。作为辅助领导工作的秘书，在工作中就要根据工作需要确定调查课题并迅速开展调查，这对领导推进整个中心工作具有不可低估的辅助作用。

**3. 根据群众反映确定调查课题**　群众的反映是组织管理和领导活动的重要反馈，是领导机关和领导者掌握社情民意的重要渠道。但是，人们往往会根据各自所处的地位、角度来认识问题，提出意见、建议和要求。有些意见或要求难免片面或有些偏颇，有些显得比较零碎。这就需要进行调查研究，将一些具有代表性、倾向性、苗头性的情况作为课题,进行深入的调查,并将准确无误的调查研究结果及时提供给领导者,以便领导适时作出对策,解决存在的问题。

## 》》（二）选择并确定调查课题

### 1. 选择与确定调查课题的原则

（1）必要性原则。根据社会发展的客观需要选择调查课题。"调查就是解决问题。"离开了解决社会问题的需要,为调查而调查,就很难正确选择调查课题。当然,对社会需要应作全面的理解,既有党和国家方针、政策、法律、条例制定的需要,又有解决人民群众疾苦的需要;既有实际工作的需要,又有理论研究的需要等。在当前,应围绕社会转型、三农问题、社会保险等社会热点、难点及衍生出来的其他问题作为调查的课题。只有这样的调查课题,才能得到党、政府和广大人民群众的支持,才具有重要的现实意义和巨大的社会价值。

对秘书而言,选题方向要与单位中心工作一致。不了解和没有把握住领导的需求,调查选题就如无本之木、无源之水,缺乏生命力,很难引起领导的重视。秘书要把握好选题的必要性,应做到"三贴""三换"。所谓"三贴",就是贴近上头,围绕上级领导的思路和关注的重点选题;贴近群众,围绕现实生活的实际,特别是广大干群关心的热点、难点选题;贴近形势,围绕改革发展中的新情况、新问题选题。所谓"三换",一换在领导的角度去选题,即站在一定的高度,以决策者的眼光观察问题和思考问题,选取适合领导需求的选题;二换主动调查为受命调查,即以领导的需求为导向,从党委、政府文件、领导言论、重要会议、工作部署、领导交办等方面研究、筛选出最能适应决策需求的课题;三换微观角度为宏观角度选题,即秘书是为领导服务的,而领导考虑的往往是宏观的,事关全局的重大问题,因此,调查选题必须站在宏观的角度,研究那些事关全局性、方向性、战略性的重大问题,研究那些小中见大、平中见奇、见微知著的深层次性问题。可见,"三贴",强调的是选题的实效性和实际价值;而"三换",强调的则是在选题时要换位思考。

（2）可行性原则。可行性是指调查研究者具备完成某项调查选题的主客观条件。就调查主体而言,选择的调查课题会受到调查者的生活阅历、思想状况、工作作风、知识结构、实践经验、组织能力、操作技术等条件的制约,甚至会受调查者的性别、年龄、语言、体力等因素的制约。如:让一个不懂少数民族语言和风俗习惯的人去做有关少数民族方面问题的调查,恐怕是难以完成任务的。

不仅如此,调查课题的选择还会受到人力、物力、财力、时间等客观因素制约。就调查客体而言,选择的调查课题必须与客观事物的成熟度、被调查对象的回答能力和合作意愿、社会环境种种因素相符合。如要调查吸毒问题,就离不开禁毒部门、戒毒机构等组织的支持。在多数情况下,越是具有重要价值和创新性的调查课题,受主、客观限制就越大。只有与调查主体和客体的现实条件相适应、相符合的课题,才是有可能完成的调查课题。

（3）创新性原则。创新是调查研究的灵魂，也是选择调查课题要遵循的一条重要原则。

所谓创新性，就是按照新颖、独特和先进的要求选择调查课题。如果选择的调查课题，只是在同一领域、同一范围、同一层次上重复别人作过的调查，重提已有的结论，这是毫无意义的。作为一种科学的认识活动，每一项具体的调查都应能够在某些方面增加人们对现实世界的认识，能够为人们了解和理解现实社会生活中的各种现象、各种问题、各种规律提供新的东西。而不能重复别人早已解决了的问题，重提已有的结论。如果那样，就从根本上失去了进行社会调查的意义。

对创新性原则应从这样几个方面来理解，一是有些课题是全新的，前人从未涉足的，我们称之为首创式课题，这种最具创造性的课题是比较难找的课题。二是课题是在别人成果的基础上，在研究的思路或角度、依据的理论、调查的对象、采用的方法、调查的内容等方面或其中某几个方面，与前人的调查有所区别，有自己独到的、新颖的地方。这类调查课题我们称之为拓展式课题。社会调查中，大量的选题往往是探索新办法的拓展式创新性课题。

要把握好创新性原则。一要有强烈的创新意识。创新是调查报告的活力之源，必须把创新作为调查研究的首选要求来考虑，要做到没有创新的课题不选，人云亦云的课题不谈。二要选准创新的角度。调研员应善于运用辩证的思维方式，发现和挖掘创新性课题。选择扩展式创新性课题主要有两种途径：顺向拓展，按照时间和事物发展的顺序挖掘和提炼出深层次的课题；逆向拓展，打破常规思维方式，反向思考问题，挖掘提炼出喜中见忧、忧中见喜的课题。三要做到胸中有数。及时了解和掌握调查研究和学术研究的最新动态，知道别人在调查研究什么，研究到了什么程度，有哪些新成果。"知己知彼，百战不殆"，只有摸清"行情"，选题才可能有新意，避免落入前人的窠臼，重复别人的劳动，做徒劳无功或少功的事。

对农村经济发展情况的调查问题，很早就有人研究，如果我们选择从农村婚庆仪式的变化来看农村经济的发展，这样一个角度作为农村经济发展状况的调查是比较新颖而独特的。

上述三原则互相区别又互相联系。必要性原则指明了社会调查的根本方向，可行性原则说明了社会调查的现实条件，创新性原则反映了社会调查的本质特征。只有全面、综合地运用这些原则，才能正确地选择和确定调查课题。

**2. 调查课题的确定**　从发现提出问题，到选择问题，这并不是课题的最后确定，还须经过初步研究、科学论证这一过程，课题才能得以最终确立。

（1）初步研究。初步研究往往是从查阅文献资料开始的，它能使调查建立在已有的科学研究水平之上。作为调查者应从四个方面来查阅文献，一是同类课题的调查文献；二是与所选题有关的论著、政策性文件；三是有关调查对象所涉及的文献；四是与课题有关的邻近学科的文献。

查阅文献固然重要，但文献记录的往往是过去的知识或事物过去的状态。社会始终处于动态变化之中,因此,除广泛查阅文献之外,调查者还应向一切内行者、知情人请教、学习。咨询的目的是进一步了解所选课题的价值和意义、可行性程度等。

通过查找文献和咨询访问,对确定调查课题有了一定的把握后,为进一步确定调查课题,调查者还可以进行实地考察。俗话说,眼见为实耳听为虚。当然,这种实地考察是小范围的,其目的主要是从中受到启发,寻找确定调查课题的依据,而不在于搜集调查资料。

经过初步研究,既可以对所选课题是否妥当进行反复探讨和思考,还可以进一步明确调查课题的具体目的要求,为作好社会调查设计奠定基础。

(2)科学论证。对于调查者而言,确定选题最好的办法就是对课题进行进一步的论证。科学的论证主要从三个方面着手。其一,论证确定的调查课题的必要性和紧迫性。即论证该课题是否有意义,社会是否迫切需要,需要的程度有多大。其二,论证确定的调查课题的可行性。即主观条件是否具备、客观条件是否成熟等。其三,论证课题的创新之处。

## ≫（三）撰写选题论证

以选题为出发点,根据对选题的了解程度,对选题的目的、意义、必要性、可行性、创新性进行论证。论证时,语言做到简洁、明了。

## 四、 选择调查课题应避免的问题

### ≫（一）避免把调查任务等同于调查课题

调查课题中有部分是来自于上级领导交办的调查任务。尤其对于秘书工作人员而言,大部分调查任务是领导亲自交代的,是奉命调查。对于领导交代的调查任务,有人认为这就是调查课题,把调查任务等同于调查课题。事实不是这样,调查任务只是粗略地说明调查的目的、范围、对象,而一项调查课题往往是调查任务的具体化、明确化,是一项社会调查的核心。

### ≫（二）避免过于简单化的选题

从选题的意义来看,选择与确定调查课题是否得当,关系着社会调查的成败与成果的价值。在选题时,调查者如果人云亦云,往往会造成或是简单重复别人的劳动,或是因条件不具备而半途而废;如果凭空想象,则因为没有立足于现实,脱离客观实际,往往会造成调查活动无从下手的局面。

### ≫（三）避免大而全的选题

有人认为只有大课题,调查成果才大。实际情况并不完全是这样,大课题有时会因为太大太泛，超出调查者的经验水平和能力范围，或受客观条件方面比较大的制约，结果造成调查无法进行下去的情况。如有人选择一个有关农民工的调查课题，如果仔细想想，究竟是想了解农民工的规模、地区分布、形成原因、影响还是其他内容，就不难发现，把课题确定为农民工调查，实在太宽泛了，其内涵不够确切，焦点不够集中。应该将其具体化、清晰化为一些小课题，小课题往往会因为任务明确、具体，资料搜集比较方便，而容易取得比较好的成效。因此，作为调查者应尽量将比较大的课题转化成易完成的小课题。如"我国社会中的青少年犯罪问题调查研究"就是一个比较大的选题，可以缩小其内容范围，将之转化成为诸如"青少年犯罪特点研究""青少年犯罪的原因调查"等课题。

调查课题从提出到确定，是一个初步研究和理论思维决断的过程。课题提出之初，对其中的很多认识一般比较笼统、宽泛、粗略，经过初步探索和思考，调查课题便可逐步清晰、具体，此时，课题也就最终得以确立。

## 操作示例 ·····················································

### ×××职业技术学院传媒管理系社团建设调查论证报告

一、选题的目的和意义

学生社团是高校校园文化活动的有效载体，是高校第二课堂的重要组成部分。参与学生社团，是丰富校园文化生活、扩大求知领域、培养兴趣爱好、丰富内心世界的重要方式，也是大学生全面发展的一个重要途径。目前，学生社团已成为高校校园文化中具有重大影响力的群体，社团在学生知识结构的完善、技能的成熟、能力的加强以及思想道德水平的提升等方面愈来愈发挥着独特的作用。因此，正确认识学生社团建设的意义、存在问题并充分发挥其作用就显得尤为重要。

（一）有助于规范和完善我系学生管理工作，促进我系教育教学改革。社团是学生在专业老师指导下的一种自发性组织，是根据学生的兴趣爱好组织起来的团队，社团的管理质量直接关系和影响着学生管理工作的水平。

（二）有助于帮助社团建立统一有效的管理体系。不同的社团可以根据自身的特点和情况，在原有基础上进行改进和完善，实现管理的标准化、一体化和效率化，从而使学生社团活动体现出时代性和创造性。不断提高社团活动的层次和质量，增强社团的吸引力和凝聚力，从而扩大社团的影响力。

（三）有助于促进学生各方面能力的全面发展。充分发挥他们的主观能动性，鼓励学生成立各种社团，让更多的学生参与到管理当中来，使学生对自主管理有更全面的认识，从而丰富学生的管理体验，促进学生社会交往能力、组织管理能力和独立处事能力的提高。

二、选题的必要性

高校学生社团是校园文化建设和大学生思想政治工作新的有效依托和载体。目前我系学生社团的发展存在着以下几方面的问题：

（一）社团管理机制松散。目前有相当一部分社团没有固定场所，这给社团活动带来一定的困难，缺乏整休思考和策划以及专业老师的指导。

（二）社团活动层次较低。学生社团建设上没有总体的发展规划，没有明确的发展目标，对学生社团建设听之任之，导致一些学生社团一哄而起、一哄而散，学生社团的作用没有得到很好的发挥。此外，许多社团活动缺乏整体策划和老师的指导，尽管大部分社团拥有自己的指导老师，但因为指导老师是义务为社团兼职服务，不可能投入全部的精力，使得一些社团活动在低水平上徘徊。

（三）创新不够。一些社团喜欢注重形式，而忽略在内容上下功夫，缺乏开拓者，浅尝辄止，停留在表面，缺乏本质的思考。

（四）内部管理不善。主要表现在缺少必要的管理制度或制度不落实，社团没有形成有效的管理机制，分工不明确，管理不规范，组织过于松散。目前，部分的社团没有必要的章程、管理制度，结果造成了"一个活动一个组织、一个会长一个组织"的局面，一旦活动结束，会长卸任，整个社团就变成了一个空架子。这些情况都严重影响和制约了我系学生社团的健康发展。

（五）社团继承不够。相当一部分的社团活动对社团核心人物的依赖性过大，社团核心成员在位时重视活动的轰轰烈烈，忽视必要的衔接，以至于核心成员离任，社团一蹶不振，甚至走向终结，缺乏全过程思考。

三、选题的可行性

（一）组织的支持。学生社团作为学生成长成才的重要阵地，其建设与发展必须得到我院党委、行政与全体教育工作者的高度关注与重视，要按照《关于进一步加强和改进大学生思想政治教育的意见》的要求："加强对大学生社团的领导和管理，帮助大学生社团选聘指导教师，支持和引导大学生社团自主开展活动"；将学生社团组织与社团活动纳入学校教育、教学的整体规划；在学生社团中加强共青团的组织建设，切实加强共青团对社团工作的指导；在确保学生社团正确政治导向的前提下，允许多种类型的学生社团组织存在；要把学生社团干部纳入主要学生干部培养、教育、奖评的范畴。

（二）教育教学体系的支持。随着职业教育质量观的不断发展，职业教育质量已不仅仅指的是学生学习成绩和认知水平，还应包括学生通过学校教育所获得的作为一个社会形态的人应具备的各种其他素质的合格程度，这就必须要建立一种新的教育平台和培养模式。

（三）调查者自身的条件。调查者身处传媒管理系，部分调查者还参加了不同的社团，身临其境，对社团存在的部分问题比较熟悉，甚至有过一些对问题处理方法的思考。另外，课余时间比较多，调查的时间有保证。面对的调查对象是同龄学生，沟通比较容易。

四、选题的创新性

社团文化建设是实现社团非智力素质教育功能的基础条件。智力素质包括：意志力、协调力、适应力、创造力、个性化。学生社团其价值性、广泛性、协作性、自主性、多样性特点与大学生非智力素质培养之间具有内在契合性。对社团的战略化管理、主动型管理、学术式管理和开放性管理是实现非智力素质教育功能的保障。

学生社团的管理是高校团组织在新形势下的一项新任务。只有在学校党委和上级团组织的领导下,切实加强学生社团工作,实现学生社团管理规范化、制度化,才能更好地发挥社团的积极作用,才能保证我系学生社团沿着健康轨道发展。

## 拓展训练

以小组为单位讨论确定小组的调查课题,撰写选题论证,并派出代表从选题的原则方面进行陈述。

# 任务2 设计调查总体方案

## 任务描述

确定调查选题后,并不能马上进入调查。如同军事指挥员在接受作战任务,指挥作战前要制定详细的作战方案一样。调查者应先明确调查研究的具体目标和要求,确定调查研究对象、内容和范围、调查研究方式和方法、调查研究时间与步骤安排、组织领导与人员安排、经费预算和物质保证等,并在此基础上制定一份完整、切实可行的总体调查方案。

## 任务完成

一、任务完成目的与要求

掌握设计调查方案的基本原则和调查方案的主要内容,能设计符合要求的调查方案。

二、任务完成步骤

1.教师带领学生完成预设大项目的总体方案设计。

2.学生在课下以小组为单位,围绕选定的课题设计好调查总体方案。

3.课堂上对各小组的调查总体方案加以分析,找出不足并加以修改完善。

4.老师再次强调设计调查总体方案的重要性和内容的完整性。

在选题阶段,对调查目的虽有所明确,但在实际调查前,还须进一步明确。因为,调查目的不同,整个社会调查就会在设计的要求、调查对象、调查方法以及具体操作程序上有所不同。

## 必备知识 ·······························································

### 一、 进一步明确调查目的

一般说来,调查的目的无外乎是描述和解释所涉及的对象。由此,可以把调查分为探索性调查、描述性调查和解释性调查。

#### ≫≫(一)探索性调查

探索性调查一般是在调研的内容性质不太明确时,为了解问题的性质,确定调查的方向与范围而进行的初步搜集资料的调查,通过这种调查,可以了解情况,发现问题,从而得到关于调查项目的某些假设或新设想,以供进一步调查研究。

探索性调查是为了界定问题的性质以及更好地理解问题而进行的小规模的调查活动。探索性调查有助于把一个大而模糊的问题转化为小而精确的小问题使问题更明确,并识别出需要进一步调查的信息(通常以具体的假设形式出现)。

#### ≫≫(二)描述性调查

了解和描述社会现象的状况,是人们深入认识这一现象的基础。因此,社会调查最经常被用于对某个总体或某种现象进行描述这一目的。它回答的主要是人们的特征、行为或态度"是什么",或者研究对象的特点、分布以及"如何发展"的问题,而不是回答为什么会存在这样的结构分布,或"为什么会发生"的问题。当社会出现某些新的现象或问题时,为了弄清这些现象或问题,便需要作这样的调查研究。

描述性调查作为一种调查研究方式,应用越来越广泛。例如,全国人口普查就是一项十分典型的描述性调查,其目的是要准确而系统地描述全国及各省市地区人口的数量、年龄、性别及文化程度等基本特征,为有关部门的决策提供依据。再譬如,大学生课余生活状况的调查也是一项描述性调查。调查者在调查中所关注的是"大学生们课余主要在做些什么?做某些常见事情的人比重有多大?男生与女生课余有何不同?专业不同的学生课余活动又是怎样的?"等等。正是通过这样的描述性调查,我们才能很好地从总体上来认识了解大学生课余活动的整体状况,并为广大教师、家长、学校有关部门有针对性地引导大学生丰富课余生活提供比较好的参考依据。

#### ≫≫(三)解释性调查

按照科学的认识规律,人们对事物和现象的认识不会只停留在全面了解其状况的层次上,在认识到社会现象"是什么"以及其状况"怎么样"的基础上,还需要明白事物和现象"为什么"会是这样。

例如,在调查高校考证热时,我们除了希望了解考证热到什么程度,什么证最热以外,我们最想了解的是为什么会出现考证热,为什么这种职业资格证最热而另一种职业资格证报考人数却比较少? 等等。社会调查常常被用于回答社会生活中的许多的"为什么",经常被用来说明社会调查现象发生的原因,也常常用来解释社会现象之间的关系。

明确了调查目的,就了解了研究内容是什么。一个课题除了研究内容,还必须知道研究"谁"的问题,即研究对象的问题。

## 二、 确定调查分析单位

调查分析单位是指社会调查中所调查研究的对象。例如,调查大学毕业生就业率时,一个个大学生就是该项社会调查的分析单位。当然,社会调查中的分析单位不仅仅限于个人,它还有一些其他类型,比如群体、组织、社区、社会产物等等都可能成为分析单位。

1.**个人** 在社会调查中,由于社会调查方法自身的性质和特征,在很大程度上决定了它所用的分析单位常常是社会中的个人。如,某乡返乡农民工生活状况的调查,该乡每一个返乡农民工就是调查的分析单位。调查者可以用各项收入、各项支出等来描述他们每个人的状况,然后,将这些个人的收入情况及支出情况整合成生活状况,去描述该乡整个返乡农民工的生活状况。正是通过对个人进行描述,并将这些描述进行聚合和处理,我们能够描述和解释由个人所组成的各种群体,以及由个人的行为和态度所构成的丰富多彩的社会生活现象。

2.**群体** 具有某些共同特征的一群人也可以作为调查的分析单位。如由若干学生组成的班级、由若干个有血缘关系的个人所组成的家庭,等等。以群体作为分析单位的调查与以个人为分析单位的调查,在描述对象上是不同的。如果我们调查班级成员的学习情况,那么调查分析单位就是班级的一个个人。而如果我们要调查甲班与乙班在学习方面的区别,那么调查的分析单位就不再是一个个的学生,而是班级这个群体了。

3.**组织** 在社会中,诸如公司、机关、学校、医院、科研所等社会组织,同样可以成为调查的分析单位。如2019年7月17日,教育部正式公布了《高等职业教育创新发展行动计划(2015—2018年)》项目认定结果,200所高职院校被正式确定为国家优质高职学校。天津市职业大学位列其中,若要了解它是如何发展成为优质高职院校的,我们可以对其进行调查,这时,天津市职业大学就成为了调查分析单位。

4.**社区** 社区是以一定地域为基础的人类生活共同体。乡村、城市、集镇、街区等都可以看成一个社区,只是范围大小不同而已。在社会调查中,社区也可以作为调查中的分析单位。如对某市居民幸福感调查,这个城市就是调查分析的单位。从某省抽取多个城市进行调查,居民的幸福感汇集起来,就可了解这个省的城市居民幸福感情况了。

**5.社会产物**　调查分析单位除个人、群体、组织、社区之外,社会产物也可作为调查研究分析单位。例如,调查分析各个历史时期不同国家或地区的政治制度、经济制度、主流文化、家族关系、婚姻关系、建筑等。如分布在广东省开平市的雕楼,是中国乡土建筑的一个特殊类型,是一种集防卫、居住和中西建筑艺术于一体的多层塔楼式建筑。这一表现中国华侨历史、社会形态与文化传统的独具特色的群体建筑形象,其形成与发展是自然环境与社会环境综合作用的结果。它综合地反映了地域居民的传统文化特色。在社会调查中,雕楼这一社会产物就成了调查分析的单位。

值得注意的是,在理解分析单位的同时,要与调查对象和研究内容区分开来。分析单位是一项社会调查中所研究的对象;调查对象则是调查研究者收集资料时所直接询问的对象;而研究内容则是分析单位的属性或特征。

## 三、　设计调查总体方案

调查总体方案指通过对一项调查研究的程序和实施过程中的各种问题进行详细、周密的考虑,制定出的总体计划。它是调查研究全过程的行动指南,对保证调查研究工作的顺利进行具有重要的指导作用。

### ≫（一）设计调查方案的基本原则

为了使调查方案切实可行,制定时必须遵循以下基本原则:

**1.完整、周密性原则**　设计调查总体方案必须做到完整、周密,对社会调查中有可能出现的问题都要有所预料,并能事先提出解决的办法。只有这样,才能在实际调查中给调查人员以具体指导。

**2.可行性原则**　设计调查方案应从实际出发,切实可行。要根据调查人员自身的业务水平、调研能力及个人兴趣设计调查课题、确定调查内容和范围,使调查者能够胜任调查工作。

**3.时效性原则**　设计调查方案必须充分考虑时间效果,特别是一些应用性课题,往往具有很强的时效性。如果时间拖得过长,便会失去调查研究的社会指导意义,至少会大大降低调查成果的社会价值。只有坚持了时效性原则,才能使社会调查适应瞬息万变的现代社会发展的客观需要。

**4.经济性原则**　设计调查方案要尽量节约人力、物力和财力,力争用最少的人、财、物力和时间的投入,取得最大的调查效果。

应当指出的是,并非任何调查都只设计一套调查方案,一些规模较大的课题往往要设计几套不同的方案,经过可行性分析研究之后,再从中筛选出最佳方案作为实施方案。

### ≫（二）调查方案的主要内容

**1. 调查目的和意义** 即社会调查所要达到的目标，它是调查工作的出发点。确定调查目标可以从这三个方面来考虑：一是研究成果的目标。即通过调查要解决什么问题？解决到什么程度？二是成果形式的目标，即调查成果用什么形式体现，是口头汇报，还是撰写调查报告或学术论文？三是社会作用的目标，即这次调查究竟要起什么样的社会作用？是供领导决策参考，还是要影响社会舆论？或是自己做科学研究？

调查目标明确，一方面可以使参加调查的人员统一认识、协同工作，另一方面又可使被调查者能够自觉主动地与调查者密切配合。

**2. 调查内容** 调查内容是对调查目的的分解细化。在调查设计中，详细说明调查的内容就是明确调查选题下究竟应该调查研究哪些具体现象。比如，调查选题如果确定为"高职院校学生党员思想政治现状的调查"。那么，在调查方案设计中，就可以将党员思想政治分解成为理论修养、党性修养、入党动机及模范作用等几个方面。这样就可以为调查问卷的设计、调查指标的选择等做好准备。调查内容是通过调查指标反映出来的，因此，设计调查指标的过程也是设计调查内容的过程。

**3. 调查范围** 是说明调查在什么地区进行，在多大的范围内进行。调查范围的界定，有助于明确调查结果所推论的总体，有助于调查方法和测量工具的选择，有利于节约人力、物力、财力和时间。一般来说，应根据调查课题的客观需要和调查主体的现实可能，选择具有代表性的地区进行调查，并尽可能使调查的地区相对集中一些。

**4. 调查时间** 即社会调查在什么时间进行，需多少时间才能完成。一项社会调查从确定选题到完成调查报告，往往有时限要求。为在规定的时间内按质按量完成调查任务，调查者应对整个调查工作的时间进行分配，对进度进行安排。而且每个阶段的时间分配要合理，并制定出各步骤所需时间的进度表，以控制整个研究活动的进程。

**5. 调查对象** 是指实施调查工作的基本单位及其数量。实施调查工作的基本单位可以是个人，可以是家庭，也可以是单位、部门和地区；调查的数量可以是个别的、部分的，也可以是全部。在设计调查方案时，根据调查研究课题的需要及人力、物力等客观条件，对调查的基本单位、数量及其选取方法等问题都要有具体的设计和安排。选取的方法可以采取普查、典型调查、抽样调查等方式（具体内容在项目二中将陆续进行详细介绍）。

**6. 调查方法** 包括搜集资料的方法和研究资料的方法。社会调查的内容丰富多彩，调查方法也就多种多样，主要有问卷法、访谈法、网络法、文献法、观察法等。这些方法各有优缺点，且分别适用于各种不同的条件和场合（具体内容在项目三中将陆续进行详细介绍）。

**7. 调查经费预算** 任何社会调查都需要一定的经费，在设计调查方案时需作出调查经费的开支预算，并对经费使用作出规划、安排。调查经费一般包括调研人员的差旅费、课题资料费、调查表格印刷费、资料处理费（包括计算机使用费）、调查人员和协作人员的劳务费、文具费等。

**8. 调查工具**    调查方法确定之后,还要确定搜集信息资料的工具。调查工具主要包括两大类:一类是器具性的,如照相机、录音机、摄影机、计算机等;另一类是文书性的,如调查问卷、访谈提纲、统计表和卡片等。

**9. 调查人员与分工**    要完成一项较大规模的调查课题,往往需要多名调查者的共同努力。为保证调查质量,要根据调查任务的需求和实际可能确定合适的人选,并对其进行培训,明确各自的任务。

## 四、 调查方案可行性研究

可行性研究是科学决策的必经阶段,也是科学设计调查方案的必要步骤。对调查方案进行可行性研究有多种方法,有试验调查法、逻辑分析法、经验判断法等,其中试验调查具有最重要的意义,下面重点介绍试验调查法。

试验调查即通过小规模的实地调查来检验方案的可行性。

为了使调查总体方案的设计更符合实际,切实可行,在正式调查之前,应进行试验性调查,其主要目的不是搜集资料,也不是解决调查所要解决的问题,而是检查调查课题是否恰当、调查指标的设计是否正确、调查步骤的安排是否合理、调查人员的能力是否适应等,并根据试验调查的结果来修改和完善调查方案。

## 操作示例 ·······························································

### 福建省国内旅游人数和旅游收入调查方案[①]

一、调查目的

近年来我省国内旅游发展迅猛,日益成为推动经济发展的新增长点,对拉动内需促进消费起到了积极的作用。为全面掌握和了解我省接待国内游客(包括过夜游客和一日游游客)人数、人天数和国内游客在本省的花费以及客源市场的分布等有关情况,综合分析全省及各设区市国内旅游业的发展现状及趋势,准确反映国内旅游在我省国民经济发展中的地位,测算出全省及各市旅游人数接待情况,以加强对我省国内旅游业的宏观指导和管理,帮助旅游企业获得开拓我省国内旅游市场所需要的决策依据和信息资料,促进我省国内旅游业持续、快速、健康发展。

二、调查范围和对象

(一)调查范围:福建省各区市

(二)调查对象:在我省旅游的我国境内游客(含本省居民在我省旅游的旅客),

---

① 福建省统计局官网(结构略有调整),http://tjj.fujian.gov.cn/xxgk/zdff/201102/t20110221_42874.htm,下载时间:2021-11-3。

16 000 人。

将游客抽样问卷调查总体分为旅游住宿单位接待的过夜旅游者、景点（区）的一日游游客和在亲友家过夜的旅游者三个调查域。全部抽样问卷调查样本 16 000 份，按上年各设区市接待人数比例分布在全省九个设区市。其中：景区（点）6 400 个，居民户 1 600 个，住宿单位 8 000 个。各设区市住宿单位抽样访问旅游者人数应占本设区市抽样访问总人数的 50%，景区（点）抽样访问旅游者人数应占本设区市抽样访问总人数的 40%，居民户抽样访问旅游者人数应占本设区市抽样访问总人数的 10%。（抽样方案详见任务 4 操作示例 2）

在我省旅游的国内游客是指：不以谋求职业、获取报酬为目的的，离开惯常居住环境出行距离超过 10 公里，在我省各地参观、游览、度假、探亲、疗养、考察、参加会议和从事商务、科技、文化、教育、宗教等活动，无论其在我省境内过夜或不过夜，只要出游时间超过 6 小时（但不超过 12 个月）的我国大陆居民均为在我省旅游的国内游客。不包括来本省以谋求职业、获取报酬为目的的居民和出行距离不超过 10 公里，出游时间不超过 6 个小时的居民。

惯常居住环境是指居民日常生活、居住和工作中经常涉及的地方。包括居住地、工作单位附近的公共场所和经常往来的亲朋好友家。

三、调查内容

1. 游客构成，包括游客的居住地、性别、年龄、职业。

2. 旅游目的。

3. 旅游的方式和游览的景点。

4. 在本地旅游的花费及构成。

5. 在本地停留时间。

6. 对旅游地旅游业发展及旅游服务质量评价。

四、调查方法

问卷法、访谈法。

现场发放问卷并让游客填写；住宿企业采用问卷与访谈相结合的方法。

五、调查人员与分工

各区市组织调查人员（略）

六、调查时间安排

1. 设计方案：11 月底前。

2. 印刷调查表、编制抽样样本：12 月。

3. 调查员培训、布置调查任务：20××年 1 月份。

4. 开展调查：3 月、5 月、8 月、10 月，每个月第一周星期二、第二周星期四、第三周星期六。

5. 计算机程序设计及软件开发：12 月份。

6. 审表、录入汇总：审表每月 25 日前完成，录入汇总每季第三月 15 日前完成。

七、调查经费

各区市制定(略)

八、注意事项与要求

1. 调查人员应在调查前统一接受培训,对国内旅游调查的目的、意义、内容、指标解释和调查程序有明确的认识。

2. 在调查现场,调查人员要认真记录。

3. 调查员对回收的调查表要认真核对,保证被调查者对前后问题回答的一致性。

4. 加强调查数据录入过程中的检查工作,认真核实调查表中的逻辑关系,提高录入质量,杜绝录入差错。

5. 加强对调查推算结果的科学评估。评估报告要包括以下内容:

(1)推算总体数据的住宿单位、景点总数;

(2)调查住宿单位、景点的样本数;

(3)发放问卷总数、回收合格问卷数;

(4)对报告期超常规增减变动较大的要有具体的分析,如:人均消费出现增减,要分析是人均停留天数增减了还是六大要素中某些方面发生了变化,确保指标之间的内在逻辑性、合理性、一致性。

6. 省统计局负责在全省范围内组织实施调查工作,并承担调查软件的开发应用。各设区市要严格按照调查方案执行,以《中华人民共和国统计法》为保障,坚持实事求是的原则,排除人为干扰,加强科学评估,保证调查数据的真实和可靠。

## 拓展训练

各小组围绕确定的选题,设计出调查总体方案。

# 任务 3 社会测量

## 任务描述

随着调查方案的确定,随之而来的一项重要工作就是设计调查问卷。从某种意义上来说,调查问卷中的选项就是人们对某一调查对象测量的结果。社会测量能使抽象的概念与客观存在、可以观察到的经验事实联系起来,使人们能够对研究对象进行精确、客观的描述和比较,从而使社会调查研究成为可能;操作化结果的优劣,将决定对社会现象进行测量的结果的优劣,进而决定社会调查研究结果的效度。

## 任务完成 ·············································································

一、任务完成目的与要求

了解社会测量的涵义、要素;掌握社会测量的层次;理解操作化在社会调查中的地位和作用;掌握测量信度、效度的涵义、种类以及效度与信度的关系。

二、任务完成步骤

1.教师带领学生就高校"考证热"选题进行操作化实践。

2.进行分析,让学生了解熟悉或掌握基本教学内容。

3.针对不同的变量选择恰当的测量尺度。

## 必备知识 ·············································································

### 一、 社会测量的含义与要素

>>> （一）社会测量的含义

测量是指按照某种法则对物体和现象所具有的属性或特征,用数字或符号表示出来的过程。

社会测量,就是指运用一定的测量工具,按照一定的测量规则对社会现象的属性和特征进行测算或量度并用符号或数字表示出来的过程。

正如人们在日常生活中,用眼睛目测一个人的身高、胖瘦、年龄的大小,用耳朵辨别声音的强弱、大小、方向,有时为了更加精准,就用尺子、杆秤等来测量长短、轻重一样,在社会调查中,人们同样运用另一种形式对调查对象进行测量。比如,用问卷的形式来了解人们对购买火车票采取实名制的态度,用网络方式来了解某种流行现象出现的状况及原因等。

社会测量不仅使社会调查的实际操作成为可能,而且有助于提高社会调查的客观性和精确性。它使对社会现象的研究,特别是对个人感受、社会态度、心理状态等主观现象的研究,逐渐从定性研究向定性和定量相结合的研究转变。

>>> （二）社会测量的基本要素

社会调查中,进行社会测量必然会涉及"测量谁""测量什么""如何测量""怎么表示"等问题,即测量客体、测量内容、测量规则、测量工具等,我们称之为社会测量的四个基本要素。

**1.测量客体** 即测量的对象。它回答的是"测量谁"的问题,是现实社会中所存在的事物或现象,是我们要用数字或符号来表达、解释和说明的对象。例如我们要调查大学毕业生就业倾向的问题,大学生就是我们测量的客体、对象。在社会调查中,最常见的测量客体是各种各样的人,以及由若干个人组成的各种社会群体、社会组织、社区等。

2.**测量内容**　指测量客体的属性或特征,它回答的是"测量什么"的问题。例如,当测量客体是个人,那么测量的内容常常是个人的年龄、性别、身高、文化程度、婚姻状况、收入等。如果测量客体是群体,测量的内容往往是其规模、结构和管理状况等。

3.**测量规则**　用数字和符号表示测量对象的各种属性或特征的操作规则,也就是某种具体的操作程序或者区分不同特征和属性的标准。它回答的是"如何测量"的问题。例如,我们要测量人们的收入状况,那么,"将被调查者工资单上的应发金额数加上每月奖金发放统计表上他们所得的奖金数额"就是一种测量法则。再如,"年初人口数加年末人口数乘以二分之一就是该年的平均人口数"这句话所陈述的就是测量年平均人口数的规则。

4.**测量工具**　用来表示测量结果的数字和符号。它回答的是将测量结果"如何表示"的问题。如:150 cm、160 cm、170 cm、180 cm等可用来表示一个成人身高的测量结果。在社会测量中,测量结果许多是用数字来表示的,用文字来表示的也不少。如,专科生、本科生、研究生、博士生可以用来测量一个人的文化程度,用非常满意、满意、一般、不满意、非常不满意来测量人们对调查对象的态度。

## 二、 社会测量的层次

对社会现象的测量不是一个主观任意的过程,它必须依据某种能够客观地反映测量客体的特征和属性的标准才能进行。社会现象的复杂性和多样性决定了测量社会的方法也有多种类型和不同层次。比较常用的有定类测量、定序测量、定距测量和定比测量四种不同的层次。

### 》》(一)定类测量

又称为类别测量或定名测量,它是对测量对象的属性或特征加以区分、鉴别,并标以不同名称或符号以确定其类别的一种测量方法。事实上就是将调查的事物加以分类。如下列几组变量:

定类测量只能将调查对象分类,标以各种名称,并确定其类别。例如,对个人调查,性别、职业、婚姻状况、出生地、民族等,都是按照事物的性质和类别来区分的。有时,我们也用一定的数字和符号来代表某类事物,如用"1"代表女性,用"2"代表男性;又如用"1"代表农业、"2"代表工业、"3"代表商业等。这些数字都是人们赋予某类事物的识别标志,它们并不能反映这些事物本身的数量状况,不能作加、减、乘、除等数学运算。

由于定类测量实质上是一种分类系统,因而所分的类别既要具有穷尽性,又要具有互斥性。即所分的类别既要相互排斥,互不交叉重叠,又要对各种可能的情况列举穷尽。

## 》》（二）定序测量

又称为等级或顺序测量,是指将测量对象按照某种逻辑顺序排列出等级或次序（如高低、大小、先后等）的一种测量方法。例如,文化程度可分为大学、高中、初中、小学、文盲;产品质量可分为一等、二等、三等;满意程度可分为很满意、比较满意、一般、不满意、很不满意等。

定序测量不仅能够像定类测量一样,将不同的事物区分为不同的类别,而且还能反映事物或现象在高低、大小、先后、强弱、远近等序列上的差异。因此定序测量所得到的信息比定类测量所得的要多。定序指标已具有数量系统的特征,其数学特性比定类指标高一个层次。

## 》》（三）定距测量

指确定社会现象或事物相互之间的间隔距离或数量差别。诸如年龄、人口、产值、产量等都能用某种基本单位去表示其数量、计算其间距。如人的智商测量、身高的测量等都可以进行定距测量。定距测量的每一间隔是相等的,如米尺和杆秤的刻度都是等距的。如张三的身高为 175 cm,李四的身高为 165 cm,175－165＝10 cm,于是,我们就说张三的身高比李四高 10 cm。这类指标,不仅能反映社会现象的分类和顺序,而且能反映社会现象的具体数量,计算出它们之间的距离,因而其数学特性比定序指标更高一层次。定距指标可用具体数字来表示,因此这一测量类型所得出的数据只能作加减,而不能作乘除等运算。

需要注意的是,定距测量的值虽然可以为零,但这个零却并不具备我们所熟悉的数学中零的含义。从测量的角度看,此时的"零"只是人们主观认定和选取的一个特定数字而已。

## 》》（四）定比测量

指用来把握社会变量值相互之间比例、倍数关系的社会测量。定比测量除了具有上述三种测量的全部性质外,还具有一个有实际意义的零点。这是它与定距测量的区别。

例如,对人们的工资收入、身高等进行的测量,都反映两个数值之间的比例或比率关系。测量的结果不仅能进行加减运算,还能进行乘除运算。譬如,了解到张三的年收入为 6 万元,李四的为 4 万元,6 除以 4 等于 1.5,我们就可以说张三的年收入是李四的 1.5 倍,或者 150%。

上述四种测量之间存在着密不可分的关系,从定类到定序再到定距最后到定比测量,层次依次上升,复杂程度依次递进,每一较高层次的测量,都是以较低层次的测量为基础,高层次的测量除自己的测量特性外,还包含着低层次测量的全部特征。为进一步清楚地说明这四种测量层次的差别,我们将它们各自的数学特性总结如表 3-1 所示。

表 3-1　四种测量层次的数学特性总结

| 测量层次 | 定类测量 | 定序测量 | 定距测量 | 定比测量 |
|---|---|---|---|---|
| 类别区分( = 、≠) | 有 | 有 | 有 | 有 |
| 次序区分(<、>) | | 有 | 有 | 有 |
| 距离区分( + 、−) | | | 有 | 有 |
| 比例区分(　　　) | | | | 有 |

在社会科学研究资料的整理和统计分析中,需要根据不同测量层次所具有的数学特性采用不同的统计方法。因而,明确不同的测量层次所具有的不同数学性质十分重要。

在社会测量中,对于同一个变量,调查研究者可以根据实际需要对其作出不同层次的测量。如对生活水平可对其作贫和富的定类测量,也可以作贫困、温饱、小康、富裕的定序测量,还可作生活费分别为 700 元、800 元、900 元、1 000 元的定距和定比测量。选择何种测量类型,主要取决于两个因素:一是被测量对象自身的特性;二是调查研究的目的和要求,如对调查的精确度的要求、希望获得信息的多少等。

另外,因为高层次测量所包含的信息更多,而且高层次测量可转换为低的测量层次,反之则不能,因此,在对社会现象进行测量时,我们尽可能对它们进行高层次的测量。当然,采取高层次的测量绝不是说定类指标不重要,恰恰相反,它是定序、定距、定比测量的基础,是各种定量分析的前提,因此它在各种社会调查中使用得最普遍、最频繁。

## 三、　操作化

为更好地理解操作化,应该先了解概念、变量和指标。

### 》》(一)概念、变量、指标的含义

1.**概念**　是对现象的抽象,是人们根据经验观察,归纳出一类事物的共同属性。例如,当人们谈到水果时,就会想到苹果、梨子、香蕉、芒果、荔枝、西瓜等,尽管它们的形状各不相同,颜色也相差甚大。但是,它们具有一个共同的特征,那就是可以吃的含水分较多的植物的果实。水果的概念正是对这些具体的、各不相同的水果的抽象。

在现实世界中,事物和现象因为类型、结构、复杂程度不同,其概念的抽象程序也就有高低之分。比如"自尊心""自豪感""生活状况"这类的概念,其抽象层就比"书"

"水果"的抽象层次要高。抽象层次高的概念往往或多或少地包含抽象层次低的概念,而且它往往是难以直接观察和描述的。由此可见,概念的抽象层次越高,其涵盖面也就越小,特征也越就明确。如图 3-1 所示。

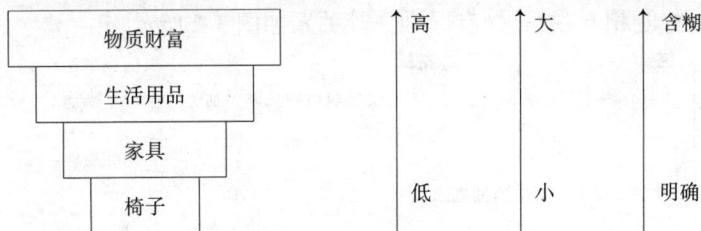

图 3-1　概念及其特征示意图

2. **变量**　也称变数,是指可直接或间接地具体观察和测量的、其取值是可变的经验概念。如:性别、年龄、身份、收入水平、教育水平、社会地位等,说到"性别"这一概念就包括男性与女性两个范畴;谈到"身份"就包括工人、农民、解放军、学生、商人等多个范畴。正因为概念具有这种多值的特性,因此,在社会调查中,人们就借用了数学上的一个术语"变量"。那些只有一个固定不变的值的概念叫常量。

变量具有两个重要的特点:

①构成变量的各个值必须是穷尽的。在社会调查中,每个被调查者的情况都应能归于某个取值中。如谈到受教育的程度,如果只设小学、中学、大学三个取值,那这个变量的取值是不穷尽的。受教育除三种以外,还有学前教育、研究生教育等。

②构成变量的取值必须是互斥的。具体到社会调查中,即每个被调查的情况只能归于一个取值,而不能同时属于两个不同的取值。

根据所使用的社会测量尺度的不同,又可以将变量分为定类变量、定序变量、定距变量和定比变量等四种类型。

3. **指标**　是指用来反映社会现象的类别、状态、规模、水平等特性的项目及测量标准。概念是抽象的,是人们的主观印象,而指标则是具体的,是客观存在的事物。指标是由两部分构成,其一是指标名称,它反映指标的内容和所属范围;其二是指标值,具体说明指标的测量方法及标准。一个完整的指标就是这两部分内容的统一。如:性别用男、女来测定。

有一些变量比较抽象或笼统,没有单一的测量指标,必须借助多个指标或指标群来反映或测定这些变量。所谓指标群是指反映或测定某一变量的一组相关指标。如,女性的社会地位这一变量,我们可以设计询问被调查者对女性社会地位高低的看法,但这仍是一个比较笼统抽象的评价。因此,女性社会地位这一变量,可以借助于女性的平均受教育年限、女性的平均月收水平、女性在各级人大代表中所占的比例、女性在科级及科级以上领导干部中所占的比例等多个指标来加以测定。

由于指标群往往比较复杂,在具体设计时只用一个层次的指标有时是不够的。因此,有时还需要用两个甚至两个以上的层次(层级)的指标来说明问题。比如,反映社会生活环境质量的指标中,交通设施、通信设施、教育设施、文化娱乐设施、医疗设施等都是一级指标,在它们下还有更具体的二级指标。比如,在教育设施这个一级指标下面,可以有社区拥有幼儿园数量、小学数量、中学数量等二级指标。

概念、变量、指标既相互联系,又有区别。其关系如图3-2所示。[①]

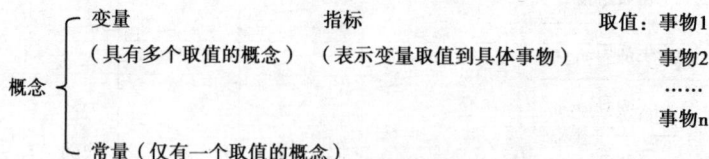

图 3-2  概念、变量、指标关系图

## 》》（二）概念的操作化

**1. 操作化的含义**  概念的操作化是指对调查研究中使用的主要概念给予明确的定义,并确定其边界和测量指标的一种设计工作。它涉及到有关调查对象的概念的操作化和有关调查内容的概念的操作化两类。

在社会调查中,抽象概念的作用能揭示调查指标的内涵,概括事物的共同本质,并把它与其他对象区别开来。但是,抽象概念不能解决在调查过程中如何实际操作的问题。因此,必须对概念进行操作化处理。譬如,我们在社会生活中经常会提到"同情心",也能体会到它,但是,"同情心"并不是一个具体实物,我们既不知道它的形状、大小、颜色,也没有摸到过它。不过,当我们把它具体化为是否"主动为灾区捐款捐物""主动帮助盲人过马路""主动为给乞讨者钱物"时,再衡量一个人有没有同情心,我们就能对之进行具体测量操作了。再如"三好学生"这个抽象的概念可操作化为:没有任何违法违纪事件,各科学习成绩均在 80 分以上,体育成绩在 75 分以上。

**2. 概念操作化的方法**  概念的操作化,是通过对概念下操作定义来实现的。对概念的定义有抽象定义和操作定义。

抽象定义是对某类事物或现象共同本质的概括。在社会调查中,抽象定义在于揭示事物的内涵,概括事物的共同本质,并把它与其他对象区别开来。抽象定义不能解决在调查过程中如何实现操作的问题。

操作定义则是用可感知、可量度的事物对抽象概念作出的界定或说明,即是用更具体而明确的变量和指标来反映抽象概念。设计操作定义,可采用以下两种方法:

（1）用确定具体事物边界的方法来设计操作定义。如:在城市居民生活状况调查中,对职工的"月收入"这一概念所涉及的范围,不同的人可能有不同的理解,这就需要对这一概念的外延下一个明确的、可操作的定义,如把"月收入"定义为包括工资、津贴、奖金在内的月平均收入。又如,在农民生活状况调查中,我们可以将农民分为"贫困户""温饱户""小康户""富裕户",并用"每人每年平均纯收入"这一客观存在的具

① 赵淑兰. 社会调查方法[M]北京:机械工业出版社,2015:27.

体事物给这四类农户设计操作定义,如规定每人年平均纯收入 500 元以下的为"贫困户",500~2 000 元的为"温饱户",2 000~10 000 元的为"小康户",10 000 元以上的为"富裕户"。

（2）用概念的内涵进一步具体化和明确化的方法来设计操作定义。如对于"纪律性"这样的概念,可以用出勤率、迟到早退的次数和时数、旷工旷课的次数和时数、违反纪律事件的次数和后果等可感知的社会事实来下操作定义。

## 四、量表

在社会调查中,研究者常常需要测量人们的态度、看法、意见、性格等主观性较强的内容。这些主观性的内容一方面具有潜在性的特征,另一方面其构成也比较复杂,一般很难用单一的指标进行测量。因此,研究者常需要借助于各种调查量表,从许多社会调查问卷中,我们可看到各种形式的态度量表。下面主要介绍社会调查中常用到的总加量表、鲍格达斯社会距离量表和语义分化量表。

### 》》（一）总加量表

总加量表又称李克特量表。它由一组反映人们对事物的态度或看法的陈述构成,回答者分别对这些陈述发表意见,根据回答者"同意"或"不同意"分别计分,然后将回答者在全部陈述上的得分加起来,就得到了该回答者对这一事物或现象的态度的得分。这个分数是其态度的量化结果,它的高低代表了个人在态度上的位置。如表 3-2 所示:

表 3-2　请表明您对下列问题的态度

| 看　法 | 同　意 | 不同意 |
| --- | --- | --- |
| 1.随地吐痰是一种个人的不良行为 | | |
| 2.随地吐痰影响中国人的形象 | | |
| 3.随地吐痰是一种严重的恶习,导致疾病的传播和流行 | | |
| 4.随地吐痰这种不良行为完全是能够改变的 | | |
| 5.随地吐痰者应该受到公众的谴责 | | |
| 6.随地吐痰者应受到严厉的处罚 | | |

表 3-2 测量的是人们对随地吐痰所持的态度。它由在同一方向的 6 个陈述句构成,每一陈述句都有两种答案。凡回答"同意"者,记 1 分;回答"不同意"者,记 0 分。这样,将一个回答者对这 6 个陈述的得分相加,就得到他在这一问题上的态度的总得分。在此例中,总分最高者为 6 分,它表明被调查对随地吐痰行为的强烈不满;总分最低者 0 分,它表明被调查者对随地吐痰行为并不感觉不满。需要说明的是,一方面,总

加量表的回答类别可以是 2 个,也可以是 3 个、4 个或者更多;另一方面,需要注意每个陈述所表态的态度方向。

**1. 总加量表类型**　总加量表按供选择答案数量的不同,可分为两项选择式和多项选择式两种形式。两项选择式只设"同意、不同意"或"是、不是"两项可供选择的答案。如表 3-2 所示。多项选择式通常设"非常同意、同意、说不上、不同意、非常不同意"。由于答案的增多,人们在态度上的差别就能更清楚地反映出来,如表 3-3 所示。

**表 3-3　请表明您对下列问题的态度**

| 看　法 | 非常同意 | 同意 | 无所谓 | 不同意 | 很不同意 |
|---|---|---|---|---|---|
| 1. 婚事应尽量办得简单 | □ | □ | □ | □ | □ |
| 2. 结婚是人生一件大事,应办得隆重热闹,花多少钱都无所谓 | □ | □ | □ | □ | □ |
| 3. 就是有钱,婚事也不应大操大办 | □ | □ | □ | □ | □ |
| 4. 为了不让别人笑话,就是借钱也要把婚事办得像个样子 | □ | □ | □ | □ | □ |

按陈述所代表的态度倾向的不同,总加量表又可以分为完全正向式和正向和负向混合式。表 3-3 的陈述中,"婚事应尽量办得简单"是对节俭操办婚事的一种正向式陈述,而"结婚是人生一件大事,应办得隆重热闹,花多少钱都无所谓"是对节俭操办婚事抱一种否定态度的一种负向式陈述。这种混合式量表更能准确反映人们的态度,因此这个量表就比完全正式陈述构成的量表用得更为普遍。

**2. 设计总加量表的具体步骤**

(1)确定主题,并以赞成或反对的方式写出若干与主题相关的看法或陈述。

(2)对每个问题均有"非常同意、同意、说不上、不同意、非常不同意"五种回答。每个回答均要记分,按赞成或反对的方向分别赋以 1,2,3,4,5 分。

(3)在所要测量的总体中,选择一部分进行试测。以便发现量表设计中有什么问题,是否会引起误解,更重要的是检查每道题的分辨力。具体方法是计算出每一个人的全部答案的总分,计算得分最高的 25% 和得分最低的 25% 试测者在每一个问题上的平均分,两者相减所得的差为辨别力评分,辨别力评分高的问题保留,辨别力评分低的问题去掉。

(4)经过筛选,选择一组辨别力高的问题组成量表。

(5)选择调查对象,发送量表让被调查者填写。

(6)计算每一个被调查者的社会意向,即个人的总的态度倾向,也可以测量全体被调查者关于某一问题的平均倾向,这时只要把全体被调查者所得分加总,再除以被调查人数,就测出全体被调查者关于某一问题的平均倾向。

### ≫（二）鲍格达斯社会距离量表

主要是用来测量人们相互间交往的程序、相互关系的程度或对某一群体所持的态度及所保持的距离。

表3-4中的7个指标之间有一个顺序结构，如果我们愿意与一个不同种族的人结婚，我们当然也愿意与他成为朋友、邻居和同意。即使我们不愿意与一个不同种族的人结婚，但如果我们愿意与他成为朋友，当然可以和他成为邻居、同事。按此逻辑推理下去，鲍格达斯社会距离量表的每一个指标都是建筑在一个指标之上的。它的优点在于极大地浓缩了数据。

表3-4　人们对外国人的态度量表

| | 愿意 | 不愿意 |
|---|---|---|
| 1. 居住在同一个国家 | | |
| 2. 一起旅游 | | |
| 3. 点头之交 | | |
| 4. 成为同事 | | |
| 5. 成为邻居 | | |
| 6. 成为好朋友 | | |
| 7. 结婚 | | |

### ≫（三）语义差异量表

也称为语义分化量表，如表3-5所示，主要用来研究概念对于不同的人所具有的不同含义。主要用于文化的比较研究、个人及群体间差异的比较研究，以及人们对周围环境或事物的态度、看法的研究等。

语义差异量表的形式由处于两端的两组意义相反的形容词构成，每一对反义形容词中间分为七个等级，每一等级的分数从左至右为7～1分。

在使用语义差异量表时，要特别注意尽可能全面地包括概念、事物或人的各个层面。以表3-5为例，合作、愉快等为正指标，可以从左到右以7～1记分；吵架、自私、爱挑衅等为负指标，可从左至右以1～7记分。这样，同较高分值对应的正指标，同较低分值对应的是负指标。测量结果出来后，有两种处理方法：一是单个加总记分，把每个被调查者所有回答的分值加起来计总分，这是每个被调查者个人的感觉和评价得分；二是求整体平均数，即将所有被调查者总分加起来除以人数，得算术平均数，这个算术平均数就是群体平均的感觉和评价。

表 3-5　你对同事们的印象和评价如何

| | 非常 | 十分 | 有点儿 | 说不上 | 有点儿 | 十分 | 非常 | |
|---|---|---|---|---|---|---|---|---|
| 合　作 | | | | | | | | 不合作 |
| 愉　快 | | | | | | | | 不愉快 |
| 吵　架 | | | | | | | | 情投意合 |
| 自　私 | | | | | | | | 不自私 |
| 爱挑衅 | | | | | | | | 和蔼可亲 |

## 五、　测量的信度和效度

在社会调查中,用测量尺度或测量手段得来的测量结果,是否正是人们所希望测量的结果? 当这种测量的时间、地点、调查者发生变化时,测量的结果会受到什么影响,是否一致或大体相同呢? 这些是涉及到测量的信度和效度的问题。它是我们对测量的质量进行评估的两个指标。

### 》》（一）信度的含义及其类型

社会测量的信度是指运用相同的测量手段重复测量同一对象时所得结果的前后一致程度。它说明的是测量结果反映测量对象实际情况的可靠性程度问题。

如我们用同一台磅秤去称某一物体的重量,如果称了几次都得到相同的结果,我们可以说这台磅秤的信度很高;如果几次测量的结果都不一样,这说明磅秤的信度较低,或者说这台磅秤是不准的,是不可信的。

大部分信度指标都以相关系数 r 来表示,即用同一样本所得到的两组资料的相关系数作为测量一致性的指标,称为信度系数。信度系数高表明测量的一致性程度高,测量误差小。例如,当 r=0.90 时,可以认为实得分数中有 90% 的差异来自测量对象本身的差别,只有 10% 来自测量误差;若 r=1.00,则表示无测量误差,所有的差异都来自测量对象本身;若 r=0,则所有的差异均反映了测量误差。那么,信度系数达到多高才可以认为可信呢? 理想的状况是:r=1.00,但这往往很难达到。因为不同调查的测量目的、所取样本的编制、使用方法的不同,所以对信度系数的要求难以有统一的标准。一般来说,r≥0.80,即可认为该测量是达到了足够的信度。

信度的基本类型主要有以下三种:

1. **再测信度**　对同一群对象采用同一种测量,在不同的时间点采用同一种测量工具先后测验两次,根据两次测量的结果计算出相关系数,这一相关系数就叫再测信度。这是一种最普遍、最常用的信度检查方法。使用这种方法时,两次测量所采用的方法、所使用的工具是完全一样的。再测信度的缺点是容易受到时间因素的影响,前后两次测量的结果会发生改变,两次结果的相关系数也就不能很好地反映两次测量的实际情况。

比如,调查某地农村居民参加养老保险的意愿,结果愿意参加的人占32%,一周之后再进行复查,结果愿意参加的人只有32.5%,两次调查的结果相差了0.5%,这就是该地愿意参加养老保险人数的复查信度。两次的调查结果比较接近,说明调查结果是稳定的,所采用的方法是可信的,调查信度较高。

2.**复本信度**  将同一套测量工具设计成两个(或两个以上)等价的复本,用这两个复本同时对同一研究对象进行测量,然后计算出其所得两个结果之间的相关系数,此相关系数即为复本信度。

它类似于学校考试时出了A、B两试卷。在进行调查时,设计两份在内容、长度、难度、排列等方面都相类似的问卷。这两套问卷是等价的,故称为复本。然后用两套问卷先后对同一对象进行调查,并根据调查对象对两套问卷的相应问题所作的回答,进行分析比较,找出相关系数,就可以得出所调查问题的信度。复本信度可以避免再测信度的缺点。但它要求调查使用的复本是二者在内容、形式、难度等各方面完全一致。要真正做到这一点并不容易。

3.**折半信度**  再测信度、复本信度的共同特点都是必须经过两次调查才能检验其信度,在调查只实施一次的情况下,通常采用折半法来估计测量的信度。即将调查的所有问题按性质、难度编好单双数,在单数题目的回答结果与双数题的回答结果之间求相关,这一相关系数就是折半信度。

社会调查的可靠与可信是科学的社会调查的最基本要求。但在实际的社会调查过程中,因为所使用的调查方法不当或其他多种因素的干扰,社会调查的信度会受到影响。影响社会调查信度的因素主要有:

(1)抽样调查所依据的样本容量大小。

(2)抽样方法不当(或典型的选择不当),造成较大的抽样误差。如仅在某个大城市的几所重点中学中抽取部分样本进行思想状况的调查,就据此来说明当前全国中学生思想状况。

(3)所使用的测量工具不当或不全面。如在反映职工生活水平时,仅用名义工资的变动情况这一个指标,而不考虑通货膨胀等因素给职工生活所带来的影响。

### 》》(二)效度的含义与类型

社会测量的效度,是指测量工具能够准确、真实、客观地度量事物属性的程度。换言之,效度是指用的指标能够如实反映某一概念真实含义和程度。它具有两层含义:一是测量指标与所要测量的变量之间的相关与吻合程度;二是测量的结果是否接近该变量的真实值。如果二者均一致或接近,则该测量的效度较高。如,测验学生某科学习成绩,如果所命考题不能真实地反映学生的学习情况,或测验结果远远低于或高于学生现实水平,则这种测验就是无效的,是不能准确反映学生学习情况的。

根据从不同的方面反映测量的准确度,测量的效度可分为三种不同的类型。即内容效度、准则效度和建构效度。

1. **内容效度** 也称为表面效度或逻辑效度,这是指测量内容或测量指标与测量目标之间的适合性和相符性,也可以说是指测量所选题目是否符合测量目的和要求。评价一种测量是否具有内容效度,首先应该知道所测量的概念是如何定义的;其次应该知道这种测量所收集的信息是否和该概念密切相关,然后评价者才能尽其判断能力之所及,作出这一测量是否具有内容效度的结论。比如,用问卷去测量人们的消费观念,那么,首先要弄清楚"消费观念"的定义,然后看问卷中的问题是否都与人们的消费观念有关。如果问卷中的问题明显是有关其他方面的,则这种测量就不具有内容效度。如果发现问卷中的问题所涉及的都是有关消费方面的内容,而看不出它们是在测量与消费观念无关的其他观念时,则可以说这一测量具有内容效度。

2. **准则效度** 它也称为效标效度或实证效度。准则是衡量有效性的参照标准,准则效度指的是用几种不同的测量方式或不同指标对同一变量进行测量时,将其中的一种方式或指标作为准则,其他的方式或指标与这个准则作比较。如果其他的方式或指标与准则的方式或指标具有相同的效果,则其他的方式与指标就具有准则效度。

3. **建构效度** 建构效度是指用某一测量工具对某一命题测量的结果与该命题两个变量间理论上的关系相一致,则这一测量工具就具有建构效度。如我们设计一种测量方法,来测量人们的"婚姻满意程度",为了评价这种变量。假定我们有下列与婚姻满意度有关的理论假设:婚姻满意程度与主动做家务的行为有关,且婚姻满意程度越高,越是主动承担家务。那么,如果我们的测量在婚姻满意程度与承担家务方面的结果具有一致性,则称我们的测量具有结构效度;如果婚姻满意程度不同的对象在承担家务方面的行为都是一样的,那么,我们测量的结构效度就面临挑战。

影响社会调查效度的因素主要有:

(1)调查内容不能准确地反映调查目的。即与调查目的关系不大甚至无关的内容较多,而与调查目的密切相关的内容又考虑不周全。

(2)调查问题提得太笼统,调查中使用的概念不清楚或者超出被调查人的经验范围,在这些情况下往往会收集到无效的资料。

## ≫（三）效度与信度的关系

一个科学的社会调查,不仅应该有较高的信度,而且应该有较高的效度,应该是信度和效度的统一。信度是对调查对象而言的,它主要回答调查结果的可靠性问题,效度是对调查所要说明的问题而言的,它主要回答调查结果的正确性问题。信度和效度之间既有密切的联系又相互区别。效度以信度为基础,有效的测量必须是可信的测量,不可信的测量必定是无效的。如,我们用同一份问卷测量一个小团体的凝聚力程度,如果接连测量几次的结果都不同,测量无法保持大体上一致,那么用这份问卷测量的结果就是不可信的。因为没有信度,也就谈不上测量结果是否有效。只有当测量的结果基本保持一致,即具有一定的信度时,才谈得上进一步考察其效度的问题。

不过,信度高只是测量所要达到的必要条件,还不是其充分条件。一个信度高的调查并不等于效度也高。信度只解释资料的真实可靠性,并不能解释这项资料与研究对象是否相关以及相关的程度多大。例如,我们用一份问卷测量一个小团体的凝聚力程度,如果前后测量几次的结果相同,则说明它的信度高。但是,如果这份问卷中所设计的问题都是与测量该小团体凝聚力不相干的问题,那么,即使测量的信度再高,其测量结果也不会有用。

因此,一个优良的测量指标必须同时具有效度和信度,是效度和信度的有机统一,只有这样,才能保证调查来的材料是可靠和有用的。

## 操作示例 1

### 下岗职工再就业状况的测量操作化

其操作化至少可从下方面着手分析:

(1)下岗职工的求职行为

a. 正式途径:
- 再就业中心及企业登记
- 劳动力市场报名
- 街道、居委会备案
- ……

b. 非正式途径:
- 血缘关系
- 业务关系
- 地缘关系
- ……

c. 直接申请:直接与单位联系,直接参加面试
    ……

(2)再就业服务方面

a. 强化心理(维度1):
- 不知道,没有用过——1
- 曾经得到某个部门(机构)的服务——2
- 经常得到某个部门(机构)的服务——3
- 经常得到若干部门(机构)的服务——4

b. 信息和中介(维度2)

c. 指导求职技巧(维度3)

d. 技能培养(维度4)

e. 职业咨询(维度5)

f. 政策咨询(维度6)

    ……

## 操作示例 2 ∙∙∙∙∙∙∙∙∙∙∙∙∙∙∙∙∙∙∙∙∙∙∙∙∙∙∙∙∙∙∙∙∙∙∙∙∙∙∙∙∙∙∙∙∙∙∙∙∙∙∙∙∙∙∙∙∙∙

### "城市居民生活质量"主要维度及测量指标①

| 主要维度 | 子维度 | 具体指标 |
|---|---|---|
| 居住情况 | 客观 | 住房类型<br>住房间数<br>居住面积<br>居住年限<br>厨房情况<br>自来水<br>燃料<br>有无典型困难情况 |
|  | 主观 | 感觉宽敞或拥挤<br>横向比较的相对等级<br>对住房的自我评价 |
| 交通情况 | 客观 | 上下班交通方式<br>上下班交通所需时间<br>日常生活交通时间<br>乘坐出租车情况 |
|  | 主观 | 对出租车方便的评价<br>对出租车价格的评价<br>对公交车拥挤的评价<br>对交通秩序的评价<br>对交通方便的评价<br>对存在问题的评价 |
| 家庭生活 | 客观 | 食物消费<br>大件家电数量<br>已婚者的婚龄<br>是否为钱争吵<br>家务是谁做<br>大事谁做主 |
|  | 主观 | 对家庭生活水平等级的评价<br>生活的纵向比较<br>家庭生活的满意程度<br>夫妻间理解的评价<br>对婚姻生活的总体评价<br>家庭人际关系的评价 |

---

① 风笑天. 社会调查中的问卷设计 [M]. 天津：天津人民出版社,2002：222-230.

## 拓展训练 ·····························································································

　　以小组为单位根据调查选题,设计一份测量人们对与选题有关的某种现象的态度的总加量表。

# 项目二
# 调查对象的确定

## 知识目标 ··············································································

识记抽样调查的涵义。

了解抽样调查的特点。

了解抽样调查的适用范围。

掌握抽样调查的方法和一般程序。

## 能力目标 ··············································································

能运用所学抽样调查知识抽取调查样本。

能选取调查典型及调查个案。

## 任务4　抽取调查的样本

### 任务描述 ··············································································

要调查了解高校考证情况,需要确定调查对象,因为它是调查资料的主要来源。依据调查中选取对象的人数及其在总体中所占的比例、选择研究对象和具体调查的方法不同,可将调查研究主要划分为普查、抽样调查、典型调查、个案调查四种类型。选择什么样的部分作为调查对象?这一部分包含的个体有多少?用什么样的方法进行选择?所选的这一部分调查对象与总体之间的关系是什么?在此我们通过介绍抽样的一般原理和概念、抽样的程序、各种抽样方法及有关问题的讨论对上述一系列问题做出回答。

## 任务完成

### 一、任务完成目的与要求

掌握抽样调查的涵义,掌握抽样调查的适用范围,掌握抽样调查的基本程序,掌握概率抽样方法与非概率抽样方法,了解抽样误差的估计,了解样本容量的确定。使学生基本上能熟练运用抽样调查方法抽取调查样本。

### 二、任务完成步骤

1. 教师通过分析案例,让学生理解抽样调查的含义、方法和一般程序;

2. 教师带领学生完成高校毕业生考证调查的样本抽取;

3. 布置任务,让学生在课下以小组为单位围绕选定的课题,运用抽样调查的方法抽取调查样本;

4. 在课堂上,对各小组围绕选题所抽取的调查样本加以分析,找出不足并加以修改完善;

5. 老师再次强调抽样调查的适用和方法。

## 必备知识

### 一、 抽样相关概念

#### 1. 总体 (N)

通常与构成的元素共同定义,总体是构成它的所有元素的集合,而元素则是构成总体的基本单位。在社会调查中,指研究问题所涉及的对象(要素)集合体／研究问题(特征)涉及到的全部对象。可分为研究总体与调查总体。

研究总体是指理论上界定的总体;调查总体则是实际操作过程中所有调查对象构成的总体。为了让样本情况能够推论到研究总体中去,制定抽样方案时,一定要使调查总体无限接近于直到等于研究总体。

#### 2. 样本 (n)

从研究总体中按一定方式抽取出来,并用来代表总体的那部分所构成的新的小总体。抽样调查的实施是在样本中完成的,用从样本中得到的结果来反映和说明总体的情况。

#### 3. 抽样

抽样是一种选择调查对象的程序与方法,即从 N 个元素的总体中,按照一定的方式抽出一部分代表 n 个元素的过程。

**4. 抽样单位**

一次直接的抽样所使用的基本单位。抽样单位和构成总体的元素有时相同,有时不同。如,从某市所有 60 岁及以上老年人中按照一定方式抽取调查所需要的 2 000 名老年人时,如果直接抽取 2 000 名老年人,则抽样单位为个人,即样本元素;如果调查抽取 1 000 个家庭(假设这 1 000 个家庭正好有 2 000 位 60 岁及以上老年人),那抽样单位就是家庭,这时,抽样单位和样本元素就不同了。

**5. 抽样框**

也称为抽样范围,是一次直接抽样时总体中所有抽样单位的名单。

**6. 抽样误差**

指在用样本统计值去推估总体参数值时所存在的偏差。它是由抽样本身的随机性引起的,是不可避免的。但是抽样误差的大小是控制的。

抽样误差是衡量样本代表性好坏的标准,抽样误差越小,说明样本的代表性越强,反之,则越弱。

**7. 异质性**

社会中由不同的个人所组成的各种群体、组织等构成了社会调查的研究总体。它们所包含的个体相互之间总是存在着或大或小的差异,这种差异就用异质性来表示。

**8. 同质性**

一个总体中的各元素之所以会归为这个总体中,总是存在着一些相似点或共同特征。同质性就是指总体中个体相互之间的相似程度,它与异质性相对应。

**9. 样本规模**

样本规模又称样本容量,是指样本所含个案的多少。统计学通常以 30 为界,把样本分为大样本(样本规模≥30)和小样本(样本规模<30)。但在社会调查中,样本规模不能少于 100 个个案。

一般来说,总体越大,则样本也要越大,这样才能保证一定的精度。但是,当总体规模大到一定程度时,样本规模的增加并不随其同步进一步大量增加。

## 二、 抽样调查的含义与特点

### 》》(一)抽样调查的含义

抽样调查是指从全体被研究对象中,按照一定的方法抽取一部分对象作为代表进行调查分析,以此推论全体被研究对象状况的一种调查方式。广义的抽样调查包括随机抽样与非随机抽样,狭义的抽样调查仅指随机抽样。抽样调查的目的是根据调查所得的样本资料,估计和推断被调查对象的总体特征。因此,从一定意义上说,抽样调查虽然不是普查,但可以在某种程度上起到普查的作用。

### ≫（二）抽样调查的特点

**1. 节省人力、财力和时间**　通常来说，抽样调查的单位在总体中所占的比重，最大不超过 1/3，在一些大的总体中，有时只有百分之几甚至千分之几。因此，比起普查，抽样调查需要的调查人员少，投入的财力、物力小，节省时间，费用大大降低。抽样调查因调查对象的数目远少于普查，因此可以设置较多和较复杂的调查项目，并能集中时间和精力做详细的分析。

**2. 以样本来代表和说明总体**　抽样调查通过数目有限、能够代表总体的样本的调查，对总体的状况作出推断。这一点区别于普查和典型调查。普查是对总体所有单位一个不漏地进行调查，典型调查是用个别典型单位来代表总体状况。抽样调查所依据的是概率论原理以及大数定律，即在总体中被抽取样本的个别单位虽然各有差异，但当抽取的样本单位数足够多时，个别单位之间的差别会趋向于相互抵消，因而样本的平均数接近总体的平均数，以部分可以说明总体，从而达到认识研究对象总体的目的。

**3. 抽样误差可以事先计算并加以控制**　抽样调查的目的是用样本统计量来估计或推断总体参数，无论何种抽样调查，样本统计量都不可能与总体参数完全相等，即样本统计量与总体参数之间总会存在一定误差。误差的来源可分为两大类型：非抽样误差与抽样误差。非抽样误差是由于调查中各种人为操作失误所致，如调查方案设计不甚合理、抽样方法有违随机原则，观察、测量、登记、计算上存在失误等。非抽样误差可以通过研究者主观努力尽量减少。抽样误差是指用样本统计值推算总体参数时存在的偏差。抽样误差是抽样所特有的误差，凡进行抽样就一定会产生抽样误差，这种误差虽然是不可避免的，但可以事先计算出来，并通过调整样本容量和组织形式来控制误差大小，以保证抽样推断的结果达到一定的可靠程度，所以又称为可控制误差。因此，在抽样调查的结论推及总体时，也就可以知道总体数据是在怎样的精度、怎样的可信程度范围之内，从而使调查研究的准确程度比较高。这一点是其他非全面调查所不具备的。抽样误差的大小主要受以下因素的影响：

①总体单位的标志值的差异程度。差异程度越大则抽样误差越大，反之则越小。

②样本单位数的多少。在其他条件相同的情况下，样本单位数越多，抽样误差越小。

③抽样方法。抽样方法不同，抽样误差也不相同。一般情况下，重复抽样比不重复抽样的误差要大一些。

④抽样调查的组织形式。抽样调查的组织形式不同，其抽样误差也不相同，而且同一组织形式的合理程度也会影响抽样误差。

运用不同的随机抽样方法抽样时，抽样误差的计算需要运用不同的公式，这是一个比较复杂的问题，我们无法在此详细介绍，有兴趣的读者可参阅其他有关抽样的书籍。

### 三、 抽样调查的适用范围

抽样调查的目的与作用不在于说明样本本身的情况,而是要用所得的结果推论和说明总体特征。以样本推论总体的误差可以事先计算并加以控制,而且调查成本不高,因此,抽样调查被公认为非全面调查方法中用来推论总体的比较完善、比较有科学依据的调查方法,在现代社会调查中被广泛应用。一般说来,抽样调查比较适合以下几种主要情况:

**1.总体范围较大,调查对象较多** 因为只有在总体单位数量相当大、抽取的样本单位足够多时,大数定律才发生作用。大数定律也称大数法则,是指在大量观察或多次试验的情况下,随机现象的偶然离差趋向于互相抵消,总体呈现出稳定的统计规律性。这样只有在总体单位数目多的情况下抽取样本,样本平均数才接近总体平均数。

**2.现实生活中,需要了解某些现象的全面情况,但又不可能进行全面调查时** 如对产品的质量检查就不可能进行全面调查,因为有些产品的检测对产品本身具有破坏性和损耗性,如对药品成分进行检测等,被抽取单位经过调查检验后,会失去原有形态或功能。因此,不可能对所有产品都一一进行检验,只能采用抽样调查的方法,而且样本容量要尽可能小。还有,大气或海洋污染情况的调查,由于它们的单位数到底有多少无从掌握,只能分布一些网点进行观测,亦即作抽样调查。

**3.有些现象可以但没有必要进行全面调查时,可采用抽样调查** 有些现象虽可进行全面调查,但这样一来,通常需要花费大量人力、物力、财力和时间,困难很多,而且效果并不一定就好。若采用抽样调查,只要组织得当、设计科学,也能通过统计推断而达到准确了解全部情况的要求,取得事半功倍的良好效果。例如,对城乡居民收支情况的调查,虽可以按地区、家庭、个人进行逐个登记,但这样工作量太大,花费太多,而且由于在许多地区、家庭、个人之间有着相似之处,只需要抽取其中一部分调查,就可以推算总体,不必进行全面调查。又如,市场购买力调查,居民消费倾向调查,人口流动调查,农作物产量、病虫害的调查等等,通过抽样调查都可以取得接近实际的全面资料。

**4.对普查统计资料的质量进行检验或修正** 普查是对总体内每个个体逐个调查,由于涉及范围广、资料容量大、工作环节多以及调查过程中种种因素的干扰,故普查结果难免有误差。普查误差在总体规模很大的情况下很难确知,通常只能用抽样调查测定,并据以补充、修正全面调查的资料,从而保证全面调查资料的准确性。例如,要了解人口普查过程中问卷的填写质量如何,不可能一张张问卷都重新调查核对,我国人口普查通常抽取1‰的问卷进行复查和修正,然后根据复查结果推论问卷总体的填写质量。

但是,抽样调查也有它的局限性:首先,抽样调查主要适用定量调查,对于定性调查比较困难。其次,由于抽样调查主要适合大范围的定量调查,所以,其深度和广度有限,难以进行深入细致的研究。第三,对于调查总体尚不清楚、不明晰的调查对象,如正在形成中的新生事物以及各种隐秘社会现象,就很难进行抽样调查。第四,抽样需要较多的数学知识和较高的计算机能力,特别是概率论和数理统计方面的知识,专业性比较强,对调查者的要求比较高。

## 四、　抽取调查样本的一般程序

抽样调查的关键在于如何抽取一个对总体具有代表性的样本。若无法从理论上和技术上实际抽出这样的样本,那么样本推论总体就没有意义。如何抽取样本呢? 一要明确抽多少,即样本的大小,并遵循抽样的程序;二是如何抽,即选择何种适当的抽样方法。抽样调查是由点及面的调查方法,为了保证达到以样本推断总体的目的,对于程序要求非常严格。

### ≫（一）设计抽样方案

设计抽样方案,就是对调查总体、抽样方法、抽样误差、样本规模等有关问题设计出具体的操作方案。它是抽样调查的决策阶段,只有从调查课题的客观需要、调查对象和调查者的实际可能出发,设计出科学、合理的抽样方案,才能保证抽样工作顺利进行。

一个完整的抽样方案应包括以下内容:①确定抽样调查的目的、任务和要求;②确定调查对象(总体)的范围和抽样单位;③确定抽取样本的方法;④确定必要的样本量;⑤对主要抽样指标的精度提出要求;⑥确定总体目标量的估算方法;⑦制定实施总体方案的办法和步骤。

### ≫（二）界定调查总体

所谓界定调查总体,就是根据调查课题的要求,把所要调查的对象的范围加以确定。界定总体,首先要界定研究总体,即从理论上明确定义的所有调查单位的集合体。如对某地区残疾人进行抽样调查,若不对残疾人加以界定,那么残疾人只是一个模糊的概念,构不成研究总体。只有对残疾人界定为"由于生理上或心理上的缺陷,造成生产、工作、生活、学习上的障碍者"后,方能成为用于调查的研究总体。但在实际操作过程中,很难从理论上界定,难以使符合定义的所有调查单位都有机会被人选,或者不符合定义的单位却被选入样本。因此,需要在研究总体的基础上,对调查对象范围进一步加以界定,即界定调查总体。调查总体的范围有时与研究总体的范围是一致的,在更多情况下则要小于研究总体的范围。实际抽取样本时,样本是从调查总体而不是从研究总体中抽出来的,因此,一般说来,样本只能推论调查总体而非研究总体。明确界定调查总体是抽样调查成功的前提条件。

## ≫ （三）编制抽样框

编制抽样框就是搜集和编制抽样单位名单。抽样单位,是调查总体中的每一个最基本的抽样对象。抽样框是抽样的基础,必须把所有抽样单位编制进去,不能遗漏或重叠。如果抽样分阶段、分层次进行,那么每一阶段、每一层次都需编制对应的抽样框。如调查某省高职院校毕业生就业意向,在某省随机抽取若干个高校,然后再由这些高校组成的样本中抽取一定数量的大三学生,此时就有两个不同层次的抽样框,即该省全部高校的名单,以及样本高校中所有大三学生的名单。

## ≫ （四）选择抽样方法

抽样方法分为两大类:一类是随机抽样,主要有简单随机抽样、等距抽样、分层抽样、整群抽样和多阶段抽样等;一类是非随机抽样,主要有偶遇抽样、判断抽样、定额抽样和滚雪球抽样等。调查者可根据研究目的和要求,结合所要研究总体的具体情况,以及各种随机抽样和非随机抽样的特点、适用情形,选取不同的抽样方法。具体方法介绍在随后内容中详细介绍。

## ≫ （五）确定样本规模

样本规模又称样本大小或样本容量,是指样本中所含抽样单位数目的多少。确定样本规模是抽样调查的一个重要步骤。样本规模的太小会影响样本代表性,在推论总体时有较大偏差;样本规模太大又会费时费力,造成浪费,甚至很难完成。因此,确定适当的样本规模是非常重要的。

样本规模的确定受到多种因素的影响:第一,调查总体规模的大小。总体规模越大,所需调查的样本数量就越多。第二,调查总体的内部差异程度。差异程度大,所需样本规模就越大。第三,对调查结果的可信度和精确度的要求。所要求的可信度和精确度越高,所需样本规模就越大。第四,抽样方法。抽样方法不同,所需样本规模也不同。一般来说,随机抽样比非随机抽样所需的样本规模要大。第五,调查者拥有的人力、物力和时间。这些条件越充足,可抽取的样本规模就越大。

根据统计学要求,样本规模一般不能少于30(也有人认为不能少于50)。由于社会调查涉及范围更广,总体情况更加复杂,因此,社会调查要求的样本规模一般比统计学要求更多一些。社会调查的样本容量大概在50~5 000之间。

在理论上,样本规模是可以用公式计算的。例如,在重复抽样(指从总体中随机抽取一个单位之后,又把它放回总体之中,再从总体中抽取单位的方法)条件下,简单随机抽样测定总体平均数时所需样本的计算公式为:

$$n = \frac{t^2 \sigma^2}{V^2}$$

$t$——某一信度(如95%)所对应的临界值(如1.96,依据正态分布概率表);

$\sigma$——总体标准差;

$V$——误差范围。

公式中,信度系数和误差范围通常由调查者根据研究要求确定,而总体标准差通常是未知的,也无样本数据可代替,解决办法有两个:一是用过去同类调查数据代替,二是组织一次试调查以取得所需数据。

**例** 在一个50万职工的城市进行职工收入状况调查。现用简单随机重复抽样方法抽取样本,要求测定的总体人均月收入的允许误差不超过30元,可信度达95%,以往同类资料表明,总体标准差为400元,在全市范围内应当抽取多少名职工?

**解** 根据规定的可信度95%,查正态分布概率表,得概率度 $t$ 为1.96,且已知 $\sigma=400$ 元,$V=30$ 元,因此

$$n = \frac{t^2\sigma^2}{V^2} = \frac{1.96^2 \times 400^2}{30^2}(人) = 683(人)$$

即采用简单随机重复抽样,在全市范围内需要抽取683名职工进行调查,才能满足题中所给要求。

### ≫(六)实际抽取样本

按照设计的抽样方法和确定的样本规模,从抽样框中抽取需要的样本容量,组成调查样本。

### ≫(七)评估样本,收集样本资料

评估样本的目的是检验所抽出的样本的代表性,以免产生太大的误差。样本评估的方法可以采用实地调查和比较相结合的方法,即具体收集一些较容易得到的资料,并进行分析、研究,对样本和总体进行比较,得出样本对于总体的代表性、准确性程度。如发现样本代表性、准确性的偏差太大,则要及时加以修正、补充,然后再实施调查。

收集样本资料,要尽量减少和避免登记性误差。收齐样本资料后,着手进行审查、整理、分析,找出抽样误差,得出调查结果。由于抽样调查的根本目的是要通过对样本的调查研究,来推断和把握其所在总体的特征及其内部关系,所以,最后要根据样本的有关数值来推断总体指标,说明总体情况。

## 五、 抽取样本的主要方法

### ≫(一)随机抽样

随机抽样又称为概率抽样,是指以概率论为基础,按随机原则抽取样本的方法。

随机原则又称机会均等原则,即抽样框中每一个抽样单位都有被抽取的同等可能性。有多少种能实现机会均等原则的方法,就有多少种随机抽样方法。其所得资料经过分析后,可被用来作统计推论总体。正因为随机抽样具有这一特点,所以,实际生活中大部分抽样调查都是采用概率抽样方法获取样本的。常见的随机抽样方式主要有简单随机抽样、等距抽样、分层抽样、整群抽样和多阶段抽样等。

1. 简单随机抽样　又称为纯随机抽样,它是按随机的原则,直接从含有 $N$ 个单位的总体中,抽出 $n$ 个单位作为样本进行调查($N \geq n$),总体中所有个体均有同等被选中的机会。简单随机抽样是概率抽样的最基本类型。常用的简单随机抽样方法有:

(1) 抽签法。就是先把抽样框里的抽样单位全部编上名称或号码,逐个填写在卡片或签条上,做成签或阄;然后,把签或阄放在容器内打乱次序;最后,从容器内随机抽签或抓阄,直到抽满规定的样本数为止。

(2) 随机数表法。就是由 0 到 9 自然数组成的特殊数字表中随机抽取样本的方法。具体步骤如下:第一步,取得一份调查总体所有抽样单位的名单(样本框);第二步,将总体中所有单位一一编号;第三步,根据总体规模的位数研究从随机数表中选相同的位数;第四步,以总体规模为标准,对从随机数表中抽取的数码一一进行衡量并决定取舍;第五步,根据样本规模的要求选择出足够的数码个数;第六步,依据随机数表中抽出的数码,到抽样框中去找出它们所分别对应的个体。第七步,这些所有个体的集合便构成了样本。

简单随机抽样是最基本也是最简单的抽样方法,是其他抽样方法的基础。它的优点是:在抽样过程中完全排除了主观因素的干扰,简单、易行,只要有抽样单位名单就可进行。它的缺点是:一般适用于规模较小、总体单位之间差异程度较小的情况。如果调查对象数量很大,编制抽样框的工作就十分复杂,甚至无法编制。而且抽取的调查样本将过于分散或集中,代表性较差。特别是总体单位的异质性较强,即总体之间差异程度较大时,运用这种抽样方法会产生较大的误差。

2. 等距抽样　等距抽样又称机械抽样或系统抽样。其核心是从抽样框中每隔一定的距离抽取一个个体。具体步骤如下:①编制抽样框,将抽样框内各抽样单位按一定标志排列编号。②计算抽样距离。抽样距离($K$)由总体规模($N$)和样本规模($n$)决定,公式为:$K = N/n$。③决定抽样起点,即在第一个 $K$ 单位中,用简单随机抽样方式抽出一个个体,设其编号为 B,它称作随机的起点。④在抽样框中,从 B 开始,每隔 $K$ 个单位抽取一个个体,即陆续抽取 B,B+K,B+2K,B+3K,$\cdots$,B+($n-1$)K,组成样本。例如,用等距抽样从 2 000 人的工厂中抽取 100 人进行调查。第一步,先把这 2 000 个工人排列编号。第二步,算出抽样距离为 $K = N/n = 2\ 000/100 = 20$。第三步,在编号前 20 位的工人中,用简单随机抽样方式抽出一个个体,假设抽到第 6 号工人,则 6 号便为抽样起点。第四步,从 6 号开始,每隔 20 人抽 1 个人,依次抽 6,26,46,66,86,$\cdots$,1 986。这样共 100 个工人组成调查样本。如图 4-1 所示。

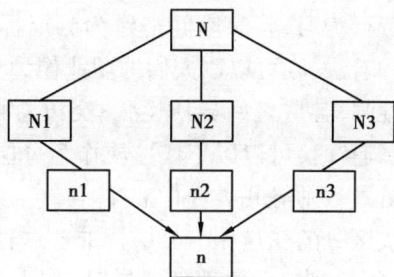

图 4-1　分层抽样示意图

（N 为总体，N1 为子总体，n1 为子样本，n 为样本总体）

　　等距随机抽样的优点是：在手工选样的情况下，等距抽样比简单随机抽样简便，尤其是当总体及样本的规模都较大时更是如此。另外等距抽样的样本在总体中的分布比较均匀，故而抽样误差小于或至多等于简单随机抽样，而且抽样过程大大简化，只要确定第一样本单位，整个样本也随之确定，因此它在社会调查中的应用较为广泛。它一般适用于同质性强、类别之间所含单位的数目差距不大的总体。

　　等距抽样的缺点是：首先，抽样单位总数不能太多，要有完整登记册，否则就难以实施。其次，等距抽样是以总体的随机排列为前提的，如果总体的排列出现有规律的分布，就会使等距抽样产生很大误差。例如，统计某条城市高架桥的车流量，每隔几小时抽样，如果间隔恰好与上下班时间重合，那么调查结果就会产生系统偏差。因为，上下班时车流量很大，这样对样本调查的结果就很难准确说明调查总体的情况。因此，使用等距抽样时一定要认真考察总体的排列情形和抽样距离，多了解总体的情况，抽样间隔距离要注意避免与调查对象的周期性节奏相重合。如果原来的排列次序可能导致抽样失去代表性，就应打乱原来的排列次序或改用其他抽样方法。再次，当总体内个体类别之间的数目差距过大时，样本的代表性可能较差。例如，某高校教师多，行政人员少，如果采用等距抽样，可能很少或甚至完全没有抽中行政人员。

　　**3. 分层抽样**　分层抽样又称为类型抽样或分类抽样，是一种较为常用的抽样方法。它是把调查总体按一定的标准分为若干类型或层次，然后从每一类或层中采用简单随机抽样或等距抽样方法相同地抽取子样本，这些子样本集合起来就组成分层抽样总样本。分层抽样的基本步骤是：总体分层—层中抽样—子样本集合。例如，采用分层抽样法从总体为 800 名教师的高校抽取 80 名教师进行调查时，可以先把总体分为男教师和女教师两大类（或两个层次），然后，采用简单随机抽样或等距抽样的方法分别从男教师总体中抽取 40 名，从女教师总体中抽取 40 名，这样，由这 80 名教师构成的就是由分层抽样获得的样本。当然，也可以按照研究目的的不同，采取按学院分层、按职称分层等进行抽样。例如，从全校 20 个学院中分别抽取 4 名教师，从助教、讲师、副教授、教授中分别抽取 20 名教师，等等。

　　在实际运用分层抽样的方法时，研究者需要考虑分层的标准和分层的比例这两个问题。

　　（1）分层的标准

　　①以调查所要分析和研究的主要变量或相关变量作为分层的标准。例如，在调查

研究居民的消费结构和消费行为时,将家庭经济作为分层标准;要调查了解社会中不同职业的人员对经济改革的看法,则可以以人们的职业作为分层的标准。

②保证各层内部同质性强、各层之间异质性强、突出总体内在结构的变量作为分层变量。例如,在学校进行调查时,可以以工作性质作为分层标准,将全校职工分为行政人员、教辅人员、工勤人员及教师等几类进行抽样。

③以那些已有明显层次区分的变量作为分层标准。这种标准分层是自然形成的,分化明显。例如,当研究对象具有较大的地理差异时,作为分层标准的是不同的地理区域,如不同国家或不同的省市;在社会调查中,性别、年龄、文化程度、职业等就经常被用作分层的标准。

(2)分层的比例

①按比例分层抽样。在分层抽样时使样本中各层所占比例与总体中各层所占比例相同,称为按比例分层抽样。例如,某高校800名教师中男教师占60%,女教师占40%。按比例分层抽样抽取80名学生,就需要分别抽取48名男教师和32名女教师。用按比例分层抽样的方法能得到更有代表性的样本。

②不按比例分层抽样。进行抽样调查时,有时总体中有的类型或层次的单位数目太少,为了使该类型的特征能在样本中得到足够反映,需要适当加大该类型在样本中所占的比例,即采取不按比例分层抽样的方法。例如,要了解高校中不同职称的教师的工资差距时,首先将所有教师分为助教、讲师、副教授、教授四个层次,显然这四个层次的教师比例相差很大,现在我们的目的是要比较四个层次人员的平均收入差距,如果采用按比例分层抽样,教授人数就太少,依靠这一点人数往往难以进行有意义的比较。为了避免这种情况,就可以在各层次抽取相等的样本量,例如,各抽取20人组成调查样本,这样就便于对四者的平均收入情况进行比较。

分层抽样适用于抽样框内抽样单位总数较多、抽样单位之间差异较大的调查对象,而且抽样误差较小或所需样本数量较少。它的优点是:在一般情况下,对同一总体、同样大小的样本规模来说,分层抽样的精确程度往往高于简单随机抽样或等距抽样;而对于同一总体、同一信度来说,分层抽样所需的样本规模往往小于简单随机抽样或等距抽样。因此,分层抽样在实际抽样调查中的应用十分广泛。它的缺点是:必须对调查总体各个单位情况有较多了解,否则就无法科学分类,而这一点在实际调查之前又往往难以做到。

**4.整群抽样** 整群随机抽样又称聚类随机抽样或集体随机抽样,其方法是:首先,先将抽样框内抽样单位按一定标准分成许多群体,并把每一个群体看作一个抽样单位;然后,按照随机原则(可以是简单随机抽样,也可以是等距随机抽样或分类随机抽样)从这些群体中抽出某个或若干群体作为调查样本;最后,对样本群体中的每一个抽样单位逐个进行调查。例如,现在要用整群抽样法从共有800名教师的高校中抽取80名教师进行调查。假设这个学校有20个学院,每个学院有40名教师。现在要抽取80名教师,我们不是直接去一个个抽取,而是先将全校20个学院编号,采取简单随机抽样(或等距抽样、分层抽样)等方法抽出2个学院,这2个学院的教师就构成我们调查的样本。

整群抽样的优点是,调查样本比较集中,调查工作比较方便,可节省人力、财力、物力和时间。例如,简单随机抽样和等距抽样都要求有一份抽样单位的总体名单,用于编制抽样框。但在实际调查中,特别是要调查规模很大的总体时,这样全面的清单往往难以获得。有时即使获得,运用起来也非常麻烦。整群抽样则可以省去这些麻烦,使抽样变得简单易行,如图4-2所示。

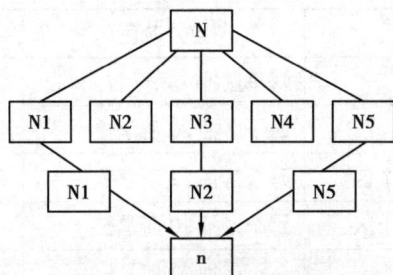

**图4-2　整群抽样示意图**

(N为总体,N1为子总体,n为样本总体)

例如,要在10万人口的小镇中抽取2 000个家庭进行生活水平调查,显然如果要获得全镇家庭的名单十分麻烦,因此,很难用简单随机抽样和等距抽样进行抽样;但采用整群抽样法则很容易就能做到。先找出全镇所有村委会的名单,假设有30个村委会,每个村委会大概有500个家庭,那么只要用简单随机抽样抽取4个村委会,然后将这4个抽中的村委会的所有家庭户作为调查样本就可以了。

整群抽样的缺点是,调查样本分布不均匀,代表性较差。与上述几种抽样方法相比较,在样本数量相同情况下,抽样误差较大。

整群抽样和分层抽样也存在差别。整群抽样抽取若干子群体并将所抽中的子群体中的全部个体都作为样本,而分层抽样则是在所有的子群体中抽取部分个体作为样本。在实际应用中,整群抽样适合于内部差异性大的子群体,分层抽样则适合于内部差异小的子群体。

这时,我们可以通过多抽几个群来弥补代表性差的不足。但有一点值得重视,在总体划分为群时,要尽量做到群内异质性强,群间同质性强。如果群间异质性弱,群内异质性弱时,适合采用分层抽样的方法。

5.**多阶段抽样**　多阶段抽样又称为多段抽样或多级抽样。当总体规模很大,特别是总体的分布范围很广时,往往难以弄到总体成员名单。因此,要把抽取样本单位的过程分为两个或两个以上的阶段进行,在不同的抽样阶段中,抽样单位与抽样框都是不同的。多阶段随机抽样的具体步骤如下:

①确定抽样单位。先将抽样框中的抽样单位按一定标准分成若干群体,作为第一级抽样单位。然后,将第一级抽样单位又分成若干小群体,作为第二级抽样单位。依此类推,还可分为第三级、第四级抽样单位。②抽取各级样本。依照随机原则先在第一级抽样单位中抽出若干群体作为第一级样本。然后,再在第一级样本中抽出第二级样本。依此类推,还可抽出第三级、第四级样本。调查对象至第二级样本者,称为二段随机抽样;至第三级、第四级样本者,称为三段或四段随机抽样。③对最后抽出的样本

单位逐个进行调查。

例如,某地有 2.4 万名教师,他们分布在全市 10 个区的 200 所学校里,现在要抽 1 200 名教师作为调查的样本,按照三级抽样的方法,可采用表格 4-1 中的几种抽样方法进行样本的抽取。

表 4-1    某地教师样本抽取的方案

| 方案 | 第一阶段 | 第二阶段 | 第三阶段 |
|------|----------|----------|----------|
| 方案 1 | 10 个区 | 每个区抽 4 所学校 | 每所学校抽 30 名老师 |
| 方案 2 | 10 个区 | 每个区抽 20 所学校 | 每所学校抽 6 名老师 |
| 方案 3 | 从 10 个区中抽 5 个区 | 每个区抽 12 所学校 | 每所学校抽 20 名老师 |
| 方案 4 | 从 10 个区中抽 3 个区 | 每个区抽 10 所学校 | 每所学校 40 名老师 |
| 方案 5 | 从 10 个区中抽 1 个区 | 每个区抽 12 所学校 | 每所学校抽 100 名老师 |

说明:表 4-1 中 5 个方案通过 3 个阶段均能实现抽样 1 200 名老师的目的。5 个方案相比较,方案 2 抽取样本操作起来难度最大,但代表性最强;方案 5 抽取样本操作起来最简便,但抽样的代表性最弱。

多阶段随机抽样方法的优点是:①抽样前不需要总体各单位的完整名单,抽样工作简便易行,特别适合于调查总体范围大、调查对象单位多、情况比较复杂的调查课题。②它有利于把各种随机抽样方法的优点综合起来,节省人力、物力、财力和时间。在抽样的各个阶段究竟采用哪种具体的抽样方法,主要依抽样框的性质及方便与否来决定。③它对调查总体各单位情况了解程度的要求较低,一般只要对下一个层次单位情况有所了解就可进行抽样。多阶段随机抽样的主要缺点是:由于每个阶段都有产生误差的可能,所以抽样阶段越多抽样误差也有可能越大,它的误差是各阶段抽样误差之和。因此,为了控制抽样误差范围,分段抽样的次数应尽可能减少。

讨论完随机抽样的几种类型之后,我们把简单随机抽样、等距抽样、分层抽样、整群抽样和多阶段抽样用列表形式做一个比较(表 4-2、表 4-3):

表 4-2    随机抽样类型的比较

| 类    型 | 何时使用 | 如何抽样 | 代表性 |
|----------|----------|----------|--------|
| 简单随机抽样 | 单位已经确定容易找到 | 直接抽样、抽签抓阄、随机数表 | 高 |
| 等距抽样 | 单位已排成序列表或可以按某种顺序找到 | 每几个抽一个 | 较高 |
| 分层抽样 | 有关特征已经知道,可以辨认和找到 | 将总体分层,然后从每层中随机抽取 | 最高 |
| 整群抽样 | 单位数量很大或范围不明确 | 将总体分成群,然后随机抽取群 | 较低 |
| 多阶段抽样 | 范围大、总体对象多 | 分阶段进行 | 较低 |

表 4-3 几种随机抽样类型的比较

| 类　型 | 一级单元 | 二级单元 | 样本量相同的准确度 | 提高准确度的办法 |
|---|---|---|---|---|
| 分层抽样 | 抽取全部 | 抽取部分 | 高于简单随机抽样 | 扩大层间差异,缩小层内差异 |
| 整群抽样 | 抽取部分 | 抽取全部 | 低于简单随机抽样 | 缩小群间差异,增大群内差异,增加群数 |
| 二阶段抽样 | 抽取部分 | 抽取部分 | 介于简单随机抽样和整群抽样之间 | 减少一级单元之间的差异,尽量多抽取一级单元 |

## ≫ (二)非随机抽样

非随机抽样又称为非概率抽样,它是指调查者根据主观判断抽取样本的方法。非随机抽样是相对于随机抽样而言的。随机抽样虽然可由样本推论总体,然而,在有些情况下,总体很难确定,严格的随机抽样往往很难进行;在另一些情况下,研究者的主要目的只是想初步了解一下调查对象的有关情况,以便为建立研究假设或进行大规模的正式调查做些探索性工作。此时人们往往放弃虽然科学却比较麻烦的各种随机抽样方法,而采用不能推论总体、但却简单方便的非随机抽样。非随机抽样方式主要有偶遇抽样、判断抽样、定额抽样和滚雪球抽样等。

**1.偶遇抽样**　偶遇抽样又称为方便抽样或便利抽样。即指调查者根据现实情况,以自己方便的形式,任意抽取偶然遇到的人或仅选择那些离得较近的、最容易找到的人作为调查样本的方法。如在商场、车站、剧院等行人多的地方随意拦住愿意接受调查的人进行调查。偶遇抽样与随机抽样的根本区别是,偶遇抽样没有也不能保证总体中的每一个个体都有同等的抽取机会,那些最先被遇到的、最容易遇到的对象,具有比其他对象大得多的入选机会。偶遇抽样的优点是方便省力,但样本代表性差、偶然性很大。

**2.判断抽样**　判断抽样又称为立意抽样、目的抽样或主观抽样。即由调查者根据主观判断或根据调查的目的有意选取样本的方法。它可分为印象判断抽样和经验判断抽样。印象判断抽样,就是纯粹凭调查者的主观印象抽取样本;经验判断,就是调查者根据以往经验和对调查对象的了解来选择样本。判断抽样质量的高低主要取决于研究者的理论修养和实际经验、调查者对总体的了解程度和判断能力。判断抽样的主要优点是可以充分发挥研究人员的主观能动作用,特别是当研究者对所研究的总体情况比较熟悉、判断能力比较强时,采用这种方法往往比较方便。但由于判断抽样仍然属于非概率抽样,因此,样本的代表性和抽样误差往往难以判断。这种抽样方法在实际中多用于总体规模较小,或调查时间、人力等条件有限而难以进行大规模随机抽样的情况。

**3.定额抽样**　定额抽样又称为配额抽样。研究者首先依据那些有可能影响研究变量的各种因素来对总体进行分类或分层,并找出具有各类(层)成员在总体中占的比例,然后按总体比例在不同的类(层)分配样本量,最后由调查者根据自己的判断在各类(层)中抽取样本。定额抽样和分层抽样的区别在于分层抽样中各层样本是按科学方法随机抽取的,而定额抽样中各层样本是根据研究者自己的判断非随机抽取的。

定额抽样的最大优点是简便易行、快速灵活,它能在较低廉的抽样费用下获得各类人物、事物或社会现象的样本。其缺点是由于定额抽样以代表总体为目的,因此使用这种方法时必须对总体的情况有充分的了解。而且定额抽样主要依赖调查者的主观能力,所以其结论用来推论总体指标的代表性不强。

**4. 滚雪球抽样** 它是指先就近寻找个别调查对象进行访问,然后通过他(她)再去寻找新的调查对象,即找出少数个体,通过这些个体了解更多的个体,就像滚雪球一样寻找越来越多的调查对象,一步步扩大样本范围,直至达到调查目的为止。在社会调查中,当遇到无法了解总体状况的情形时,可以采取这种方法。例如,要对钟点工进行一项调查,研究者一开始因缺乏信息无法抽样,这时可通过各种途径,如通过朋友介绍,或到家政服务公司找到一两个钟点工进行调查,让他们提供所认识的钟点工的联系方式,然后再去找那些钟点工进行调查,并请他们提供自己认识的钟点工……以此类推,像滚雪球一样,由小变大。但是雪球不能滚到每一个角落,总有一些合适的成员无法找到,因此运用这种方法偏误不可避免。

总之,非随机抽样简单易行,并能获得许多生动、具体的感性资料,通过样本大致了解总体的某种特征。在调查设计的初步探索阶段,在那些不可能或不需要从数量上推断调查总体的调查课题中,非随机抽样方法往往被采用。但由于非随机抽样的调查质量,主要取决于调查者的主观素质、工作态度和各种偶然因素,其代表性、客观性较低,控制和估算抽样误差也很困难,所以,要谨慎对待非随机抽样调查的结果推论总体。基本抽样技术的优缺点比较(表4-4、表4-5):

表4-4 基本抽样方法比较

| | 抽样技术 | 优 点 | 缺 点 |
|---|---|---|---|
| 概率抽样 | 简单随机抽样 | 方便,易理解,结果可推广到总体 | 抽样框不易建立,费用高,精度低,不一定保证代表性 |
| | 等距抽样 | 比简单随机抽样易操作,代表性提高,不需要抽样框 | 样本的代表性不一定能保证,也可能降低代表性 |
| | 分层抽样 | 可包括所有重要的子群体,精度高 | 对许多变量来说不易分层,费用高 |
| | 整群抽样 | 易操作,样本集中,成本合理 | 样本分布不均匀,代表性差,误差较大 |
| | 多阶段抽样 | 精度较高,成本较低,抽样工作较简便易行 | 计算较复杂,误差机会多 |

续表

| 　 | 抽样技术 | 优　点 | 缺　点 |
|---|---|---|---|
| 非概率抽样 | 偶遇抽样 | 方便经济,节省时间 | 样本无代表性 |
| | 判断抽样 | 低费用,方便,省时间 | 主观性强,结论无推广性 |
| | 定额抽样 | 在某种程度上可对样本进行控制 | 有选择偏差,不能保证代表性 |
| | 滚雪球抽样 | 样本的代表性有保证 | 耗费时间 |

表 4-5　选择概率抽样和非概率抽样的条件

| 条件因素 | 比较适用于所给条件的抽样技术 | |
|---|---|---|
| | 概率抽样 | 非概率抽样 |
| 调研的性质 | 结论性 | 探索性 |
| 抽样误差和非抽样误差的相对大小 | 抽样误差较大 | 非抽样误差较大 |
| 总体中的变差 | 异质性(高) | 同质性(低) |
| 统计上的考虑 | 有利的 | 不利的 |
| 操作上的考虑 | 不利的 | 有利的 |

## 操作示例 1

### 福建省国内旅游人数和旅游收入抽样调查方案[①]

一、调查目的

近年来我省国内旅游发展迅猛,日益成为推动经济发展的新增长点,对拉动内需促进消费起到了积极的作用。为全面掌握和了解我省接待国内游客(包括过夜游客和一日游游客)人数、人天数和国内游客在本省的花费以及客源市场的分布等有关情况,综合分析全省及各设区市国内旅游业的发展现状及趋势,准确反映国内旅游在我省国民经济发展中的地位,测算出全省及各市旅游人数接待情况,以加强对我省国内旅游业的宏观指导和管理,帮助旅游企业获得开拓我省国内旅游市场所需要的决策依据和信息资料,促进我省国内旅游业持续、快速、健康发展。

二、调查对象

调查的对象为在我省旅游的我国大陆居民(含本省居民在我省旅游的旅客)。

三、抽样方法

(一)住宿单位随机抽样访问旅游者的方法

1.以本地辖区的所有旅游住宿单位为调查总体,在准确掌握本地区旅游住宿单位

---

[①]　福建省统计局官网(略有修改),http://tjj.fujian.gov.cn/xxgk/zdff/201102/t20110221_42874.htm,下载时间:2021-11-3。

总数、总规模等情况的基础上,按随机抽样的要求抽取样本进行访问。

2.采用分类抽样方法,将住宿单位分为限额以上企业、限额以下企业和个体户三类。根据三类住宿单位兼顾的原则,将各市按限额以上住宿企业抽样问卷调查游客人数占80%、限额以下企业占15%、个体户占5%的比例进行分配。

3.住宿企业抽选调查点方法

(1)限额以上住宿企业采用等距抽样方法抽选调查点。先根据该类型调查点抽样调查访问的所有人数除每个调查点调查访问120位游客(每季度在规定月份中调查访问30位游客)计算抽样调查企业数,然后将本设区市限额以上住宿企业营业总收入与调查企业数计算抽样调查组距(K1),K1=本地区该类住宿企业营业收入总额/抽样调查企业数,调查点抽取以企业营业收入为标志值从大到小进行排序,并计算累计值,确定第一个抽中单位为K1/2,以后每隔K1个住宿企业为一个调查点。

(2)限额以下企业及个体户住宿单位调查点重点抽选旅游景点景区比较集中的地方。限额以下企业调查单位数,根据该类型调查点抽样调查访问的所有旅客人数除每个调查点调查访问40位游客(每季度在规定月份中调查访问10位游客)计算;个体户调查单位数根据该类型调查点抽样调查访问的所有旅客人数除每个单位16位游客(每季度在规定月份中调查访问4位游客)计算。

4.在调查点中向准备离店的客人随机发放问卷,了解旅游者在本地区游览的有关情况和消费情况,每个调查点中的调查人数按上年报告期该旅游住宿单位接待游客人数的一定比例确定。

5.在旅游住宿单位过夜的人数包括三类:

(1)来我省的国内旅游人数。这部分人数又分为去景点的国内旅游人数和不去景点的国内旅游人数。

(2)国内非旅游者人数。

(3)境外含港澳台人数(含旅游者和常住人员)

在抽样问卷调查和推算总体时只包括(1),不包括(2)和(3)这两部分人数。

(二)在景区(点)抽样访问调查的方法

景区景点调查范围必须是年接待量在1 000人以上的景区景点。根据国家调查方案的要求,结合我省的实际,在充分考虑代表性的前提下,确定调查景区或景点和旅客问卷的数量。

在抽选景区景点时,应把握以下原则:

1.先根据该类型调查点抽样调查访问的所有人数除每个调查景点调查访问120位游客(每季度在规定月份中调查访问30位游客)计算抽样调查景点单位数。各市在抽选调查景点时,应兼顾市区、市郊、郊县等方位和区域,选取各自有代表性的景点(区)为调查点。一般主要在国家级和省级旅游景区(点)以及各县主要景区点中抽选。

2.在同一地区选定的景点之间应相隔一定的距离,被选景点应是同一国内旅游者在同一日内一般不可能同时都去游览的景点,以避免出现国内游客重复调查的情况。

3.在景区(点)中将采用多阶段随机等距抽样方式,将调查期分为四个时段(即每个季度为1时段),每个时段在规定调查月份中抽取两个工作日和一个双休日作为调查日,每个景点每个阶段的样本量应均匀分布在各个调查日内。按等距抽样方法在出口处间隔约半小时左右随机访问游客。

4.调查景点主要了解旅游者在本地区游览的游客基本情况和消费情况。

(三)居民家庭户抽样访问调查的方法

1.将全省要抽选的居民调查户按九个市的家庭户数量比例进行分配,样本将在九个市的城镇各行政区及主要县市中随机抽取。

2.在景区景点或住宿业企业(单位)所在辖区范围内采取随机等距方法抽选调查样本,按照每一个居委会随机抽选16家的抽样方式,计算出各市要调查的居委会数量,计算抽选距离(K2),K2=本地区居委会数/要调查的居委会数。对居委会进行编号,确定第一个抽选的居委会为K2/2,以后每隔K2个居委会抽选要调查的样本点,再在该调查点中按一定间隔随机抽选调查样本户。

3.在调查户中主要了解有无接待亲戚朋友的情况。

单位名称:

日期:

## 操作示例2 ··························································································

### 随机数表抽样[①]

某社区居委会要调查社区居民对社区服务的满意度,欲从某居民小组60户居民中抽取10户作为样本进行调查。利用 Excel 所生成的随机数表抽取该样本。具体操作步骤如下:

第一步,利用 Excel 自动生成含有500个随机数字的随机数表。如表4-6;

第二步,为60户家庭编号,每一户家庭一个编号,即01~60;

第三步,以总体规模60为标准,从随机数表中选择出两位数码,在表4-6中,随机确定抽样的起点和抽样的顺序,假定从第1列开始,连续选择两列,并从第1行开始,按从上到下的顺序抽样;

第四步,以总体规模60为标准,从随机数表中抽取数码,如果小于等于60,则留下;如果大于60,则舍弃;依次抽出的10个号码分别是28、30、45、12、60、36、44、05、18、34;到总体中找出上述10个号码所对应的家庭,这些家庭就构成一个样本。

如果调查总体为600户,样本容量仍为10户,按以下步骤进行即可:

第一步,对调查总体600户居民家庭进行编号,分别编号为001~600;

第二步,将抽样起点定为第3行,第1列,由于总体是三位数,所以应选择三位数码,这里选择第1~3列,按从上往下的顺序抽样。并以600为界,决定号码的取舍。依次抽出的10个号码为303、457、120、361、446、051、184、345、256、076;

第三步,找出上述10个号码对应居民家庭,这些家庭即构成一个样本。

---

①　赵淑兰.社会调查方法[M].北京:机械工业出版社,2015:54-55.

表 4-6  随机数表（500 个随机数字）

| 行\列 | 1 | 2 | 3 | 4 | 5 | 6 | 7 | 8 | 9 | 10 | 11 | 12 | 13 | 14 | 15 | 16 | 17 | 18 | 19 | 20 |
|---|---|---|---|---|---|---|---|---|---|---|---|---|---|---|---|---|---|---|---|---|
| 1 | 2 | 8 | 5 | 9 | 6 | 0 | 0 | 0 | 9 | 4 | 6 | 4 | 4 | 0 | 9 | 7 | 3 | 9 | 6 | 4 |
| 2 | 9 | 2 | 6 | 0 | 6 | 7 | 3 | 3 | 0 | 5 | 7 | 6 | 8 | 7 | 0 | 5 | 7 | 3 | 7 | 1 |
| 3 | 3 | 0 | 3 | 6 | 6 | 5 | 2 | 8 | 9 | 7 | 0 | 1 | 4 | 2 | 7 | 4 | 8 | 9 | 2 | 1 |
| 4 | 4 | 5 | 7 | 7 | 9 | 2 | 5 | 6 | 8 | 0 | 0 | 5 | 7 | 4 | 6 | 5 | 2 | 1 | 8 | 9 |
| 5 | 9 | 5 | 9 | 9 | 1 | 6 | 5 | 8 | 8 | 2 | 5 | 1 | 2 | 9 | 9 | 7 | 9 | 0 | 8 | 9 |
| 6 | 1 | 2 | 0 | 4 | 3 | 0 | 2 | 0 | 8 | 1 | 5 | 9 | 2 | 9 | 5 | 5 | 0 | 5 | 0 | 1 |
| 7 | 6 | 0 | 7 | 6 | 6 | 6 | 7 | 9 | 2 | 3 | 2 | 4 | 6 | 1 | 7 | 3 | 1 | 1 | 3 | 9 |
| 8 | 3 | 6 | 1 | 2 | 9 | 9 | 3 | 4 | 4 | 7 | 6 | 3 | 4 | 4 | 2 | 9 | 2 | 2 | 9 | 7 |
| 9 | 4 | 4 | 6 | 9 | 1 | 8 | 5 | 4 | 1 | 5 | 0 | 0 | 5 | 0 | 8 | 6 | 2 | 2 | 7 | 0 |
| 10 | 0 | 0 | 1 | 9 | 8 | 5 | 2 | 7 | 2 | 2 | 2 | 2 | 6 | 8 | 7 | 3 | 6 | 3 | 1 | 3 |
| 11 | 1 | 8 | 4 | 8 | 4 | 7 | 3 | 0 | 2 | 1 | 0 | 4 | 6 | 9 | 2 | 8 | 2 | 2 | 7 | 6 |
| 12 | 3 | 4 | 5 | 9 | 2 | 5 | 7 | 5 | 3 | 4 | 4 | 9 | 6 | 4 | 6 | 6 | 3 | 7 | 9 | 7 |
| 13 | 7 | 9 | 4 | 6 | 6 | 0 | 5 | 5 | 7 | 4 | 5 | 8 | 4 | 9 | 6 | 5 | 1 | 0 | 1 | 0 |
| 14 | 2 | 5 | 6 | 4 | 3 | 7 | 5 | 3 | 2 | 3 | 9 | 1 | 2 | 8 | 2 | 5 | 5 | 7 | 9 | 7 |
| 15 | 7 | 6 | 6 | 9 | 9 | 5 | 2 | 5 | 3 | 4 | 3 | 9 | 5 | 7 | 2 | 1 | 2 | 2 | 6 | 1 |
| 16 | 0 | 7 | 6 | 2 | 5 | 0 | 9 | 4 | 3 | 6 | 4 | 5 | 0 | 2 | 0 | 0 | 6 | 8 | 0 | 8 |
| 17 | 7 | 0 | 1 | 4 | 4 | 7 | 7 | 8 | 7 | 0 | 9 | 7 | 5 | 2 | 1 | 0 | 5 | 9 | 2 | 6 |
| 18 | 8 | 0 | 7 | 0 | 5 | 4 | 1 | 1 | 5 | 9 | 6 | 7 | 4 | 2 | 4 | 0 | 1 | 6 | 0 | 3 |
| 19 | 0 | 0 | 2 | 8 | 6 | 4 | 8 | 7 | 1 | 0 | 0 | 3 | 1 | 4 | 8 | 1 | 9 | 0 | 1 | 3 |
| 20 | 4 | 4 | 1 | 4 | 0 | 8 | 9 | 1 | 7 | 8 | 8 | 5 | 0 | 3 | 0 | 5 | 5 | 2 | 6 | 7 |
| 21 | 7 | 4 | 7 | 3 | 6 | 5 | 6 | 0 | 1 | 6 | 3 | 0 | 1 | 6 | 5 | 2 | 7 | 0 | 0 | 6 |
| 22 | 1 | 1 | 3 | 2 | 8 | 8 | 9 | 7 | 4 | 5 | 8 | 6 | 8 | 5 | 1 | 3 | 1 | 9 | 4 | 0 |
| 23 | 5 | 9 | 5 | 1 | 5 | 1 | 2 | 9 | 9 | 9 | 8 | 5 | 6 | 4 | 4 | 7 | 1 | 6 | 1 | 6 |
| 24 | 2 | 5 | 0 | 4 | 3 | 5 | 7 | 5 | 3 | 5 | 7 | 6 | 4 | 2 | 1 | 1 | 0 | 8 | 2 | 2 |
| 25 | 2 | 3 | 4 | 3 | 8 | 2 | 4 | 5 | 4 | 1 | 8 | 3 | 7 | 7 | 4 | 3 | 6 | 3 | 0 | 3 |

## 拓展训练

运用抽样的程序与步骤就小组论证的选题抽取调查样本，并拟写出详细的抽样方案。

# 项目三
# 调查资料的获取

## 知识目标 ....................................................................

了解获取调查资料的五种主要方法——文献法、问卷法、访谈法、观察法、网络法的含义与特点。

掌握运用五种主要调查方法的原则与程序。

## 能力目标 ....................................................................

能结合运用多种调查方法完成选题任务的调查，获取相关资料。

## 任务 5　运用文献法获取信息

### 任务描述 ....................................................................

要做一项调查研究，在研究准备阶段，首先需了解该领域已有的研究状况及其成果，并在此基础上寻找研究方法、过程及主要结论等方面的借鉴，这个过程就运用文献法获取信息。比如说，倘若要实证研究当前高校学生考证情况、我国志愿者队伍建设方面的问题等等，在展开具体调查研究之前，往往需要通过查找、阅读、整理、分析该领域现有文献，从研究思路确定、研究方法选择、研究指标设计等方面，为本次研究寻找理论支持和经验借鉴。

### 任务完成 ....................................................................

一、任务完成目的与要求

了解文献法的基本内涵、适用范围，使学生不仅能够在比较中了解文献法与其他资料收集方法的异同,而且在实践中能够基本运用文献法。

二、任务完成步骤

1.老师结合设置的考证项目讲解,让学生基本了解有关文献法的基本理论知识。

2.老师布置任务,学生根据小组确定的选题,利用课外时间,运用文献法,收集、整理相关文献资料。

3.在课堂上对各小组的文献资料及其文献综述加以分析,找出不足并加以修改完善。

4.老师再次强调文献法在社会调查方法体系中的重要作用与运用过程的注意事项。

## 必备知识

### 一、 文献法的含义与特点

#### ≫（一）什么是文献法

所谓文献法,是根据一定的调查目的来搜集和分析文献,以此获得所需资料的方法。所谓文献,《现代汉语辞典》释义为:有历史价值或参考价值的图书资料。《辞海》释义为:原指典籍与宿贤。《论语·八佾》:"夏礼吾能言之,杞不足徵也;殷礼吾能言之,宋不足徵也;文献不足故也,足,则吾能徵之矣。"朱熹注曰:"文,典籍也;献,贤也。"今专指有历史价值的图书文物资料,如历史文献;亦指与某一学科有关的重要图书资料,如医学文献。随着社会的发展、科学的进步,文献的内涵和外延进一步扩大,人们把用文字、图像、符号、声频、视频等方式记录人类知识的物资形态,都称为文献。因此,社会调查中所指的文献,其包含的内容比一般意义的文献内容要宽泛得多。

#### ≫（二）文献法的基本特点

文献法通过"文献"中介进行调查,因而它属于一种间接调查方法。相对于其他搜集资料方法,文献法具有如下比较突出的特点:

1.超时空性　运用文献法,可超越时空条件的限制。研究那些不可能亲自接近的调查对象。既可研究现代的社会现象,亦可研究几十年、几百年甚至几千年前的历史现象;既可研究本国的社会状况,也可研究任何国家或地区的社会状况。

2.间接性　运用文献法,调查的对象是记载了有关调查研究对象情况的文献,不直接接触被调查者,在调查过程中不存在与被调查者的人际关系问题,不会受到被调查者反应性心理或行为的干扰。同时,文献始终是一种稳定的存在物,不会因研究者的不同或研究者主观倾向而改变。

3. **高效性** 运用文献法,可以走不少捷径。文献一般存放在图书馆、档案馆、研究所等处,因此查阅、摘录都较为方便,成本比较低,可以用较少的人力、经费、时间,获得比其他调查方法更多的信息。

### 》》》(三)文献法的主要类型

关于文献法的类型,根据不同的分类标准,通常可以分为下列主要类型。

1. **按照编辑出版的不同形式分类,文献可以分为图书、期刊、报纸、科研报告、会议文件、学位论文、政府出版物、档案、统计资料、内部资料等。**

2. **按照文献资料的形式分类,文献可分为文字文献、数字文献、图像文献和有声文献四类** 文字文献是指用文字记载的文字资料。它是最广泛的文献形式,包括出版物,如报纸杂志、书籍等;档案,如会议记录、备忘录、人事档案等等;个人文献,如日记、信件、笔记等等。数字文献是指用数据、表格等形式记载的资料,如统计报表、统计年鉴等。图像文献是指用图像反映社会现象的文献,包括电影、电视、录像、照片、图片等。有声文献是指用声音反映社会现象的文献,包括唱片、录音磁带等。

3. **按照对文献内容的加工程度分类,文献可以分为零次文献、一次文献、二次文献、三次文献** 零次文献是指交谈和会议上交流和传递的有用信息,是未经发表付印的书信、手稿、草稿和各种原始记录;一次文献亦称未经加工的原始文献,一般是指作者根据本人的生产或调查研究为依据而撰写的文献;二次文献又称检索性文献,是指对一次文献加工整理并使之有序化和浓缩化的文献,如目录、文摘、索引、题录等;三次文献又称参考性文献,是指在一、二次文献基础上,经过分析、综合而编写的文献,如综述、述评、年鉴、手册、辞典等。

4. **按照文献载体形式和记录手段分类,文献可分为手工型、印刷型、微缩型、机读型、声像型等** 手工型文献是指用手工刻、铸、写成的文献,如在甲骨、青铜器、竹片、锦帛等载体上刻写的文献,在纸张上写下的手稿、信件、日记、原始资料等;印刷型文献是指将资料内容印刷在以纸为主要载体之上的文献,记录的手段包括石印、油印、胶印、铅印、复印等;微缩型文献是指以感光材料为载体,利用光学技术作为记录手段的文献;机读型文献就是以磁带、磁盘为载体,以磁性贮存技术为记录手段的文献;声像型文献是一种运用录音、录像和摄影技术直接记录声音和图像的文献形式。以上这些类型中,最普遍、最基本、最常用的是印刷型文献。

此外,文献还可按学科领域划分为社会科学文献、自然科学文献、综合型文献;按密级划分为公开文献、内部文献和秘密文献等等。

### 二、 文献法的适用

### 》》》(一)文献法的适用范围

1. **运用文献法可有的放矢地确定课题** 调查者通过查阅同类课题的资料,了解他人研究的侧重点、研究方法、研究成果、存在的问题来确定自己的课题的研究重点;通过查阅所选课题的政策法律,了解与课题有关的方针、政策、法律、法规,保证调研顺利进行;通过查阅与所选相关的论文、专著、科研成果,了解哪些观点可以借鉴,哪些政策可以参考,作为提出新观点的依据;通过查阅所选课题相关的对象的基本情况和所处的环境资料,了解课题研究对象的性别、年龄、文化程度、婚姻状况、职业、职务、经济收入等个人情况,以及他们生活的年代的政治、经济、文化、风俗等方面的情况;通过查阅与所选课题有密切联系的邻近学科文献,了解学科间的横向联系,借以活跃思想,启发思路等等。这些都有利于调查者判断课题的意义和价值,有的放矢地确定研究内容。

2. **文献法常用于社会调查的准备阶段**　文献法是选择调查课题、提出研究假设、确定社会指标、设计调查方案的必要前提。凡在调研过程中需要在调查准备阶段作理论假设或理论构架设计的都会要运用文献法。

3. **文献法适用于历史性调研课题**　从适用的调查研究课题来说,文献法最适用于专门的历史性和系统的比较性调查研究课题。例如,马克思写《资本论》,在 40 年中共查阅了 1 500 多种书刊;列宁写《帝国主义是资本主义的最高阶段》一书,也查阅了 156 本外文书和 232 篇国外文章。这两本经典著作都属于专门的历史性研究课题的成果。

4. **文献法具有深度回顾功能**　文献研究的这种功能可以帮助调查者了解、研究那些难以或者不可能接触的研究对象和问题。例如,民政部门进行地名普查工作,需要多方面、多角度地去了解村庄、街道、山川、河流名称的历史沿革、含义、掌故、变化等情况,这时便可以运用文献法,获得宝贵的地名资料,更好地做好地名的管理工作。

### ≫（二）文献法的局限

1. **文献资料缺乏生动直观性**　文献调查所获得的主要是书面信息,是纸上的东西,第二手资料。即使文献的内容全部是真实可靠的,它仍然缺乏具体性、直观性和生动性。"纸上得来终觉浅",这是文献调查的最大局限性。

2. **文献资料并非能随意获得**　由于许多文献都不是公开的,因而不能随意获得有些文献,特别是历史文献,经历的年代久远,流传下来的大部分是官方或名人的东西,普通百姓的资料少之又少,且常常是支离破碎的,很多情况下见到的仅是某些片断的描述。所以调查者很难将需要的文献查找齐全。

3. **文献资料的非真实成分难以鉴别**　由于文献中包含着撰写人个人倾向性内容,尤其是加工过后的文献,若作者带有较明显的感情倾向,就无法辨别原事物的真相,因为任何文献的内容,都受到一定时代,一定社会条件的局限,受到撰写者个人素质的制约,因此,文献资料并不都是可靠的。

4. **文献资料落后客观现实**　通过文献调查所获得的信息与客观真实情况之间,总会存在着一定的距离。因为任何文献都是对过去社会现象的记载,而社会生活是不断发展变化的。一般说来,文献调查所获取的资料总会落后于客观现实。

基于上述局限性,文献法所搜集的资料不能作为社会调查结论的现实依据,它常需与其他资料搜集方法结合起来,才能使其局限性得以弥补,获得更好的调查效果。

## 三、文献资料的收集方法

### 》》（一）文献的搜集

文献搜集的渠道多种多样,文献类别的不同,搜集的渠道也不尽相同。文献藏于图书馆、档案馆、博物馆、社会、科学、研究、教育等单位或机构、计算机互联网等等。常见的文献资料搜集方法有如下几种:

1. **检索法**　检索法即利用已有的检索工具找文献资料的方法。有机读检索和手工检索两大类。在我国,一般以手工检索为主。它是一种先利用检索工具书确定所需文献的具体篇目,然后再予以查找的方法。此法适合搜集存于图书馆系统的文献。

检索工具是专门指明文献出处和内容线索的工具书,主要有书目、文摘、索引三大类。书目是将各种图书按内容或学科分门别类,一一加以著录、解题或评价,使读者得以认识图书的内容和价值的一种工具书;文摘是以摘要的形式将文献的内容浓缩、提炼、编辑而成的工具书,它虽不能代替原文献,但可以帮助我们在比较短的时间内了解某一文献的概貌,并可据此判断有无搜集原文献的必要;索引是将书籍或报刊中的内容或项目摘记下来,编成简括的条目,并注明该书籍报刊的出处、时间、期数、页码等,然后按一定的次序排列起来供人查检,借以指示寻找文献途径或线索的工具书。

利用检索法查找文献,可采取顺查法,也可采用倒查法。顺查法即由远而近,逐年逐月按顺序查找。具体做法是根据调查课题选好检索工具,然后从较早年代按时序查找,有利于了解与调查课题有关的各类问题发展过程的全貌,遗漏较少,所得资料系统全面,但费时费力,效率不高。倒查法是由近而远逆时序查找。由于查找近期文献可反映对有关课题现在的研究水平,获得最新资料、今人对早期文献的概述和评价,所以可节省时间和精力,效率高,但查找到的文献可能不系统不全面。

2. **追溯法**　追溯法也称参考文件查找法,即利用某一文章、专著末尾开列的参考文献目录,或者是文章、专著中提到的文献目录,追踪查找有关文献资料的方法。具体做法是从已经掌握的文献资料开始,根据文献中开列的参考文献和所提到文献名目,直接去查找较早一些的文献,再利用较早文献中所开列的参考文献和提到的文献名目,去查找更早的文献,如此一步步向前追溯,直到查出比较完整的文献资料为止。这种方法在没有检索工具书可供查阅,或无需对课题进行深入研究时是可取的,且十分管用。

3. **专家咨询法**　专家咨询法指向熟悉有关文献或文献检索工具书的人说明自己所需文献的类别范围,请他们指点门径进行查找的方法。这种方法主要适用于收集藏于图书馆以外的其他机构(如档案馆)的文献。对于藏于图书馆的文献,如不熟悉检索方法,也可以运用此法查找。

**4. 网络查找法** 随着社会的进步,科学的发展,计算机互联网为我们开辟了一个新天地。现在很多调查者将上网搜集文献资料作为自己的首选。上网搜集资料方便、快捷,且内容广泛,只要调查者输入自己想要查找的内容,马上就能查到相应的资料,但是网上搜集到的资料难以系统、全面,质量也难以保证。真实性、可信程度不是很高,所以从网上搜集的文献资料,应认真加以查对核实后才能使用。

### ≫(二)文献的摘取

搜集文献的目的,是摘取与调查课题有关的信息。当文献搜集到手后,要从中摘取所需的内容。文献的摘取一般要经历如下几个阶段:

**1. 浏览** 浏览即把搜集到的文献资料普遍地、粗略地翻阅一遍,使自己对所搜集的文献资料有个初步的认识。浏览要有明确的目的。善于抓住文献的筋骨脉络,重点掌握文献的主要观点和数据,大致了解文献的内容,初步判断文献中所提供的信息的价值,为下一步的筛选打下基础。

**2. 筛选** 筛选就是在广泛浏览的基础上,根据调查研究的目的,通过认真的选择,将搜集的文献分为必用、可用、备用、不用(作为参考)等几个部分,使手中文献的数量由大变小,质量由粗到精。

**3. 记录** 记录就是把经过筛选确认为有用的信息及时摘录下来,供进一步分析研究之用。调查者可以根据文献的质量、时间、资金等条件,或逐字记录(复印),或摘要记录,或拟写大纲,或作综述。

**4. 标注** 引用文献应根据《中国学术期刊(光盘版)检索与评价数据规范(试行)》和《中国高等学校社会科学学报编排规范(修订版)》的要求,对不同类型文献进行正确标注。专著标注规范:[序号]主要责任者. 文献题名[文献类型标识]. 出版地:出版者,出版年:起止页码(可选)。如:[1]刘国钧,陈绍业. 图书目录[M]. 北京:高等教育出版社,1957:15-18;期刊论文正确标注:[序号]主要责任者. 文献题名[J]. 刊名,年,卷(期):起止页码。如:[1]何龄修. 读南明史[J]. 中国史研究,1998(3):167-173。电子文献标注规范:[序号]主要责任者. 电子文献题名[电子文献及载体类型标识]. 电子文献的出版或获得地址,发表更新日期/引用日期。如:[12]王明亮. 关于中国学术期刊标准化数据库系统工程的进展[EB/OL]. 1998-08-16/1998-10-01。等等。

### ≫(三)运用文献法的基本注意事项

文献法作为一种主要的资料收集方法,在实施过程,应该注意以下几个方面:

**1. 搜集文献资料应紧密围绕调查课题** 文献资料浩如烟海,若不紧紧围绕调查课题,而是漫无目的地查阅,会花费大量的时间而收效甚微。因此搜集的内容一定要有针对性。在调查课题尚未最后确定的探索性研究过程中,可以较宽泛地涉猎有关文献资料,一旦调查课题确定之后,就应紧紧围绕调查课题搜集文献资料,以提高搜集的效率。

**2. 搜集的文献资料应尽可能丰富** 调查课题确定之后,搜集文献资料要不遗余力,尽量运用各种方法将课题所需的文献资料全部搜集到手。从形式上说,既要查阅图书,其他文献资料也不可忽视;既要查阅正式的资料,也应注意查阅图片、表格等辅助资料;既要查阅正规的公开出版物,也要参考档案文件等内部资料。从内容上说,搜集的文献资料,既要有历史的,又要有现代的;既要有正面的,又要有反面的;既要有典型的,又要有综合的;既要有专业的,又要有相关专业的。总之,搜集文献资料的种类、内容越丰富越好。只有获得充足的文献资料,才能得出令人信服的结论。

**3. 应注意尽量搜集原始的文献资料** 在文献搜集中,因次级文献资料比较容易得到,所以调查者查阅文献资料往往从二、三次文献入手,而二、三次文献几经整理、加工,可信度降低。一般来说,原始文献资料比加工过的资料可靠,可以成为分析研究的重要依据和比较研究、动态研究的重要资料来源,故文献调查中应注意尽量查找出文献资料的最初出处,以提高文献资料的权威性与可靠性。

**4. 注重对搜集的文献资料的鉴别** 对已搜集到的文献资料,不能不经检查就利用,还必须对它的真伪、可靠性进行鉴别,因为文献内容的真伪及可靠程度的判定直接影响调查的信度,所以,必要的鉴别是不可缺少的一环。若发现可疑之处,一般可通过对同类、同年代文献的相互比较,对文献作出鉴别,在鉴别的基础上再对文献进行取舍。

## 操作示例 ·······························································

### 关于我国志愿者队伍建设研究综述

通过对所查找、收集的 200 余篇的文献资料的整理、分析,综述如下:

1. 国外志愿服务事业研究综述与评价

西方国家的志愿服务事业源远流长,它是资本主义社会危机加深、阶级矛盾加剧的产物。西方关于志愿服务的研究,著述颇丰,但目前专门的译著仍较为少见,而且研究成果比较分散,不成体系。

纵观国外学者对志愿服务事业的研究,多数针对其起源、发展、社会作用等方面进行研究。当前,如何发扬人道精神和保持互助传统的问题仍然是困扰西方国家的一个话题,社会工作者们也经常对此进行讨论,这不仅由于这些国家无法回避日益尖锐的阶级矛盾和贫富差距的问题,而且从世界范围和人类发展前景来看,经济发展之后的人文精神退化问题已成为当代重大的社会发展问题。基于此,志愿服务事业面临新的压力和挑战,欧美西方国家为了维护资本主义的社会稳定,重视志愿者的精神。但国外学者对于在新形势下如何进一步加强和改进志愿者队伍建设的研究却十分罕见。

2. 国内志愿服务事业研究综述

目前,我国关于愿服务的研究成果主要有两类:一类是各级共青团组织所作的有关青年志愿者行动的调研报告和经验总结。如中国青少年研究中心、团中央青年志愿者行动指导中心课题组 2000 年撰写的《中国青年志愿者行动研究报告》,卢雍政主编的《中国青年志愿者扶贫接力计划》(广东经济出版社,1999 年);此外还有一些国内志愿服务比较发达的地区所撰写的报告,比较有影响的有《中国社会转型时期的志愿服务——深圳市志愿者及其服务的研究报告》《浦东新区志愿服务调查报告》等。另一类是学术性专著和论文。主要有丁元竹所著的《志愿精神在中国》(联合国志愿人员组织,联合国开发计划署,1999年),丁元竹、江汛清合著的《志愿活动研究:类型、评价、管理》(天津人民出版社,2001年);专门研究志愿服务的期刊主要有北京大学志愿服务与福利研究中心主办的《志愿服务论坛》《中国青年研究》《青年研究》等著名期刊也刊载有一定数量的青年志愿服务方面的论文;另外,与志愿服务密切相关的非营利组织、公民社会等方面的理论成果比较丰富,也可为青年志愿服务的研究提供借鉴。总体而言,现有研究成果主要可以归纳为以下四大类:

(1)关于志愿服务的组织管理机制的研究

李克强同志在中国青年志愿者协会成立大会上指出:"中国青年志愿服务事业是一项与社会主义市场经济同向并轨的事业,是一项跨世纪的事业。"既然是一项事业,就要把临时的、短期的、运动式的做法变成长期的、队伍化、常规化、制度化的服务。共青团华东师范大学委员会《青年志愿者活动机制之中西比较》(2004)从对高校志愿者组织的实证调查出发,对中西志愿者启动与组织机制、培训机制、反馈监督机制、激励机制和保障机制进行比较研究,分析我国目前志愿服务存在问题产生的背景,从微观、中观和宏观方面提出了具有指导性和可操作性的建议。蔡宜旦在《试论青年志愿者参与动机的引导和激励》(2001)中通过对志愿服务的参与动机及不同参与动机对志愿服务发展的影响的分析,提出了完善志愿服务参与动机的引导和激励机制。

(2)关于志愿服务的价值内涵和功能的研究

青年志愿者行动是推动中国特色社会主义事业进步与发展的重要物质和精神力量。其价值内涵表现为政治价值、经济价值和文化道德价值等方面。刘家祥在《青年志愿者行动的价值内涵》(2003)中指出,青年志愿者行动昭示政治价值,引导青年正确关注国家、集体和社会;创造社会经济价值,促进生产力的发展;凸显文化道德价值,承载社会主义道德建设的历史使命。李良进在《青年志愿者行动的社会功能研究》(2002)中指出,青年志愿者行动已形成了志愿者文化,是广大青少年社会化的一种有效途径和手段,是社会保障重要的有益的补充,也是一种重要的社会整合机制。

(3)关于中国青年志愿者行动的研究

中国青年志愿者行动是共青团十三届二中全会的产物,并且作为共青团中央实施跨世纪青年文明工程的一项重要内容,郑重写进了《在建立社会主义市场经济体制进程中我国青年工作战略发展规划》。弄清这一活动的历史由来,深入研究我国目前开展这一活动的现状,借鉴国外的一些成功经验,以使我国的青年志愿者行动迈入规范化、专业化发展道路,从而更好地为和谐社会建设添砖加瓦。王振友在《中国青年志愿者行动的由来、现状及发展趋势》(2000)中指出,中国青年志愿者行动将逐步走上法制化轨道,长期困扰青年志愿者行动的资金不足问题将会不断得到解决,青年志愿者行动将向着经常化、制度化、社会化方向稳步发展,青年志愿者行动的服务体系将日臻完善、服务面也将大为扩展,随着青年志愿者行动的进一步推进,青年志愿者行动的评价机构将应运产生,我国青年志愿者行动将走上与国际接轨的道路,但又不完全等同于国外的志愿者活动模式,它将仍具有中国自己的特色。王强在《青年志愿者行动深入发展的"三性"分析》(2003)中围绕青年志愿者行动体系的初步建立、青年志愿者行动的现实考验和青年志愿者行动中的问题和不足三个方面,分别对青年志愿者行动的可能性、可行性和必要性进行了分析。

(4)关于志愿服务对社会发展的作用的研究

我国目前的社会保障制度和社会保障体系还不够健全,青年志愿者行动可有效弥补市场机制和政府机制中的内在缺陷。青年志愿者行动能够增进人与人之间、不同社会群体、社会阶层之间的了解和沟通,缓解由于社会群体分化所带来的矛盾。青年志愿者行动对于补救或预防某些社会问题的发生和恶化,能够发挥积极作用。青年志愿者行动不仅直接提供社会服务,也是国家、政府与民众相互沟通的媒介,可以起到"上情下达"与"下情上达"的作用。安国启在《论青年志愿服务对我国社会发展的作用》(2002)中阐释了志愿服务对我国社会保障的作用、对促进社会和谐与进步的作用、对创造社会经济效益的作用以及对社会主义精神文明建设的作用。在和谐社会的语境中,社会公益被提升为人们所景仰的高尚价值。

青年志愿服务作为一项极为重要的社会公益事业,获得了新的生命力和新的发展前景。陈学明在《中国青年志愿者行动与和谐社会的构建》(2006)中提出,中国青年志愿者以公益行动带动义工参与的风气,以组织纪律唤醒公民的社会责任,以社会议题呼吁公共事务的参与,以组织运作补强政府的机能,以心灵教化提高全社会的道德水平,在观念弘扬、实践运作、组织模式以及公民意识的培养上对我们构建社会主义和谐社会做出了可贵探索。

3. 国内志愿服务研究评价

总的来看,目前国内对志愿服务的研究成果主要集中以下几方面:

(1)将青年志愿服务作为精神文明建设载体的研究。在青年志愿服务启动阶段,国内关于志愿服务的研究刚刚起步。因此,人们对这项事业的内涵缺乏足够的认识,对它的研究都是从精神文明建设的层面进行的,认为青年志愿者行动是"学雷锋"活动的创新、是新时期加强青少年思想政治教育的有效载体。

(2)有关志愿服务、志愿精神等基本概念内涵的研究。随着青年志愿服务的发展和国外志愿服务研究成果的引入,我国学术界逐步认识到开展志愿者活动对于转型时期中国社会发展的重大意义。于是研究的层次逐步超越了活动载体的层面,开始对志愿者、志愿服务、志愿精神等基本概念内涵进行深层次的研究。

(3)从伦理道德建设的角度对青年志愿服务的研究。大部分学者认识到志愿服务对青年伦理道德建设的意义,并着重从青年志愿者行动对中国传统伦理道德的弘扬、对西方优秀伦理的学习以及对社会主义道德内涵的丰富等角度进行论述。

(4)从非营利组织、公民社会的角度对青年志愿服务的研究。这些研究认为志愿组织是我国非营利组织和公民社会的萌芽,志愿服务的发展对促进我国公民社会的发育具有重要意义。

(5)有关中外志愿服务的比较研究。我国志愿者活动逐步向纵深发展的同时,也暴露出了许多制约发展的内外部问题。这促使我国学术界更多地把研究的目光投向国外,在比较中吸取有益的经验。

当前,我国正向和谐社会的伟大目标进军。和谐社会的创建,为志愿服务的发展带来了宝贵的机遇。但目前我国志愿者队伍所开展的志愿服务离现实社会需要尚有相当大的差距,志愿者队伍建设的现状与构建和谐社会对志愿服务的要求还有很大的差距,还需要通过进一步加强志愿者队伍建设,以完善和推进我国志愿服务事业的发展。关于志愿者队伍建设的课题,目前国内学者在这个问题上的研究很少,所以,本研究无论是从学术价值还是实践价值都具有特别的意义。

## 拓展训练 ··········································································

各小组学生根据确定的调研选题,运用文献法,了解国内外的基本研究现状,并撰写一份比较简单的文献综述。

# 任务6　运用问卷调查法获取信息

## 任务描述 ··········································································

社会调查中,如果确定的调查对象比较多,而且希望在短时间内从分布比较广泛的调查对象中获取较丰富的信息,比较好的办法就是采取统一设计的一系列相关问题,来测量人们的行为、态度和社会特征,这种方法我们称之为问卷调查法。调查高校考证热,如果以一所学院为个案进行调查的话,这个学院的多个专业会涉及多种证书,也会涉及多个考证或打算考证的学生,这时用问卷调查法就比较省时省力。如果选取某一地区几所典型学院做调查,比较省时省力的办法首选问卷法。如果选取全国范围内的部分院校来调查,采取问卷法仍是最合适的。从此案中,我们可以看问卷法是社会调查中应用最为广泛的方法之一。

## 任务完成 ··········································································

一、任务完成目的与要求

了解问卷的涵义、特点、类型、适用范围、结构;掌握问卷,问题及答案的设计;掌握

问卷法的一般程序,初步设计问卷,试用问卷,修改问卷;能运用问卷法调查获取
信息。

二、任务完成步骤

1.教师通过分析案例,让学生理解问卷法的含义,掌握问卷的结构;

2.教师带领学生完成高校毕业生考证调查问卷的设计;

3.布置任务,让学生在课下以小组为单位围绕选定的课题,设计调查问卷;

4.在课堂上,对各小组围绕选题所设计的调查问卷进行讨论分析,找出不足并加
以修改完善。

## 必备知识

问卷调查法不是靠调查者耳闻目睹得到信息,也不是靠查阅文献资料获取,而是
靠调查者以问卷作为工具从被调查者那里获取。因此,作为社会调查中的资料收集工
具的问卷,其质量的好坏,在很大程度上直接影响到调查资料的真实性、适用性,影响
到问卷的回收率,进而影响到整个调查的结果。另外,由于社会调查中的资料收集工
作往往具有"一次性"的特点,一切问题都必须在正式调查前全面深入细致考虑并精心
设计好,一旦问卷发出,就难以更改和补救。因此,科学地设计问卷,在问卷调查中十
分关键。

### 一、　问卷法的含义、特点

#### ≫（一）问卷、问卷法的含义

1.**问卷**　是由一系列相关问题所组织的、在社会调查中用来收集资料的一种
工具。

2.**问卷法**　又称为问卷调查法,是指调查者通过统一设计的问卷来向被调查者了
解情况,获取调查信息的一种收集方法。

#### ≫（二）问卷法的特点

1.**可以突破空间的限制,在大范围内对众多的调查对象同时进行调查**　由于是
运用统一设计的问卷向被调查者调查,因此,可以通过邮寄等多种方式把问卷分发到
各地,进行相关问题调查。

2.**有利于对调查资料进行定量分析和研究**　由于问卷调查大多是使用封闭型回
答方式进行调查,因此,在资料的收集整理中,可以对答案进行编码,录入计算机,以进
行定量处理和分析。

3.**可以避免主观偏见的干扰**　在问卷调查中,每个被调查者都是在大体相同的时

间得到问卷,在大体相同的时间内完成,这样就能很好地避免由于人为原因造成的各种偏差。

**4. 问卷调查可以节约人力、财力和时间**　大部分时间,问卷调查是用一份问卷代替派人专访,可以在很短的时间内同时调查多人。

但问卷调查法也存在不足:一是它不适合文化程度偏低的人群;二是只能获得有限的书面信息;三是回收率和有效率偏低。

## 二、问卷的结构

尽管调查实际中所使用的调查问卷各不相同,但其结构大致包括标题、封面信、指导语、问题与答案、编码等。

### 》》（一）封面信

封面信是向被调查者说明相关情况的一封短信。主要包括:向被调查者介绍和说明调查者身份、调查目的和意义、调查大概内容,对被调查者的希望和要求,问卷调查的匿名性和保密原则,回复问卷的时间和方式,以及主办调查的单位、组织和个人身份等。其作用在于消除被调查者的顾虑,引起被调查者的重视和兴趣,争取他们的积极支持和合作。封面信语气要谦虚、诚恳,平易近人,文字要简洁、准确,有可读性。篇幅不宜太长,两三百字较好。位置一般在问卷的开头,但也可单独成为问卷的一封附信。

下面是两份问卷的封面信:

#### 当代中国青年职工状况系统调查表封面信

青年朋友,您好!

我们这次在全国六个城市进行的"当代中国青年职工状况调查",是国家"六五"规划中社会科学重点科研项目之一。这类大型的青年职工调查在我国还是第一次。

这次调查的目的,是要切实了解我国青年职工日常工作、学习、娱乐及思想等方面的真实状况,并据此进行科学的分析研究,为党和政府制定青年职工的有关政策,提供科学的依据和合理化建议。

填写本表是不记名的,希望您在填表时不要有任何顾虑,怎么干的,怎么想的,就怎么填,毫不隐讳地将您的欢乐和苦恼、愿望和需求,尽情地倾诉。同时希望您按照表中的说明在□内酌情打√标记,或在_____内填写。

谢谢您真诚的合作!

中国社会科学院青少年研究所
当代中国青年职工状况调查组
1983 年 6 月

### 大学生学习状况调查问卷封面信

亲爱的同学,您好!

这份问卷的目的在于了解大学中每一位大学生的学习状况,为今天的大学教育体制改革提供参考。请详阅填答说明后,再根据您自己对每一道题的叙述,逐题填写。

本问卷各项答案无所谓好坏对错,且问卷所得的结果只是作为调查研究获取信息的一种参考,不作任何个别呈现。所以请您依据自己的看法,放心地填答,非常感谢您的合作与协助。

教育部××课题组

×年×月×日

### ≫（二）指导语

指导语是用来指导被调查者填答问卷的各种解释和说明,也称为"填表说明",其作用是对填表的方法、要求、注意事项等作一个总的说明。有的问卷的填答方法比较简单,指导语很少,有时只在封面信中用一两句话说明即可。比如,"请根据自己的实际情况在合适的答案上划钩或在空白处直接填写即可"。有的内容较多一些。如下面是一份调查问卷的指导语:

1. 请在符合您的情况和想法的问题答案号码上划钩。

2. 问卷每页右边的数码及短横线是供计算机用的,您不必填写。

3. 如无特殊说明,每个问题只能选择一个答案。

4. 如果所列问题答案项不适合您的情况,请在问题下面的空白处填写您的具体情况。

5. 填写本问卷时,请独立填写。

另外,有些指导语则分散在某些较复杂的调查问题后,对填答要求、方式和方法进行说明。

### ≫（三）问题与答案

这是问卷的主体,也是问卷的核心。这部分设计的质量好坏将决定调查成败。这部分内容将在后面分成问题设计与答案设计两大部分来介绍。

### ≫（四）编码及其他资料

编码是赋予一个封闭式问题及其答案一个数字作为它的代码。在较大规模的统计调查中,调查者往往采用以封闭式问题为主的问卷。为了将被调查者的回答转换成数字,以便输入计算机进行处理和定量分析,往往需要进行编码。编码既可以在问卷设计的同时就设计好,也可以等调查资料收集完成后再进行。在实际调查中,调查者大多采用前一种方式,就是在设计好问题与答案时也设计好资料转换栏,并将它放置在问卷每一页的最右边,有时还用一条竖线将它与问题及答案部分分开。如:

1. 您的年龄:_____岁                    1 ~ 2 _____

2. 您的性别:(1)男                            3 _____
           (2)女

3. 您的文化程度:(1)小学以下                  4 _____
             (2)初中
             (3)高中或中专
             (4)大专以上

4. 您每月的收入是多少?_____元          5 ~ 8 _____

对于第一个问题来说,一般人们的年龄往往在100岁以内,故编码中给出两栏,序号为1~2(对于极个别大于99岁的人往往记为99岁)。第二、三个总是都只可能选择一个答案,且答案数目小于10,故分别只给一栏。第四个问题的答案往往处于10 000之内,故给四栏。

除了编码以外,有些访问问卷还需要在封面印上访问员姓名、访问日期、审核员姓名、被调查者住地等有关资料。

## 三、 问题与答案的设计

### ≫ (一)问题的设计

调查所要询问的问题,是问卷的主要内容。在设计问卷时,对问题的种类、问题的表述、问题的数量和问题的结构及要求等几个方面,都要认真地考虑和推敲。

**1. 问题的种类**　按不同的标准有不同的类型的问题。

(1)按问题和答案的关系来分,主要有三种类型:

①封闭式问题。提出问题,并给出有限的、确定的答案选项。

②开放式问题。只给出问题,不列答案选项。

③混合式问题。既有问题,也有答案,有的答案可自由填写。

(2)根据问题的内容划分,主要有四种类型:

①事实方面的问题。如姓名、年龄、产量、产值、在校学生人数、毕业率等等。

②行为方面的问题。如:"你去过北京吗?""你们企业开发生产了什么新产品?""你们学院正在重点发展哪些专业?",等等。

③观念方面的问题。如"你怎样认识当前的经济形势?""你对提高学生学习积极性有何看法或建议?""当前社会最迫切需求哪些方面的人才?",等等。

④感情、态度方面的问题。如"你对目前所在学院的学习环境感到满意吗?""你赞成先就业再择业吗?""你最喜欢的电视节目是什么?",等等。

**2. 问题的表述**　问卷设计中的难点是问题的表述。问卷调查是间接的书面调查,被调查者只能根据书面问卷来理解问题和回答问题,因此,如何用文字表述所要调查

的问题,就成了一个至关重要的问题,也是一个极其困难的问题。一般来说,表述问题时要做到:

(1)问题的语言要简洁。问题的陈述越长,就越容易产生含糊不清的地方,回答者的理解就越有可能不一致;而问题越短小,产生这种含糊不清的可能性就越小。要使问题尽可能清晰、简短,使调查者能很快看完,很容易看懂。

(2)围绕调查课题和研究假设选择最必要的问题。设计的问题过于简略,无法达到调查的目的;过于繁琐,不仅大大增加工作量,而且会降低问卷的回复率和回答的质量,也不利于正确说明调查所要说明的问题。

(3)问题的内容要具体、单一。不要提那些抽象的、笼统的问题。例如,您认为青年人应该建立什么样的人生观?""您所在的企业经济效益好吗?"对于这些抽象、笼统的问题,人们的看法往往很不相同,被调查者是无法回答的,即使回答出来也是无法进行科学分析。另外,也不要把两个或两个以上的问题合在一起提。例如,"您父母身体好吗?""你们单位的职工经常读报吗?"对于这样的复合问题,被调查者难以准确回答。因为,他的父亲可能身体好,而母亲则不太好,也可能情况恰恰相反,只要其父母的情况不一样,他就无法回答上述问题。同样,一个单位的职工有经常读报的,有偶尔读报的,也有从不读报的,因此对上述问题的任何回答都可以说是对的,也可以说是错的。对于一切比较复杂的问题,都应该使它们具体化、单一化。只有这样,才有利于被调查者作出具体、准确的回答。

(4)问题的用词要通俗、准确,文字要简短。不要使用那些被调查者陌生的、过于专业化的术语。例如,对一般居民就不宜问"您家有几位育龄妇女?""您家有多少劳动力年龄人口?"对农民就不宜问"您生产每公斤稻谷的成本多少?""您家的消费结构怎样?"等等。同时也不要使用那些模棱两可、含混不清或容易产生歧义的词或概念。例如,"也许""好像""可能"这些模棱两可的词,应该避免使用。对"经常""有时""偶尔"这些含混不清的词应该作出具体的说明。如"经常"指每周一次或更多,"有时"指每月一至二次,"偶尔"指每季一次或更少等。对于"万元户""专业大户""先进企业""落后单位",这些容易发生歧义的概念,更应该设计明确的操作定义。另外,每一个问题的文字要尽量简洁,不要啰啰嗦嗦,使人望而生厌。

(5)问题不能带有倾向性或诱导性。在问句的设计中,所提问题应持中立的立场,态度要十分客观,尽量避免对回答者产生暗示和诱导作用。如:"医生认为多吃糖对身体没有好处,你认为呢?""张三是值得我们学习的榜样,你觉得呢?""您喜欢教师这一受人尊敬的职业吗?"被调查者往往在趋同心理的支配下,作出肯定的回答,但却不一定是他自己真实的看法。另外,在提问中要避免出现那些有权威的、享有盛誉的人或机构的名称,更不要直接引用它们的原话或意思。例如,"毛主席说要'毫不利己,专门利人',您认为对吗?""党中央号召'一对夫妇只生一个孩子',您拥护吗?"对于这类问题,被调查者一般是很难作出否定回答的。

(6)提问的方式要使被调查者易于接受,特别是对那些敏感性强、威胁性大的问

题,更应在文字表述上努力减轻敏感程度和威胁程度,使被调查者敢于坦率作出自己的真实回答。具体地说,有以下几种方法:

一是释疑法,即在问题前面写一段消除疑虑的功能性文字。例如,"宪法规定'中华人民共和国公民对于任何国家机关和国家工作人员,有提出批评和建议的权利',您对您所在地方的政府机关主要负责人有何评价和看法?"又如,"对同一问题有不同看法是一种正常现象,每一个人都应该有自己的观点。您认为'凡是没有感情的婚姻都应该离婚'这种意见对吗?"

二是假定法,即用一个假言判断作为问题的前提,然后再询问被调查者的看法。例如,"假如允许专业人员自由流动的话,您是否还愿意留在原单位工作?""假如对生育不加任何控制,您希望有几个孩子?"

三是转移法,即把直接回答问题的人转移到别人身上,然后再请被调查者对他人的回答作出评价。例如,"对于农产品统派购制度的改革,一些人认为利大于弊,另一些人认为弊大于利,您认为哪种意见更符合实际?"对于婚姻关系中的第三者,有些人认为不道德,有些人认为无所谓,您同意哪种看法?"

(7)设计问卷中的调查问题,通常是先尽可能详细地列出与调查课题有关的各种问题,然后再进行提问,不要用否定形式提问。在日常生活中,除了某些特殊情况外,人们往往习惯于肯定形式的提问,而不习惯于否定形式。比如说,人们习惯于"您是否认为应加大校园周边安全环境的管理力度"而不习惯于"您是否认为校园周边安全环境不加大管理力度"。

总之,问题的表述是问卷设计的一个重点和难点。问卷设计的质量,问卷调查的效果,不仅取决于问题的选择和排列,而且在很大程度上取决于问题的表述。因此,在设计问卷时,对问题的表述应该舍得下工夫,应该对每一个问题的表述认真琢磨、反复推敲。

3.**问题的数量**　一份问卷应包括多少个问题,这要依据调查的内容、样本的性质、分析的方法,拥有的人力、财力、时间等各种因素来决定,没有固定的标准。但一般来说,问题不宜太多,问卷不宜太长,通常以被调查者在 20 钟以内完成为宜,最多不要超过 30 分钟。问卷太长往往引起被调查者心理上的厌倦情绪或畏难情绪,影响填答的质量和回收率。当然,若是研究的经费和人员相当充足,能够采取结构式访问的方式进行,并付给每位被调查者一份报酬或赠送一份纪念品,问卷本身的质量又比较高,调查的内容又是被调查者熟悉、关心、感兴趣的事物,这时问卷长一点也关系不大,反之则尽量短一些。

4.**问题的排列组合方式**　一份问卷往往有几十个甚至近百个问题,怎样才能把它们编排好,形成一个合理的结构呢? 一般来说,排列问题的基本要求是:第一,要便于被调查者顺利回答问题;第二,要便于调查后的资料整理和分析。为此,就必须使问题的排列具有严密的内在逻辑。

(1)按问题的性质或类别来排列,即把同类性质的问题尽量安排在一起,而不要让不同性质或类别的问题互相混杂。这样,就便于被调查者按照问题的顺序回答完一类问题后再去回答另一类问题,而不至于使他们回答问题的思路经常中断和来回跳动。

(2)按问题的复杂程度和困难程度来排列。一般来说,应该先易后难,由浅入深;先提事实、行为方面的问题,后提观念、情感、态度方面的问题;先提一般性质的问题,后提特殊性质的问题。特别是那些敏感性强、威胁性大的问题,更应安排在各类问题的后面。这样,有利于增强被调查者的信心,有利于把他们的回答逐步引向深入,而不至于一开头就把他们难住了,不知如何下笔。

(3)按问题的时间顺序来排列。一般来说,应根据历史的线索,由过去到现在、再到将来,这样就可使逻辑和历史统一起来。但是,也可以反过来,先问当前的问题,然后再追溯过去的情况。在时间顺序上,问题的排列要有连续性,而不能来回跳跃,打乱被调查者的思路。

总之,问题的排列要有严密的逻辑性。但是,在某些情况下,也不排除对若干问题作非逻辑的安排。例如,为了避免形成回答定势,就不妨对某些问题作些跳跃安排。许多人在谈到逐年的生产情况或收入情况时,往往有"不断增加"的回答定势。为了打破这种回答定势,就可考虑把有关问题的时间顺序颠倒一下,或分别安排在问卷的不同部分进行询问。另外,检验性问题也应打破问题的类别顺序,分别设计在问卷的不同部位,否则就难以起到检验的作用。

## ≫（二）答案的设计

**1. 答案的设计形式** 根据回答问题的形式上看,可分为开放式和封闭式两大类。所谓开放式,问卷的设计者因无法给出答案或不必给出答案时,只提出问题,由被调查者根据实际情况自由填写,这些问题称之为开放式问题。如:您对严格学生课堂纪律有何意见和建议?因这部分内容主要探讨答案的设计,因此,下面内容不涉及开放式答案设计。所谓封闭型回答,是指将问题的一切可能答案或几种主要可能答案全部列出,然后由被调查者从中选取一种或几种答案作为自己的回答,而不能作这些答案之外的回答。封闭型回答有以下几种具体方式:

(1)填空式。即在问题后划一短横线,让回答者直接在空白处填写。如:

1)请问您家有几口人? _____口。

2)请问您多大年龄? _____岁。

(2)二项式。即调查者列出问题仅有的两种答案。然后由调查者根据自己的实际情况从中选取一种。这种回答方式,适用于互相排斥的"两择一"式的定类问题。如:

1)你是秘书协会会员吗? 是□ 不是□

2)你有电脑吗? 有□ 没有□

(3)多项单选式。即给出的答案至少有两个以上,被调查者根据实际情况只能选择其中一项。如:

1)您的婚姻状况是( )

　　A. 未婚　　　　B. 已婚　　　C. 其他

　2) 您认为您所参与的协会所开展的活动情况是（　　　）

　　A. 很丰富　　　B. 丰富　　　C. 一般　　　D. 不丰富　　　E. 很少

　（4）多项限选式。与多项单选所不同的是,被调查者可以从多个选项中选择一个以上的答案。这类回答方式,适用于有几种互不排斥的答案的定类问题。在几种答案中,规定可选择多项。如:

　1) 通常选择什么方式放松心情?（　　　）（限选两项）

　　A. 购物　　　B. 娱乐　　　C. 听歌　　　D. 看书　　　E. 其他

　2) 您的生活压力主要来源于（　　　）（限选三项）

　　A. 住房　　　B. 工作　　　C. 恋爱　　　D. 教育子女

　　E. 收入　　　F. 其他

　3) 您认为您所在的城镇急需解决什么问题?（请在您选择的项目后打√,限选三项）

　　住房不足（　　　）;交通拥挤（　　　）;

　　空气污染（　　　）;水源不足（　　　）;

　　人口膨胀（　　　）;社会秩序不好（　　　）;

　　服务设施差（　　　）;管理紊乱（　　　）。

　（5）多项排序式。即列出多种答案,由被调查者填写答案的先后顺序的回答方式。这类回答方式,适用于要表示一定先后次序或轻重缓急的定序问题。如:

　1) 您认为作为一名企业领导应具备的最重要的三种素质是什么?

| 第一重要 | 第二重要 | 第三重要 |
|---|---|---|
|  |  |  |

　　A. 大公无私　B. 坚持原则　C. 敢想敢干　D. 以身作则　E. 团结群众

　　F. 思想敏锐　G. 业务熟悉　H. 文化程度　I. 其他（请写明）＿＿＿＿＿

　2) 您在当前生产中常遇到哪些困难?（请按困难程度给下列问题编号）

　　□资产不足;　　　　　　□缺乏技术;

　　□土地划分不当;　　　　□机柴油供应不足;

　　□剩余劳力无出路;　　　□买难卖难;

　　□各种摊派过多;　　　　□信息闭塞。

　3) 您认为当前不正之风的突出表现是什么?（请按严重程度把下列问题的编号填写在后面的空格内,最严重的填在左边第一格,然后依次向右填写）

　　①大吃大喝;　　　　　　②用公款送礼;

　　③乱买小汽车;　　　　　④乱盖私房;

　　⑤乱发文凭;　　　　　　⑥乱发奖金、实物;

　　⑦用公款旅游;　　　　　⑧提干走后门;

⑨闹无原则纠纷；　　⑩自由主义严重。

| | | | | | | | | | |
|---|---|---|---|---|---|---|---|---|---|
| | | | | | | | | | |

（6）表格式或矩阵式。即将同一类型的若干问题集中在一起,构成一个问题的表达方式。这种回答方式,适用于同类题目、同类回答方式的一组定序问题。如:

你觉得下列现象在你们学院表现得是否严重?（请在每一行适当的方格内打√）

| | 很严重 | 比较严重 | 不太严重 | 不严重 | 不知道 |
|---|---|---|---|---|---|
| 迟到 | | | | | |
| 早退 | | | | | |
| 请假 | | | | | |
| 旷课 | | | | | |

这种形式的优点是节省问卷的篇幅,同时由于同类问题集中在一起,回答方式也相同,因此也节省了被调查者阅读和填写的时间。但一定要对这样的问题给出专业的填写说明或填答指导,以免有的回答者填写出错。

（7）后续式回答,也称相倚问题。是指为了防止出现一个问题仅与一小部分回答有关,而大部分都回答"不知道"或"不适于本人"的情况而设计的。如:

您有孩子吗?　　　　　您有几个孩子?　　　　您领了独生子女证吗?
A.有　　　　→　　　　a　　1个　　　→　　　Ⅰ　　没有
B.无　　　　　　　　　b　　1个以上　　　　　Ⅱ　　已领

封闭型的回答方式有许多优点,它的答案是已设计好的、标准的,这不仅有利于被调查者正确理解问题和回答问题,节约回答时间,提高问卷的回复率和有效率,而且有利于对回答的结果进行统计分析和对比研究。此外,封闭型回答方式还有利于询问一些敏感性问题。因为对这类问题被调查者可能不愿写出自己的看法,但对已有的答案却可能进行真实的选择。但是,这种类型的回答方式也有许多缺点,它的设计比较困难,特别是一些比较复杂的、回答类型很多或不太清楚的问题,很难把答案设计得周全,一旦设计有缺陷,被调查者就无法正确回答问题;它的回答方式比较机械,没有弹性,难以适应比较复杂的情况,难以发挥被调查者的主观能动性;它的填写比较容易,被调查者可能对自己并不懂,甚至根本不了解的问题任意填写,从而降低回答的真实性和可靠性。

为了克服封闭型回答方式的缺点,吸取开放型回答方式的优点,于是就出现了半封闭半开放的回答方式。这类回答方式,综合了开放型回答和封闭型回答的优点,同时避免了两者的缺点,具有非常广泛的用途。

例如：

(1)您最喜欢哪些电视节目？(请在适合的空当内打√)

　　1. 新闻联播_____；　2. 祖国各地_____；

　　3. 世界见闻_____；　4. 体育节目_____；

　　5. 文艺节日_____；　6. 电视剧_____；

　　7. 学习讲座_____；　8. 为您服务_____；

　　9. 其他(请说明)_____。

(2)您认为实行校长负责制好不好？(请在适当的格内打√)

　　①好□

　　②难说□

　　③不好□

　　为什么？_____

2. **答案的设计要求**　由于大多数问卷主要由封闭式问题构成,答案的设计就成为问卷设计中非常重要的一部分。设计质量的好坏,关系到回答者是否能够回答、是否容易回答、是否准确地回答,因而直接影响到调查的成功与否。

(1)答案要适合社会实际。如果问题是"您家都有哪些家庭耐用品",答案则不能设置为"自行车、缝纫机、电视"了。

(2)答案要具有穷尽性。所谓穷尽性,是指答案包括了所有可能的情况。

如:您的性别是 A.男　　B.女

(3)答案要具有互斥性。所谓互斥性,是指答案相互之间不能交叉重叠或相互包含。即对于单选式的问题,每个调查者只能有一个答案适合他的情况,如果一个被调查者同时选择两项或以上,说明设计的答案是不恰当的。

## 四、　问卷的排版与印刷

在设计问卷时,问卷版面设计应注意以下几方面:

1. **字号字体**　问卷一般采用宋体打印,字号选择可以根据问卷的长短选择四号到五号字。避免使用不易辨认的斜体字或其他字体。

2. **行间距**　可采用默认的单倍行距。为了使问卷更加清晰,可在问题与问题之间及问题与答案之间加大行距,如使用 1.5 倍行距或 18—20 磅行距。

3. **同一问题与答案应排版在同一页中**,不宜分割在不同页面中。

## 五、　问卷调查的一般程序

问卷调查的一般程序是:设计调查问卷、选择调查对象、分发问卷、回收问卷和审查问卷。只有完成了这些工作,才能转入对问卷调查的结果进行整理加工和分析研究。

## ≫（一）设计问卷

与设计其他调查工具（提纲、表格、卡片）一样，大体上也要经历选择调查课题、进行初步探索、提出研究假设等几个先行步骤，但进入具体设计阶段之后，设计问卷就比设计其他调查工具的工作量大得多、复杂得多。这是因为，问卷设计要把调查中的口头语言变成书面语言，特别是在封闭型回答方式中，不仅要考虑如何问得科学、具体，而且要考虑怎样答得全面、正确，这不是一件容易的事情，都需要花费很大的气力。此外，在设计问卷的过程中，试验调查（即试填）具有特别重要的意义，它是对设计的问卷进行可行性研究的不可缺少的方法和步骤。

## ≫（二）选择问卷调查对象

问卷调查的对象，可用抽样方法选择，也可把有限范围内（如一个厂、一个村、一个班级、一个居委会）的全部成员当作调查对象。由于问卷调查的回复率和有效率一般都不可能达到100%，因此选择的调查对象应多于研究对象。确定调查对象数量的公式是：

调查对象＝研究对象/回复率×有效率

例如，假定研究对象是200人，回复率是50%，有效率是80%，那么调查对象就是：

调查对象＝200/50%×80%＝500人

## ≫（三）分发问卷

问卷的分发有多种方式，按问卷的填答者不同，可分为自填问卷和代填问卷。自填问卷，就是由被调查者自己填答的问卷。报刊问卷、邮政问卷和送发问卷，它们是自填问卷的主要形式。代填问卷，就是由调查者代替被调查者填答的问卷。访问问卷就是代填问卷，它实质上是访问法的一种类型——标准化访问。

按问卷的传递方式不同，可分为报刊问卷、邮政问卷、发送问卷和访问问卷。既可以随报刊投递，可以从邮局寄送，可以由调查员或其他人将问卷送到被调查者手中，也可以派访问员登门访问。

（1）报刊问卷。就是随报刊的传递分发问卷，并号召报刊的读者对问卷作出书面回答，然后按规定的时间将问卷通过邮局寄回报刊编辑部。例如，《瞭望》周刊1987年第45期的"社会舆论调查问卷"，许多报刊举办的"十佳产品"调查问卷，都是随报刊分发的。读者填答完这些问卷后再寄还给有关的编辑部。

报刊问卷以读者为调查对象，有稳定的传递渠道，分布面广，匿名性强，回答的质量高，又能节省费用和时间，因此有很大的适用性。但是报刊问卷也有一些严重的缺点，这就是调查对象的代表性差（非读者的意见无法反映），回复率低（有的不足10%），对影响回答的因素难以控制和了解，难以作客观的分析；甚至还会出现一些虚假现象。例如，有的企业为了使自己的产品评上"十佳"，不惜花重金派人四处收买有关报刊,用"自选自"的办法来增加选票。

(2)邮政问卷。就是调查者通过邮局向被选定的调查对象寄发问卷,并要求被调查者按照规定的要求和时间填答问卷,然后再通过邮局将问卷寄还给调查者。邮政问卷有利于控制发卷的范围和对象,有利于提高被调查者的代表性,而且也具有匿名性强(一般都不要求答卷人署名)、回答的质量高、节省时间等优点。但邮政问卷同样存在着回复率较低、难于控制回答的过程、难于判断回复者的代表性和影响回答的因素等缺点,而且费用也比较高。

(3)送发问卷。就是调查者派专人将问卷送给被选定的调查对象,待被调查者填答完后,再派专人收回问卷。这种方法一般适用于集体的有组织的调查对象,如一个单位、地区或部门的成员,一个会议的代表等等。送发问卷的最大优点是回复率高,费用节省,回收的时间迅速,整齐,而且有利于对被调查者作某些口头宣传或解释,有利于了解和分析影响回答的因素。但是,它也有许多缺点,这就是调查对象过于集中,调查范围比较狭窄,而且回答的质量较低。这是因为被调查者之间往往互相询问、互相影响,回答的结果容易失真,甚至还可能出现请人代答的现象。

(4)访问问卷。就是调查者按照统一设计的问卷向被调查者当面提出问题,然后再由调查者根据被调查者的口头回答来填写问卷。访问问卷的最大优点是有利于选择调查对象和控制访谈过程,有利于灵活使用各种访谈方法和技巧,有利于对回答的结果作出正确的分析和评价,而且回复率高,有效率高。但是,访问问卷费人、费时、费钱,只适用于较小的调查范围,而且访问结果要受调查者的主观素质、被调查者的合作态度以及他们之间相互关系的影响,回答的质量往往因人而异,差别较大,有些问题还不宜于当面询问。

在后两种情况下,调查人员应尽可能向被调查者作些口头的宣传和解释,这对于提高问卷的回复率和有效率往往能起良好的作用。问卷的回收是问卷调查的一个重要环节。一般来说,访问问卷的收回问题不大。送发问卷只要做好工作,使中间环节不发生问题,并及时派人回收,也能取得很高的回复率。报刊问卷和邮政问卷则不同,它们的初始回复率一般都比较低,因此,在规定的回复时间之后,应每隔一周左右向被调查者发出一次提示通知或催复信件(每次的内容应有所区别)。一般来说,经过一、二、三次的提示或催复,就可使回复率达到一定的、可能的高度。

上述几种问卷调查方法的利弊可简略概括如表6-1。

表6-1    4种问卷调查方法的利弊

| | 自填问卷 | | | 代填问卷 |
| --- | --- | --- | --- | --- |
| | 报刊问卷 | 邮政问卷 | 送发问卷 | 访问问卷 |
| 调查范围 | 较广 | 较广 | 较窄 | 较窄 |
| 调查对象 | 难以控制和选择,代表性差 | 有一定代表性和选择,但回复难以估计 | 可控制和选择,但过于集中 | 可控制和选择 |

续表

|  | 报刊问卷 | 邮政问卷 | 送发问卷 | 访问问卷 |
|---|---|---|---|---|
| 影响回答的因素 | 无法了解、控制和判断 | 难以了解、控制和判断 | 有一定了解、控制、判断 | 便于了解、控制和判断 |
| 回复率 | 很低 | 较低 | 较高 | 高 |
| 回答质量 | 较高 | 较高 | 较低 | 不稳定 |
| 投入人力 | 较少 | 较少 | 较少 | 较多 |
| 费用 | 较低 | 较高 | 较低 | 高 |
| 时间 | 较长 | 较长 | 较短 | 长 |

### 》》（四）回收问卷

对于回收的问卷,还必须进行认真的审查。一般来说,回收的问卷中,特别是回收的报刊问卷和邮政问卷中,总会有一些回答不正确、不完整的无效问卷。如果对回收的问卷不经审查就直接进行整理、加工,往往会出现中途被迫返工或降低调查的可靠性和准确性的严重后果。因此,对于回收的每一份问卷进行严格审查,是问卷调查中不可缺少的环节。只有坚决淘汰一切回答不合格的无效问卷,把调查资料的整理、加工工作建立在有效问卷的基础上,才能保证调查结论的科学性。

到此为止,问卷调查的搜集资料工作才算告一段落,问卷调查的整理资料工作和分析研究工作,才有了一个良好的基础。

## 六、 提高问卷的回收率

对回收的问卷,提高回收率是一个关键性问题。这是因为,问卷回收率不仅是有效率的必要前提,而且是整个问卷调查成败的重要标志。一般来说,问卷回收率如果仅在30%左右,资料只能作为参考;回收率在50%以上,可以采纳建议;当回收率达70%～75%以上时,方可作为研究结论的依据。因此,问卷的回收率一般不应少70%。

影响问卷回收率的因素很多,调查主办者的客观地位、调查对象的具体情况、调查课题的吸引力、问卷设计的质量和问卷调查的方式等,都对问卷的回收率产生一定的影响。因此,要提高问卷的回收率,就必须从下述几个方面努力。

### 》》（一）争取知名的权威机构的支持

问卷调查主办者的权威性和知名度,往往会影响被调查者对问卷调查的信任程度和回答意愿。一般地说,党政机关主办的调查回收率较高,企事业单位主办的调查回收率较低;上级机关和高级机构主办的调查回收率较高,下级机关或低级机构主办的调查回收率较低；专业性机构主办的调查回收率较高，一般性机构主办的调查回收率较低；以集体或单位名义主办的调查回收率较高，以个人名义主办的调查回收率较低。因此，为了提高问卷的回收率，应尽可能争取权威性大、知名度高的机构来主办调查，或者是取得它们对问卷调查的公开支持。

### ≫（二）挑选恰当的调查对象

调查对象的合作态度、理解和回答书面问题的能力，对问卷的回收率往往产生巨大的影响。一般地说，对问卷调查的内容比较熟悉的调查对象，有一定文字理解能力和表达能力的调查对象，初次或较少接受问卷调查的调查对象，回答问卷的积极性较高，反之，积极性就较低，甚至不予回答。因此，根据问卷内容的特点和难易程度，选择恰当的调查对象进行调查，对于提高问卷的回收率，具有十分重要的意义。

### ≫（三）选择具有吸引力的调查课题

调查课题是否有吸引力，往往会影响被调查者的回答意愿和兴趣。一般地说，那些重大的社会问题，关系人们切身利益的问题，已成为社会舆论中心的问题，以及那些具有新鲜感或特异性的问题，往往会引起被调查者的浓厚兴趣和回答的积极性，问卷的回收率就可能较高，反之，回收率就可能较低。因此，根据不同时期、不同地域、不同对象的实际情况，选择具有吸引力的调查课题，是提高问卷回收率的一个重要条件。

### ≫（四）提高问卷的设计质量

问卷的设计质量，对问卷的回收率和有效率，往往会产生巨大的、乃至决定性的影响。问卷的质量首先取决于问卷的内容，特别是问题的选择、排列和表述，以及回答的类型和方式；同时，它也取决于问卷的形式，特别是问卷的长度和版面。一般来说，比较简短、版面清晰的问卷回收率和有效率都可能较高，反之，回收率和有效率就可能较低。目前，许多问卷设计过于冗长和复杂，这是造成回收率不高、有效率偏低的一个重要原因。

### ≫（五）采取回收率较高的问卷调查方式

调查方式对问卷的回收率也有重大影响，根据一般的经验，报刊问卷的最终回收率约为10%～20%，邮政问卷的最终回收率为30%～60%，送发问卷的最终回收率约为80%～90%，访问问卷的最终回收率最高，甚至可达100%。因此，在条件许可的情况下，应尽可能采取送发问卷和访问问卷的方式进行调查。

总之，影响问卷回收率的因素是多种多样的，归根到底取决于调查者的实际工作质量。只要调查者兢兢业业，认真做好调查课题的选择、调查问卷的设计和调查对象的挑选等工作，争取较高的回收率是完全可能的。

## 七、 对无回答和无效回答的研究

问卷调查总会出现无回答和无效回答的情况,对这两种情况都不应轻易放过,而应作一些必要的研究。这是因为:第一,它是正确评价调查结果的需要。只有弄清了无回答和无效回答的调查对象的具体情况,才能正确说明调查结论的代表性和有效范围,而不至于作出不切实际的评价。第二,它是总结和改进调查工作的需要。无回答和无效回答这两种情况,固然有被调查者方面的原因,但主要原因却在调查者方面。因此,弄清造成无回答和无效回答的种种原因,就有利于总结经验教训,不断改进调查工作。

对于无回答的研究,不同的调查方式应采取不同的方法。访问问卷的无回答,应当即弄清无回答的原因。如果是调查对象不在家或暂时无时间回答,就可改期再作访问,如果是调查对象拒绝回答,就应当面或侧面了解不合作的原因。送发问卷一般是通过有关机构下发的,因此,回收问卷时,就应通过有关机构了解无回答者的情况和原因。报刊问卷和邮政问卷的无回答研究比较困难。因为,回复的问卷是无记名的,很难弄清回答者和无回答者究竟是谁。但也不是毫无办法,例如,报刊问卷可根据回复问卷的邮戳,弄清哪些地区的回复率高,哪些地区的回复率低,然后派人到回复率低的地区去有重点地访问某些报刊订户,当面询问他们的回复情况和原因。邮政问卷的无回答研究,除用上述办法外,还可在寄发问卷的同时附上回寄问卷的信封(或将信封印在问卷上),并在信封上编号。这样,根据回寄信封的情况就能判明无回答的具体对象,然后再对他们进行无回答原因的研究。总之,无回答研究是困难的,但也是有办法。只要想方设法去做,总是会弄清某些情况。

对无效回答的研究,应以审查中被淘汰的无效问卷为主要依据。要研究无效回答的类型和频率,看看哪些是个别性的错误,哪些是带共性的问题。一般来说,凡属带共性的问题都与问卷的设计有关,或者是问题选择不当,或者是排列不够合理,或者是问题表述不准确,或者是回答方式的设计不符合实际,或者是对回答的指导和说明不清楚,或者是问题的接转不明晰。总之,应把设计中存在的问题作为研究的重点,并根据研究的结果来不断改进问卷的设计工作。

## 操作示例

### 中国国家博物馆青年思想状况调查问卷

亲爱的青年朋友:

您好!

为了更好地了解、掌握我馆青年团员的所思所想,促进我馆青年工作更加深入、有效地开展,更好地服务青年、凝聚青年,我们特设置此份调查问卷,请您认真如实填写后,交回馆团委,此卷为不记名调查,谢谢您的合作与支持! 亦可在评论栏留言。

(本表若无特别说明,均为单项选择)

1. 填表人基本情况:

性别( )　　A. 男　　　　　　　B. 女

年龄( )　　A. 28 周岁以下　　B. 29~35 周岁

文化程度( )　A. 初中　　　　　　B. 高中(中专)

C. 大专　　　　　　D. 本科

E. 研究生及以上

政治面貌( )　A. 共青团员　　　　B. 保留团籍的中共党员

C. 中共党员　　　　D. 以上都不是

2. 您有明确的人生目标吗?( )

A. 有,我很清楚我以后要干什么

B. 嗯,差不多吧,有一个大概的方向和原则

C. 不知道,我很迷茫

D. 从未想过这个问题

3. 您认为一个人的价值取决于(多选)( )

A. 金钱的多少　　　　　　　　B. 权力的大小

C. 社会名望的高低　　　　　　D. 生活是否舒适

E. 人格是否高尚　　　　　　　F. 是否干出了一番轰轰烈烈的事业

G. 对社会贡献的大小　　　　　H. 其他

4. 您对自己的道德认可度( )

A. 我一直觉得自己是一个高尚的人

B. 我觉得自己是一个很好的人,只是有时候不太坚定自己的意志

C. 还需努力吧

D. 无所谓,没有思考过

5. 人活着是为了什么?( )

A. 完美的物质生活　　　　　　B. 自我实现,追求最完美的自己

C. 平淡生活,内心的宁静　　　 D. 快乐,自己的幸福

E. 我真的是为了别人的幸福而活

6. 您认为人的一生应该怎样度过?( )

A. 为社会的发展而努力学习和工作

B. 不断充实和完善自己而使自己不落后于时代

C. 珍惜光阴,享受生活

D. 吃喝玩乐

E. 说不清楚

7. 您认为影响国家博物馆发展最主要的因素是( )

A. 各类业务和管理人才　　　　　　　　B. 正确的博物馆发展战略

C. 单位的管理体制和竞争机制　　　　　D. 单位文化建设

E. 博物馆发展的外部环境　　　　　　　F. 其他(请说明)

8. 北京各类博物馆、纪念馆,您(　　　　)

  A. 几乎都参观过　　　　　　　　　　B. 只参观过比较有名的

  C. 著名的、感兴趣的反复多次参观　　　D. 没兴趣参观

9. 您认为您目前的工作状态是(　　　　)

  A. 心情舒畅,充满生气　　　　　　　　B. 心情压抑,无聊

  C. 繁忙但有自己的目标　　　　　　　　D. 得过且过

10. 您对您目前职业的态度是(　　　　)

  A. 热爱,愿意终身从事　　　　　　　　B. 比较喜欢,愿意努力

  C. 有机会可能重新选择　　　　　　　　D. 无所谓

11. 您当前在工作和生活中苦恼的问题是(多选)(　　　　)

  A. 收入低　　　　　　　　　　　　　B. 工作压力大

  C. 人际关系复杂,难以应对　　　　　　D. 为职称评定、晋升等焦虑

  E. 没有机会使自己的才能得到充分发挥　F. 婚恋家庭问题

  G. 其他(请说明)

12. 您愿意通过努力提高自己的职业技能吗?(　　　　)

  A. 十分愿意　　　　　　　　　　　　B. 愿意,但不想投入太多的精力

  C. 不太想,目前够用就行　　　　　　　D. 无所谓

13. 您目前提高自己业务素质的主要途径是什么?(　　　　)

  A. 自学　　　　　　　　　　　　　　B. 业余时间在进修、深造

  C. 单位提供的培训机会　　　　　　　　D. 向周围资深专家、同事请教

14. 您在工作中对自己的要求是(　　　　)

  A. 开拓创新、尽善尽美　　　　　　　　B. 符合领导的意图、让同志满意

  C. 就事论事、照章办事　　　　　　　　D. 无所谓,不出差错就行,混混吧

15. 您在工作中遇到困难时,首先求助于(　　　　)

  A. 家人(如父母、爱人)　　　　　　　B. 单位领导

  C. 党团工会组织　　　　　　　　　　　D. 同学或朋友

16. 您阅读的主要原因是(　　　　)

  A. 工作需要　　　　　　　　　　　　B. 主动学习新技能、新知识

  C. 开阔视野增长见识　　　　　　　　　D. 其他

17. 您希望团组织开展哪类活动(多选)(　　　　)

  A. 思想政治学习　　　　　　　　　　B. 联谊活动

  C. 业务学习与培训　　　　　　　　　　D. 文娱活动

  E. 文化知识竞赛　　　　　　　　　　　F. 实地交流考察

G.为青年展示才华提供机会和平台的活动　H.社团沙龙
I.青年志愿者活动　　　　　　　　　　　J.其他(请举例说明)

18.您是否愿意参加馆团委开展的各项活动(　　)
　　A.十分愿意　　　　　　　　　　　　B.不愿意,没什么意思
　　C.不愿意,没有时间　　　　　　　　D.遇到自己感兴趣的活动就参加

19.您认为影响团员青年参加活动积极性的最主要因素是(　　)
　　A.活动的类型　　　　　　　　　　　B.活动的意义
　　C.活动的趣味性　　　　　　　　　　D.其他(请说明)

20.您认为参加团委活动的频率为几次比较合适(　　)
　　A.一月一次　　　　　　　　　　　　B.一季度一次
　　C.半年一次　　　　　　　　　　　　D.一年一次

21.假设馆团委将举办一次集体活动,在得知需要一部分人担任义务工作者之后,
　　你会(　　)
　　A.主动要求担任　　　　　　　　　　B.找到自己才担任
　　C.拒绝担任

22.您认为当前青年最缺乏的品质是(　　)
　　A.民族自豪感、历史责任感　　　　　B.社会公德、家庭美德
　　C.乐于助人、无私奉献　　　　　　　D.与时俱进、开拓创新

23.您如何看待周围的共产党员和优秀共青团员(　　)
　　A.与群众有区别,绝大多数是先进的　B.与群众有区别,多数是先进的
　　C.多数与群众没区别　　　　　　　　D.说不清楚

24.您认为21世纪人才最重要的能力是(　　)
　　A.团队沟通与协作能力　　　　　　　B.信息分析与处理能力
　　C.专业知识能力　　　　　　　　　　D.综合知识和素养
　　E.创新思维和创造能力　　　　　　　F.科学态度与科学道德
　　G.社会责任感和使命感　　　　　　　H.独立思考和解决问题能力

25.您周围的同事经常议论的中心话题是(　　)
　　A.经济问题　　　　　　　　　　　　B.时事政治问题
　　C.奋斗目标问题　　　　　　　　　　D.婚恋家庭问题
　　E.人事关系　　　　　　　　　　　　F.日常工作问题

26.您的主要收入来源是(　　)
　　A.单位工资　　　　　　　　　　　　B.兼职
　　C.科研稿费　　　　　　　　　　　　D.其他

27.您每月最大的支出是(　　)
　　A.还住房贷款　　　　　　　　　　　B.吃饭穿衣
　　C.社交活动　　　　　　　　　　　　D.文娱消费

E. 其他

28. 如果你彩票中奖,你最想做的第一件事是(　　)

A. 请客吃饭、唱歌或跳舞　　　　B. 旅行

C. 学习进修　　　　　　　　　　D. 孝敬长辈

E. 用于家庭必要开支　　　　　　F. 用于其他个人爱好

G. 用于储蓄　　　　　　　　　　H. 捐助公益事业

I. 其他

29. 你最崇拜的偶像是(　　)

A. 各类明星　　　　　　　　　　B. 政治领袖

C. 商界领袖　　　　　　　　　　D. 科技精英

E. 英雄人物　　　　　　　　　　F. 神灵

G. 其他

30. 您目前的住房情况是(　　)

A. 借亲戚朋友的住房

B. 自己的住房但需每月还房屋贷款(＿＿＿＿元)

C. 自己的住房并且房款已还清

D. 依然在租房

问题到此结束,谢谢您的支持和参与! 如果您对本次调查有关的问题还有什么具体的意见和看法以及对我馆青年工作还有哪些宝贵的意见和建议,请您写在本卷下面的空白处。

中国国家博物馆团委

2008 年 7 月 15 日

**拓展训练** ......

各小组围绕确定的选题,设计一份结构完整的调查问卷(要求:封闭式问题不少于15 个,不多于 25 个;开放式问题不少于 2 个,不多于 5 个。)。

# 任务 7　运用访谈法获取信息

**任务描述** ......

与其他社会调查方法一样,运用访谈法对高校考证情况进行调查,首先必须明确调查的目的,也就是要搞清楚高校考证调查研究的课题及要论证的研究假设是什么,

还要界定调查的目标人群即访谈对象。在此基础上,确定访谈内容,再根据访谈内容设计访谈问题。然后制定访谈计划,拟定访谈提纲。接下来,运用一定的访谈技巧与访谈方法对访谈对象实施访谈并做好访谈记录。最后,对访谈的结果作进一步的整理和分析。

## 任务完成

一、任务完成目的与要求

熟练掌握访谈法的实施程序,培养和锻炼学生在实践中运用一定的访谈技巧与访谈方法的能力,切实体验访谈艺术的魅力。能够运用访谈法完成调查任务。

二、任务完成步骤

1. 课堂上,针对高校"考证热",老师帮助学生建立研究假设;根据研究假设确定访谈内容、访谈方法;

2. 根据访谈内容与方法,老师布置任务,让学生在课下针对各组确定的选题,以小组为单位根据不同类型的访谈对象设计不同的访谈提纲、制定访谈计划、拟定访谈提纲;

3. 在课堂上对各小组的访谈问题、访谈计划、访谈提纲进行分析,找出不足并加以修改完善;

4. 老师布置任务,让学生在课下以小组为单位对各自的访谈问题、访谈计划、访谈提纲进一步完善;并完成对访谈范围与对象的确定;

5. 试谈、再完善;

6. 课堂上老师交代安全注意事项,安排学生在课下以小组为单位准备访谈工具;

7. 学生在课下预约访谈对象并以小组为单位对访谈对象进行访谈,并做好访谈记录;

8. 学生在课下以小组为单位对访谈记录进行整理与分析;

9. 课堂上对各小组的调查成果进行总结。

## 必备知识

### 一、 访谈法的含义、特点与类型

#### ≫ (一)访谈法的含义

访谈法是由访谈者根据调查研究所确定的要求与目的,对个别样本或数量极少样本按照访谈提纲或问卷,通过个别访问或集体交谈的方式,向调查对象进行系统而有计划地收集资料的一种调查方法。毋庸置疑,这种方法是通过交谈来实现信息收集的,这种交谈既包括面对面的直接交谈,也包括借助电话等通信手段进行的远距离交谈,以及通过翻译进行的使用不同语言的交谈。

值得注意的是,访谈有时候利用问卷来进行,但它不等同于问卷调查。采用访谈来进行问卷调查只是问卷调查的一种形式,利用问卷进行访谈调查在很多时候是调查者围绕相关主题与被调查者进行自由、广泛、深入的交流。其他的问卷调查形式主要是采用非访谈的形式,让被调查者自己阅读问题并填答问卷。另外,访谈法获取信息的最基本途径是直接的语言交流,但是,访谈中调查者还可以通过观察来了解被调查者的非语言方面的信息,因此,访谈法不仅是一个访谈的过程,也是一个观察的过程,但是它比观察法更能深入地了解被调查对象的内在信息。

## 》》（二）访谈法的特点

与其他调查方法相比,访谈法具有如下突出优点:

**1. 访谈过程是一个面对面的社会交往过程**　这是访谈法的一个最大特点。正是这种社会交往使得调查者与被调查者之间形成比较多的人际互动,因而更容易获得真实、深入的资料。但是不良的人际互动又会影响访谈的效果,也就是说一个成功的访谈取决于访谈中访谈者与受访者之间相互影响和相互作用的过程。这是因为被访者是有思想、有感情、有心理活动的个性化的人,他们一般不会主动向"陌生人"提供资料,调查者只有在这种社会交往的互动中,与调查对象建立起相互信任、相互理解的关系,才能使被访者积极提供资料。从这个意义上讲,访谈法是访谈者主动与受访者建立积极信赖关系的人际交往过程的体现。另一方面,访谈者也是有思想、有感情、有心理活动的个性化的人,调查结果难免不受其价值观、社会经验、社会地位及思想方式的影响。此外,如果访谈者的能力不够,或对访谈目的不十分了解,这种人际互动的效果就会受到影响,自然也会影响调查结果,因此,访谈者的挑选与培训是访谈中实现人际良性互动的关键,也是访谈调查中一项重要的工作内容。

**2. 访谈有利于发挥访谈者的主动性和创造性**　访谈中,访谈者的作用无疑是至关重要的,访谈中主要是由他们来驾驭访谈中的人际交流,在这种人际交流中能否实现良性人际互动取决于访谈者的态度、素质和能力等各方面的因素。一次成功的访谈要求访谈者不仅要认真地做好访谈前的准备工作,而且要善于进行人际交往,精熟访谈技巧,有效控制访谈过程,这样才能使受访者积极配合,坦率地表达出自己的真实想法、态度、情感和观点,获得更多、更有价值的社会情况。如果访谈者的能力不够,或对访谈目的不十分了解,这种人际互动的效果就会受到影响,自然也会影响调查结果,因此,访谈者的挑选与培训是访谈中实现人际良性互动的关键,也是访谈调查中一项重要的工作内容。从这个意义上讲,并不是每个人都适合去作访谈,也不是每个人都能够去进行访谈。访谈不仅是一种调查方法,更是一门艺术,它比其他调查方法要更复杂、更难于掌握。

**3. 访谈法获取的信息量大** 访谈是一种调查者与被调查者之间的相互交流,在一个具体的访谈情境中,调查者不仅可以直接询问,还可以通过观察来了解被调查者的非语言方面的信息,因此,访谈者可以获取大量来自被访者的信息:既可以了解问题涵盖的语言方面的信息,也可以了解问题之外非语言方面的信息;既可以了解其现在的信息,也可以通过回忆了解其过去的信息,甚至可以预测或了解被访者有关未来方面的事情;既可以了解被调查者的各种客观情况,也可以挖掘被调查者内在的主观情况。这是其他社会调查方法无法比拟的。

**4. 访谈法获取的信息可信度和有效度高** 首先,访谈可以比较灵活地进行,它不仅可以探索比较具体的回答,而且当对一个问题的回答表明被调查者有误解时,可以重新提问并做出解释。在开放式的深入访谈中,调查者可以根据被调查者的具体情况而决定交谈的内容,也可以根据前面交谈的情况而选择后续的交谈内容,从而使调查内容更加深入和真实,尤其是能够针对各种被调查者的特殊情况而发掘其特殊的信息。在结构式的问卷调查中,访谈员也可以根据被调查者和访谈情境的不同选择合适的提问方式,因而使调查的信度和效度更高。

其次,访谈法能够适用于社会各种群体的被调查者,特别是对于一些特殊的调查群体,例如,不能读和写的人,以及能够在访谈中回答问题而有些不愿花精力写出其回答的人也可能乐于谈话。许多人对他们的讲话能力比对他们的书写能力往往更有信心。这样,可以确保资料更具代表性、更有说服力。

再次,访谈员可将访谈环境标准化,即确保访谈在私下进行,没有嘈杂声等。这样,访谈法可以保证被调查者的回答是真实可靠的,从而避免了类似邮局问卷调查中可能出现的他人替答现象。同时,还可以确保回答的完整性,即通过访谈员的控制,可以保证所有问题均得到解答。

最后,在采用访谈法时,可以将询问与观察相结合,对被调查对象的生活环境、仪表特征等进行观察了解,以获得更多的信息。同时,访谈员可通过在现场观察被调查者的非语言行为而评估后者回答的效度。

要指出的是,尺有所短寸有所长,由于访谈的特点,访谈法也存在本身难以克服的固有缺陷,诸如样本容量小、费用高、耗时长、隐蔽性差、受周围环境影响大等。

### ≫（三）访谈法的类型

**1. 访谈法按照访谈对象的人数可以分为个别访谈和集体访谈**

（1）个别访谈。调查者可以根据实际需要对单个的调查对象进行访问,我们称之为"个别访谈"。个别访谈可以采取面对面的形式进行直接交谈,也可以借助电话或网上交流等形式进行间接交谈。间接调查不与被访者见面,访谈中牵扯的问题较少,方法较简单,成功率和应用率也相对较低,因此目前最常用的是直接调查类型的个别访谈。

（2）集体访谈。调查者还可以把调查对象集中在一起进行访谈,即"开座谈会"或

"开调查会"，所以，集体访谈也叫会议调查法，就是调查者邀请若干被调查者，通过集体座谈方式或集体回答问题方式搜集资料的调查方法。它实际上是个别访谈的一种扩展形式，同个别访谈一样，都属于双向传导的互动式调查。但是，与个别访谈不一样，集体访谈存在两种形式的互动，一是在调查者与调查对象之间互动，二是在调查对象之间也存在一种互动。

另外，集体访谈还可以从以下几个角度进行进一步的分类：

按照调查的目的不同，集体访谈可分为两类：一类是以了解事实为主的访谈，着重于对事实的客观描述与披露，而不去探讨深层的问题和研究对策；一类是以研究问题为主的访谈，着重于对已知的事实进行深入的分析和探讨，发现其原因，认清其性质和规律，提出相应的对策。

按照调查的内容不同，集体访谈可分为两类：一类是综合性访谈，即包含许多问题和内容的访谈，比较全面和系统，但往往不够深入；一类是专题性访谈，它的内容比较单一或集中，探讨问题较深入，目前流行的很多焦点访谈即属此类。

按照调查的方式不同，集体访谈可分为两类：一类是直接访谈，就是召开口头的、面对面的调查会；一类是间接访谈，包括电话会议、网络会议和书面咨询等。

(3)个别访谈和集体访谈的比较。集体访谈的具体实施方式和方法与个别访谈大体相同，并且两种方法结合使用还可以提高研究工作的信度，访谈者的艺术在两种情况下都是适用的。

但是，集体访谈参与人员较多，安排和组织较麻烦，会议时间也有限，因此，做好会前各项准备工作非常重要。集体访谈所面对的不是单个的被访者，而是同时面对多个被访者，它不仅是访谈者与多个被访者之间互相作用的过程，而且是若干个被调查者之间互相影响、互相作用的过程，因此，访谈者在集体访谈中不但要注意被访者对访谈者言谈举止的反应，还要注意被访者之间的相互影响和反应，这就要求访谈者不仅要有熟练的访谈技巧，而且要有驾驭会议的能力。集体访谈对访谈过程的控制要求比个别访谈更高，这是访谈会成功与否的关键。

**2. 访谈法按照对操作的控制程度可以分为结构式访谈和非结构式访谈**

(1)结构式访谈。结构式访谈又称为标准化访谈、问卷访谈，是按照统一设计的、有一定结构的问卷所进行的访谈。这种访谈的特点是：整个访谈是严格控制和标准化的。访谈对象按照统一的标准与方法选取，访谈中所提的问题及其顺序、提问的方式、对疑问的解释以及调查结果的答案纪录都严格遵守问卷的要求或访谈任务书的要求，甚至连访谈的时间、地点、周围环境等外部条件，也要求同访谈任务书保持基本一致。

结构式访谈的优点是：任务书类似问卷，因此便于对访谈结果进行统计，可用做定量分析，便于对不同被访谈者的回答进行对比研究。而且由于在访谈法中，访谈者必须当场与调查对象直接交流，这样就能够控制调查环境和调查过程，避免他人代替或几人商量填写问卷等弊端，还可以随时督促和核对访谈对象的回答，也可以对某些特定问题进行深入调查，从而最大限度地提高问卷的有效回收率，降低来自访谈对象的误差,提高调查结果的信度和效度。此外,它还能通过直接观察,获得一些对访谈对象的经济收入、身份、能力等方面的感性认识,分辨其回答的真实程度,对所获资料和答案进行评估。

但是,这种访谈方法也存在一些局限性:

第一,访谈内容缺乏弹性和灵活性。事先设定的问卷有时难以恰当地反映复杂多变的社会现象。

第二,访谈形式比较呆板。访谈双方的活动被严格限制在一定范围之内,难于临场发挥,被调查者的回答也比较被动,不利于充分发挥访谈双方的主观能动性。

第三,不利于研究的深入。结构式访谈法的标准化使之利于定量分析,但是不太适于定性分析。

第四,访谈的质量较难控制。结构式访谈多用于大规模社会调查,需要访谈者数量较多,访谈者之间对问题的理解和处理方式上往往难以保持一致,因此对访谈者的挑选和培训要求极高,如果稍有闪失,就会严重影响访谈的质量。

(2)非结构式访谈。非结构式访谈又称为非标准化访谈、深度访谈、自由访谈。它是一种无控制或半控制的访谈,事先没有统一问卷,而只有一个题目或大致范围或一个粗线条的问题大纲,由访谈者与访谈对象在这一范围内自由交谈,具体问题可在访谈过程中边谈、边形成、边提出。对于提问的方式和顺序、回答的记录、访谈时的外部环境等,也没有统一要求,可根据访谈过程中的实际情况作各种安排。

同结构式访谈相比,非结构式访谈的最主要特点是弹性和自由度大,能充分发挥访谈者和访谈对象的主动性、积极性、灵活性和创造性,有利于适应千变万化的客观情况,有利于调查原设计方案中没有考虑到的新情况、新问题,有利于对社会问题进行较深入的探讨。在非结构式访谈中,双方可以围绕所定题目,就有关问题进行无拘无束的、深入广泛的交谈和讨论,访谈者会得到许多不曾预料到的、给他很大启发的资料,能获得与调查研究问题有关的丰富的社会背景材料和调查对象生活与行动的生动感受,从而对所研究的问题可以有较结构式访谈更深入、更全面的了解。

但是,非结构式访谈易受访谈者自身的影响,因此对访谈者的要求较高。由于这种访谈的自由度很大,访谈者常常会自觉不自觉地将主观意见带入访谈过程中,访谈者的态度、素质、经验也会影响访谈结果。

另外,这种访谈较难控制访谈结果,而且比较费时,访谈调查的结果也不宜用于定量分析。因此,它多用于个案调查、典型调查,常和观察法一起在田野研究或实地研究中使用。

非结构式访谈因实施方式不同,通常有以下几类。

①重点访谈　重点访谈又称为集中访谈,是集中于某一特定问题的访谈。

②深度访谈　深度访谈又称为临床式访谈,它是为搜集个人特定经验的过程、动机及其情感资料所做的访谈。深度访谈常用于个人生活史调查研究。

③客观陈述式访谈　客观陈述式访谈又称非引导式访谈,是让访谈对象客观地陈

述对自己和周围社会的考察结果,在这一类型访谈中,访谈者基本上只是一个听众。

非结构式访谈与结构式访谈相比,有优有劣,可以互补,因而在实际调查过程中,两种方法往往结合使用。

**3. 依人员接触情况可分为面对面访谈、电话访谈和网上访谈**

(1)面对面访谈。面对面访谈也称直接访谈,它是指访谈双方进行面对面的直接沟通来获取信息资料的访谈方式。它是访谈调查中一种最常用的收集资料的方法。在这种访谈中,访谈员可以看到被访者的表情、神态和动作,有助于了解更深层次的问题。

面对面的访谈可以是访谈员到被访者确定的访谈现场进行访谈,也可以是在征得被访者认可的情况下,由访谈员确定访谈现场。为了方便被访者,一般来说,以到被访者确定的访谈现场为主。

(2)电话访谈。电话访谈也称间接访谈,它不是交谈双方面对面坐在一起直接交流,而是访谈员借助某种工具(电话)向被访者收集有关资料。电话访谈可以减少人员来往的时间和费用,提高了访谈的效率,而且访谈员与被访者相距越远,电话访谈越能提高其效率,因为电话费用的支出总要低于交通费用的支出,特别是人力往返的支出。电话访谈与面对面访谈的合作率相差不多,对于学校系统的成员(教师、校长等)通过电话访谈比通过个别访谈更容易成功。据估算,与面对面的访谈相比,电话访谈大约可节约二分之一的费用。

电话访谈也有它的局限性。比如,它不如面对面的访谈那样灵活、有弹性;不易获得更详尽的细节;难以控制访问环境;不能观察被访者的非言语行为等。但是,当需要在面对面访谈与电话访谈这两种访谈方式之间作出选择的话,电话访谈值得优先考虑。随着电话通信事业的不断发展,电话访谈将会有很广阔的发展前景。

(3)网上访谈。网上访谈是访谈员与被访者,用文字而非语言进行交流的调查方式。随着互联网的普及,在一些城市中,网上访谈也开始出现。网上访谈也像电话访谈一样属于间接访谈,它有电话访谈免去人员往返因而节约人力和时间的优势,它甚至比电话访谈更节约费用,另外,网上访谈是用书面语言进行的,这便于资料的收集和日后的分析。可以预见,这种访谈方式将会成为一种新的、日益为访谈员重视的高效的谈话方式。

但是,网上访谈也有电话访谈的局限,如无法控制访谈环境、无法观察被访者的非语言行为等。同时,由于网上访谈对被访者是否熟悉电脑操作以及是否有电脑配备、通信和宽带等物质条件有所要求,这在一定程度上也限制了访谈的对象。

## 二、 访谈法的适用

针对访谈法的特点,访谈法更适合在以下几种情况下做社会调查:

第一,访谈法比较适用对调查对象作小范围内的调查。虽然从理论上讲,访谈法不受调查规模的限制,但是访谈的费用较高,费时较长,需要的人力较多,这在一定程度上限制了它的规模,特别是集体访谈规模更受到限制。

第二,访谈法特别适用于对调查对象需要专门做深入调研的调查。研究者与被访者通过面谈、电话、网络进行直接或者间接的交谈,研究者具有适当引导和进一步追问的机会,从而与被访者探讨一些深层次的问题。另外,有经验的调查者可以根据被调查者的具体情况来决定交谈的内容,还可以根据前面交谈的情况来选择后续的交谈内容,从而使调查内容逐渐深入,尤其是能够针对各种被调查者的特殊情况而发掘一些反映深层次问题的特殊信息。

第三,访谈法常用于个案调查。访谈中,访谈者围绕个人生活历史的某些方面向调查对象提问题,如对囚犯、精神病人等特殊群体的调查即属典型的个案调查。

第四,访谈法还比较适合调查复杂的社会现象之间的因果联系和内在本质。比如,研究青少年犯罪原因的研究人员提出了一个假设:青少年犯罪的原因之一是家庭生活的不幸。于是在访问中访问员问及的问题就会围绕着青少年时代的家庭情况展开。例如,家庭是否是不完全家庭(即父母缺一),父母离异的原因,父母对他的态度,他与父母的关系,等等。

第五,访谈法在很多情况下也可作为其他社会调查方法的一种补充。主要是补充调查资料,验证其他社会调查方法的调查结果。

总之,访谈法的应用非常广泛,它既能用于定量研究,也可以用于定性研究;既可用于大规模调查,又可用于小规模研究;既可以了解主观动机、感情、价值方面的问题,又可以了解客观问题;既可以了解现时资料,又可以了解历史资料,即长的历史发展和短的历史变化;既可以用于验证某种假设或理论,又可以用于提出假设和理论;既可获得语言提供的信息,又可以获得大量非语言提供的信息;既可以用于文化水平高的调查对象,又可以用于文化水平低的调查对象。因此,访谈法被广泛应用于诸如教育、求职、市场等生产与生活的各个方面。

最后,需要指出的是,对于敏感性问题,一些无法用语言表述的经验、情感过程,以及许多人的互动资料、心理体验、身体的动作以及场所与速度的变化等社会测量的资料都不宜或无法用访谈法获取,而需用观察法或其他调查方法获得。

## 三、 访谈程序及访谈各阶段应注意的问题与技巧

访谈是一个社会交往的过程,访谈的成败在很大程度上取决于调查者对这个社会互动过程组织的好坏。这个组织工作的好坏又表现为三个方面:一是对访谈工作流程掌握的熟练程度,二是对各访谈工作阶段所属工作内容掌握的熟练程度,三是对开展各项工作所需技巧的把握程度。从访谈的过程来看,一次访谈大体上可以分为以下几个阶段:访谈的准备、进入访谈、访谈过程的控制、结束访谈与资料审核。

### 》》（一）访谈的准备

访谈准备十分重要,有经验的访谈员在访谈前都会认真地去作充分的准备。通常情况下,访谈开始前需要做好以下几项工作:

**1. 明确研究目的和理论假设** 这是确保调查紧密围绕一个研究主题展开的关键。如果目的不明确,调查研究就会失去方向,调查获得的一切信息也就失去了价值,整个调查工作除了浪费资源之外毫无意义。因此,调查者首先必须明确这个研究的主题。

**2. 确定调查方法** 明确研究目的以后,接下来是根据研究目的选择适当的访问方法。一般而言,如果是探索性研究,则选择无结构式访问;若研究的目的是验证某种假设或要迅速获得多数人的某种反应,则一般选择结构式访问。

**3. 熟悉调查内容** 对于无结构式访谈来说,访谈前的准备工作首先是根据研究目的和理论假设,准备访谈提纲,并将其具体化为一系列访谈问题,同时还要充分准备与调查内容有关的各种知识。一般说来,调查者所掌握的有关背景知识越丰富,在访谈中越能提高被访者回答问题的积极性,越能够达到与被访者的深入交谈,最后所获得的资料也越丰富。同时,背景知识丰富的调查者还可以对被访者提供信息的真实性程度做出判断,并且往往更能从与被访者的交谈中捕捉到一些有价值的新信息,触发新的思想。

对于结构式访谈来说,访谈前的准备工作首先是弄懂统一设计的问卷及访谈手册,了解访谈目的、要求、步骤、可能出现的问题及解决的办法等。其次,访谈者也需要了解一些有关的背景知识,只是在这一方面的要求不如无结构式访谈的严格。

**4. 了解被访者的社区特征** 为了访谈的成功,在准备工作中还要对被访人的社区特征有所了解。被访者的社区特征,包括社区的人文环境和社会文化传统两个方面。每个社区都有自己的特点,若事先不多加了解,掌握这些给人和调查带来的影响的方面,不仅访谈极难进行,而且往往引起不必要的误解,也将无法解释个人所表现的行为特征。例如,如果调查者不了解被调查地区的文化和生活习惯,则也可能在调查活动中触犯一些禁忌、引起调查对象的反感而拒绝访谈。再如,若不了解该地区发生过某种有可能影响调查的特殊事件,如自然灾害、社会事件等,就无法对回答率低或答案中的某些现象作出解释。

**5. 选择并了解访谈对象** 在访谈调查中,被访者的选择是重要的一环,因为被访者是访谈中社会互动双方的重要一方。他们是资料的提供者,无论是以访谈为主要研究方法或是作为辅助工具,被访者的选择是否得当,对整个调查的成败影响极大。

选择访谈对象应该首先考虑调查研究的目的,然后确定访谈调查的总体范围,再在总体范围中采用随机抽样的方法,选取调查研究所需的有代表性的样本。访谈调查样本的大小,多半由调查研究的目的和性质决定,当然也必须考虑调查研究的人员及时间、经费等条件。

从各种访谈类型的优势和局限考虑,一般来说,探索性研究采用较小的样本,验证性研究则需要较多样本;横向访谈样本可以多一些,纵向访谈样本可以相对少一些;结构性访谈样本可以多一些,非结构性访谈样本相对少一些。

为了在访谈调查中实现与被访者之间的良好互动,选择访谈对象还要了解被访者的有关情况,主要包括对被访者的性别、年龄、职业、文化程度、经历、专长、思想状况、身体状况、精神状况等方面的了解。在访谈对象选定后,或在进入调查现场之后,调查员要尽可能快地掌握被访者的基本情况,以便顺利进入访谈,与被访者建立良好的交谈气氛,以及提高访谈的信度和效度。

**6. 拟定实施访谈的工作计划**　拟定实施访谈的工作计划是对访谈活动的程序和时间作出安排,通常包括以下内容:①需阅读的文件资料;②制定了解社区情况的时间和方案;③选择被访者及与他们联系的方式;④选择访谈的时间和地点;⑤考虑访谈中可能遇到的特殊事件、特殊人物和其他问题,并制定应对预案。总之,提前对上述问题做出计划有利于访谈过程的顺利进行,有利于提高访谈调查的质量。

**7. 试谈与修改问卷或提纲**　在拟定了访谈调查问卷或访谈提纲后,正式进行访谈之前一般要安排一次试谈。试谈的目的是检查设计的问题和提问的方式是否恰当,被访者的回答能否与希望获取的信息资料比较吻合;试谈的对象不应与正式访谈是同一个人,但两者的情况应该尽可能相似;试谈要作详尽的记录,以便发现设计问题的不足;如果需要可以追问一些补充问题,以了解被访者较为真实的想法。

试谈结束后,如果发现问卷或提纲设计存在着不足,应该调整和修改。如果没有条件试谈的话,也可以请有经验的研究者或同行一起商量,并请他们提出修改意见。

**8. 准备工具**　成功的访谈还需要一些必备的工具。临赴现场访谈前的最后一步工作是准备工具。工具主要有三类:①访谈使用的普通工具,如记录用的笔、纸等;②访谈使用的特殊工具,如社区地图、录音录像设备、计算器等;③其他工具,如公文、介绍信、证件等。

此外,在准备阶段我们还应注意以下几个问题:

第一,要使访谈调查按照预定目的进行,一个重要的因素就是要准备恰当的问题,在拟定问题时要注意:问题要紧紧围绕研究的目标展开,应将研究的总目标分解成若干个具体的内容,再根据这些内容设计出相应的具体问题;问题的语言要通俗易懂,让不同文化、职业等背景的人能够理解无误;问题的提法应保持价值中立,以保证获取的信息确是被访者的真实想法;问题的安排应有一个大致的程序,应考虑将相关的问题放在一起,将容易回答的、事实性的问题放在前面。

第二,选择访谈对象应考虑对方是否拥有研究所需要的有价值的事实材料,以及对方是否愿意提供有关材料。要事先了解被访者有关背景情况以及他的经历、地位和个性特征等,以确定访谈对象能否提供有价值的事实材料,是否乐意回答所提出的问题,以便为友好深入的交谈打下基础。

第三,访问前要对交谈的主题、提问的方式、措辞作各种可能的考虑。

## ≫（二）进入访谈

### 1. 要尽快接近被访者

在初次访谈时，进入访谈现场，面对素不相识的被访者，访谈员要想办法尽快接近被访者，可以采用自我介绍，向被访者说明来意，必要的话，访谈员可以出示自己的有关证件，如盖有公章的介绍信，递上自己的名片，携带具有研究单位标志的公文包、文件夹、佩带代表身份的标识等，以消除被访者的疑虑，获得信任，求得理解和支持，这是访谈顺利进行的第一步。对初次接触的被访者，也可请一位与被访者熟悉的人引见，这样可以增加被访者对访谈者的信任感。

访谈员对被访者要有恰当的称呼，称呼要入乡随俗，自然亲切，既不可对人不恭，也不可过于奉承，访谈员应根据实际情况灵活使用。在自我介绍之后，要表达进入访谈的愿望，进一步阐述访谈的目的和意义，以引起被访者的兴趣。若被访者推辞受访，访谈员要想办法与被访者约定下次登门拜访的时间，不要轻易放弃任何一名被访者。

如果有必要，可以与调查对象所属的政府机关、基层社区组织或企事业单位等机构取得联系，争取得到他们的允许、配合与支持。

### 2. 与访谈对象见面后要努力建立融洽的访谈气氛

良好的气氛是保证访谈调查成功的重要条件。在双方有了初步的接触和被访者表示愿意接受访谈时，可以从对方熟悉的事情、关心的社会问题、时下的新闻热点谈起，以消除对方紧张戒备的心理；可以从关心被访者入手，联络感情，建立信任，在建立起初步融洽的关系后，再进入正题。

访谈员要建立和保持访谈过程融洽的气氛。访谈员应该尽量保持亲切、尊重和平静的态度，使被访者能在轻松的环境中，自然地敞开思想。访谈员要掌握发问的技术、提问的方式，也要选择恰当的用词与被访者交流，争取被访者对回答问题的配合。访谈员不能受被访者情绪的影响，不管被访者是否合作、怎样合作，也不论被访者回答的问题是否在访谈员意料之中，访谈员都不能表示不满，更不能对被访者批评和指责，以保持轻松和谐的访谈气氛。

### 3. 必须按计划进行访谈

在访谈双方初步认识和融洽的访谈气氛下，访谈员可以按照事先拟定的访谈计划自然地进行正式访谈。在访谈过程中，访谈员要按照访谈计划中确定的访谈内容、访谈方式、问题顺序进入访谈，以保证访谈获得成效。

### 4. 认真做好访谈记录

记录访谈调查内容，要做到客观和准确，要尽可能完整、全面地按被访者的回答记录，而不能加入访谈员本人的主观意见，记录时可对某些不太明确的回答做记号，以便在追问中提出，不曲解被访者的原意。如无法即时记录，事后要追记，访谈后要及时整理分析访谈记录。

在这一阶段最容易出现如下一些问题：

（1）由于陌生感而使被调查者拘束无言。

（2）调查对象以各种原因拒绝受访，访谈者因此产生怯场或不耐烦情绪。

（3）由于调查者与被调查者地位不平等，产生不自然感。因此，为使访谈能够顺利进行，从进入访谈开始，我们必须努力做到：

①让被访者了解访谈调查的目的，了解此次访谈的意义和价值是访谈获得成功很重要的方面。一般而言，被访者越是清楚访谈的价值和意义，越会采取积极和有效的态度。如果访谈的内容恰好是被访者感兴趣的话题，往往会收到很好的访谈效果。

②访谈是一种人际沟通的形式，交谈中要自然、轻松，表现出诚恳谦虚、热情有礼的良好态度，以取得对方的好感、信任和合作。

③交谈中所提问题要简单明了、易于回答。要善于了解对方的心理变化，灵活提出问题，引导交谈的深入。要注意避免触及个人的隐私，造成被动不快的局面。

④要善于洞察被访者的心理变化。访谈员要机智，善于随机应变。通过"对""好"等言语，点头、微笑等身体语言向对方表示你正在听，并希望他继续说下去；通过重复或总结对方的话，以验证是否弄清被访者的意思。

⑤一次访谈的时间以两小时左右比较恰当，时间短了，了解情况往往不足；时间长了，会引起双方的疲劳进而影响访谈的效果。当然如果访谈内容较少，访谈效果达到，或被访者对回答问题很有兴趣，则可以根据情况适当缩短或延长访谈时间。

⑥要严守保密性原则，对于被访者的顾虑，可通过对交谈内容保密的承诺来消除。

### ≫（三）访谈控制

在访谈过程中，调查员始终应该对双方的交谈实施有效的控制。这是访谈中最重要、也是最难把握的一项工作。所谓访谈控制，是指调查员通过提问和其他方式对交谈的内容和方式实施控制。调查员对访谈过程实施控制手段主要是通过提问与采用一定的表情和动作。因此，一定的提问方法与一定的行为方式是实现访谈成功的两个最关键因素。

关于提问方法，我们在提问时，主要应注意以下几点：

（1）从简单问题入手。被访者开始回答问题时总有一个心理酝酿过程，因此访谈者的提问应从简单逐渐向复杂过渡。为了营造融洽的访谈气氛，访谈者也可以在进入正题前先和被访者聊聊家常，比如他的籍贯、住房、家庭、爱好等。

（2）提问有序。如果是结构式访谈，就应该严格按照访谈之前拟订的提问提纲，由简至繁地按顺序进行访谈。对于非结构式访谈，也不能东一榔头西一棒子，而要注意根据所谈问题的内在逻辑结构提问，例如在谈论变迁问题时，按事件先后发生的顺序提问就非常重要，否则容易影响所谈问题的系统性，遗漏某些重要的内容。这一点对于那些访谈经验不足的人来说尤为必要。

（3）适时追问。追问是访谈的一项重要技能。在访谈中，有时被访者的陈述会存在一些疑点；有时对问题的回答含糊不清甚至前后矛盾不能自圆其说；有时出于顾虑对问题避而不谈或轻描淡写;有时回答不够完整或未能充分阐明某些重要内容;有时访谈者希望被访者谈出未涉及的新的内容,这些都需要进行追问。追问可以使访谈者和访谈对象真正互动起来,使访谈更加全面和深入。它的掌握对访谈者来说有一定难度,不仅要求访谈者思维敏捷且发散性强,而且要求访谈者对追问时机的分寸感把握得好。追问应在发现问题后尽快进行,因为间隔时间太久容易导致信息流失,但又决不能生硬地打断被访者的陈述,否则会引起对方的反感。正确的做法是顺其自然,当被访者的陈述告一段落或出现停顿时,不露痕迹地加入追问。有时候为了检验被访者所陈述的某些内容、观点的真实性和可靠性,也可以有意将关于这些问题的提问记下来,放在整个访谈的最后进行。

(4)题目转换自然。在访谈中,需要从一类题目不断转换到另类题目。这种转换如果太突然,往往会使调查对象因为毫无心理准备而产生困惑。为了避免这种情况,通常要提一些过渡性的问题,使话题自然转换。例如在从家庭关系问题转向工作问题时,可以问:"您的家庭生活真好,在工作上也一样好吧?"或者"您的家庭生活虽然不太愉快,但工作上还好吧?"再如从工作问题转向业余爱好问题时,可以问:"您的工作这么紧张,业余时间怎么安排?"

(5)注意引导。在访谈中被访者有时会没完没了地重复同样的内容,有时则会跑题,这就需要调查者及时进行引导,使访谈步入正确的轨道。引导性提问切忌使用生硬的、刺激性的语言,例如"你跑题了""这个问题不用再谈了""我问的不是这个问题"等,以免使对方产生抵触情绪。在这种情况下,应选择适当时机,礼貌而巧妙地转移话题。例如,可以将被访者所谈的那些不着边际的内容加以总结说:"您刚才谈的是某某问题,很好,现在请你再谈谈某某问题。"以此把话题引向所需。也可以从被访者所谈的漫无边际的材料中,选取出一两个跟正题有关的话进行提问,如:"您刚才谈的某某问题是怎么一回事?"还可以采用动作方式,例如给他倒水递烟,中断谈话,当谈话重新开始后,提出新的问题,在不知不觉中改变话题。

在引导中还有一种特殊的形式,就是复述。来自访谈双方的两种情形,使复述成为必要。一种是当被访者的回答支支吾吾,看上去对所提的问题不甚理解或未听清楚时,就要对问题进行复述。这种复述的节奏要慢,使被访者有反映、理解的余地。另一种是访谈者对被访者的讲述不明其意或未听清楚时,就要复述能够记住的被访者的回答,以其引导出被访者对回答的纠正、解释或准确、完整的内容。

(6)保持客观中立。访谈中要尽力做到客观公正和不偏不倚,提问不能带有明显的倾向性,不能对被访者的答案进行诱导,例如说"您看这个问题是不是应该这样理解……,也不要夹杂带有情感的字眼,如先进、落后、自由、保守等,这样才能保证访谈结果的真实可靠。

(7)特殊问题特殊处理。对于一些难以启齿的敏感性问题或涉及被访者隐私的问题,一般不要直接提问,否则容易刺激对方,致使访谈破裂。比较可行的是请他(她)站在第三者的角度回答有关问题,或者事先设计出几种回答写在纸上,让被访者选择。

如果经多方努力,被访者仍不愿谈论这些问题,就不要一味强求。

(8)语言表达方式要恰当。提问的语句越简单越好,做到用简短的提问换取充分的回答,而不是用冗长的提问换取简短的回答。提问的语言应该通俗化、口语化和尽可能地方化,尽量避免使用学术术语、书面语言和"官话""套话"。此外,调查者要根据被访者的特点,灵活掌握提问的语速和语气。例如对一般人的提问,语速要适中,语气要平和;对孩子提问,就应用较缓的语速,亲切的语气;对老人提问,则要放慢语速,声音稍大。

关于行为方式,访谈者可以通过自己的一定行为影响被访者,从而实现对访谈过程的控制。

礼貌、谦虚、诚恳、耐心是访谈者自始至终都必须具备的最重要的表现。无论被访者的回答怎样跑题或啰嗦,访谈者都不能表现出丝毫的厌烦,而只能用前述引导的方法改变局面。这种表现可以获得被访者的好感,对于访谈的顺利进行意义极大。

(9)访谈者要善于运用表情和动作控制访谈进程。被访者如果看到的是一张毫无表情的脸,就会认为自己的话不被访谈者重视,从而失去谈话的兴趣。表情过于严肃,也会使被访者产生紧张感,从而影响对问题的回答。因此,访谈者的表情一定要生动,能够根据被访者所谈情境而变化。例如谈到被访者的挫折、不幸时,要有同情和惋惜的表情;谈到被访者遭遇的不平之事时,要有义愤的表情;谈到被访者一些难于启齿的隐私时,要有理解的表情;谈到被访者的成绩或得意之事时,要有高兴的表情等等。

(10)访谈者还要注意一些动作细节对被访者的影响。例如,访谈者提问后一直目不转睛地盯着对方,往往会使被访者局促不安,张不开嘴;而如果提问后目光转向自己的笔记本,做出一副准备记录的样子,则会令被访者从容许多。相反,在被访者侃侃而谈时,不看着对方,只盯着自己的笔记本,会使对方误以为他的谈话令人厌倦,从而中止陈述;而如果目光专注于被访者,他就会感到一种认同,从而滔滔不绝地说下去。再如,访谈者在被访者陈述时连连点头,匆匆记录,这些动作都可以鼓励对方谈下去;如果被访者的回答离题太远,则可以停止记录,这会起到制止作用;如果在被访者回答后感到内容不完全,可以停止发问,用期待的表情示意对方继续说下去,等等。

### ≫≫(四)结束访谈

结束访谈也是访谈中一个比较重要的环节,从访谈的过程看,这也是访谈的最后一个环节。访谈结束应掌握两个原则:第一,适可而止。即访谈时间不宜过长,一般不要超过两个小时。第二,要把握住结束谈话的时机。例如,有时调查内容已结束,但调查对象仍很有兴趣地不断讲述其他的话题,这是调查员可以利用对方转换话题的时候乘机插话,就可能圆满结束访谈。有时双方都感到非常疲乏和厌倦,谈话难以进行下去了,这是应尽快结束谈话,为使材料完备,最好问调查对象:"我们忽略了什么没有""我们有什么地方没有谈到"或"你还愿意告诉我些什么"之类的问题以结束调查。最后,访谈调查结束时,要向被访者表示感谢,如"您今天的谈话对我们调查帮助很大"

"谢谢您对我们访谈调查的支持"如果这次访谈尚未完成任务,还需进一步调查的话,那么应该与被访者约定下次再访的时间和地点,最好还能简要说明再次访谈的主要内容,让被访者有个思想准备。

总之,访谈者在访谈过程中始终应该:

(1)耐心细致,即使在亲密的态度之中也要采取理智的态度和对访谈过程清醒的把握。

(2)不带某种权威的架子,即要以平等的态度访谈。

(3)不要采取忠告或训诫式的态度。

(4)不和对方进行争论。

(5)发现下列情况就应该交谈而停止提问:①需要帮助对方说话;②需要解除交谈对象的恐惧不安;③为了正确地把握对方的思考和感情而鼓励对方;④错失谈话的机会或忘了所谈的问题,需要重新访谈等。

## 》(五)访谈后的工作、访谈记录与资料审核

**1.访谈记录**　访谈的目的就是要获得资料,在访谈调查中,资料是由访谈记录而来的。访谈记录可以在访谈过程中进行,也可在访谈结束后进行,分别称之为当场记录和事后记录。

当场记录是边访问边记录,它需征得调查对象的允许。当场记录的优点是资料完整,不带偏见,但因为了记录完整而埋头记录,则有可能失去对方的表情、动作所表达出来的信息,而且可能由于为了详细记录而忘记了要点,同时,由于紧张也容易产生错误。如果调查对象许可录音,则既可获得最完整、详细的资料,又可使访谈摆脱于记录而专注于谈话。如果有可能亦可两个访谈员访谈一人,一位谈一位记录。

事后记录是在访谈之后靠回忆进行记录,它可以不破坏调查者与被调查者之间的互动,同时也减少由于记录而对被调查者回答问题的影响。但人脑的记忆总是有限的,仅靠大脑记忆常常会失去许多信息。并且访谈者会由于自己的编号而特别注意自己认为最重要的话。为此,调查者一方面要训练自己的记忆能力;另一方面可采用一些技巧,如事先列好访谈时的问题顺序,依序访谈,访谈后再一次回忆。又如,可拿一张纸,在桌上乱画,遇有重点,记下几个字在整理时可作为联想的线索等。事后记录除了要记录调查对象的回答与陈述外,还应包括对他的居住条件、邻居情况的描述。此外,还应将访谈中观察到的现象与行动,听到的一些有意义的谚语俗语,以及重要的表情与姿势记录在案,并记上自己对被调查者语言能力、调查的态度、情感的评价等,也就是说,其记录的内容既包括听到的,又包括看到的、想到的。

做好记录需要一些特殊的技巧,结构式访谈的记录比较简单,只需按规定的方式记录,把被访者的答案记录在事先设计好的表格、问卷上就可以了。但无结构式访谈的记录则要复杂得多。除了上述介绍的一些技巧与方法之外,访谈者还需不断地去体会和总结。

访谈中如果采用当场记录的方式,则进入访谈后就要开始认真做好访谈记录,访谈结束后,只要进行资料审核就可以了。如果访谈中没做访谈记录,那么在访谈结束后,还有两项重要工作:一是补充访谈记录,即作事后记录;二是对资料进行审核。

**2.访谈资料的审核**    在一些访谈调查中,被调查者在向调查者反映情况时往往存在各种顾虑。在个别交谈中,他们可能不敢说话,甚至还可能说假话。这主要是因为他们担心调查资料或者调查人员会把他们所反映的真实情况传播出去,影响到自己的切身利益。在调查会上,有些人因为种种顾虑不愿当众讲心里话,发表与众不同的见解。有时由于一两位"权威人士"发了言,其他人就顺水推舟、随声附和,使调查被一两个人所左右。这些都会影响到调查资料的准确性。因此,在无结构访谈时要注意被调查者的态度。被调查者对调查人员越信任,调查资料的可靠性就会越高。还要注意,即使被调查者完全信任调查人员,所提供的资料也不一定完全真实。任何对客观事实的认识都会受到被调查者本人的主观理解的影响。有时被调查者不能充分理解问题的内容或用意,答非所问;有时被调查者受到情感和人际关系的影响而有所偏向;有时被调查者受到自己对事物认识能力的影响,导致提供的资料带有片面性或对事实过分渲染。这要求调查人员在谈话过程中慎思明辨,对被调查者的回答不能只录而不审;在访谈后还应该仔细考虑,搞清楚事实的真相。具体的方法是与其他被调查对象交谈,进行侧面核实,或者与其他调查材料进行比较核实。

## 操作示例

### 村长访谈记录(节选)

村名:甘肃省东乡县大树乡乔鲁村

受访者:马国华(M)    性别:男

年龄:59    民族:东乡族

文化程度:文盲    任职时间:1970 年

访谈者:赵小明(Z)

访谈地点:学校旁大树底下以及临时办公室

访谈时间:20×× 年 5 月 23 日 13:00—14:30

(以上人名均为化名,下文括号里为本书作者添加的说明)

Z:马村长,请您介绍一下学校的基本情况,比如说人口、土地、学龄儿童数、上了学的孩子多少、经济状况。(这是以开放型问题开始了访谈)

M:(沉思片刻)这个地方是十年九旱,穷得很。尕的有些书费拿不起。有些好的念着哩,书费拿不起的就不念了。咱们这个村庄是 850 人,7 个生产队,140 户。这个学校是 1984 年修的。("尕"是当地方言,就是"小"的意思)

Z:1984 年以前,这里有没有学校?

M:有嘛。1984 年以前是破房子,塌了下来。1984 年用土块修的。现在英国项目支持用砖、水泥、钢筋就好了。学校修了,咱们尕娃念书,现在形势发展啊,各个方面都好。咱们尕的时候这个地方没有学校。我快60岁了。(在这里,被访谈者并不使用"儿童""孩子"等词语,而是用本土词语"尕娃")

Z:应该上学的娃娃有多少?(访谈者也使用了被访谈者的方言词语"娃娃")

M:有50个人,学费拿不起。没票子嘛,男女共50个。("票子"就是指"钱")

Z:这个村有多少亩地,收入情况怎么样?(开放型问题)

M:有巧20亩地,几年没有庄稼。外面跑,搞工地……(听不清)买些粮食过生活嘛。国家也没给。

Z:你觉得咱们村孩子上学最大的困难是什么?(开放型问题)

M:主要是穷,拿不起学费。

Z:拿不起学费的有多少人?

M:有个50户人。

Z:除了经济还有什么困难?

M:经济来源再没有。过去是要饭,要的吃饭嘛。

Z:有的孩子上学是不是路程太远了?

M:有四五里路。

Z:路好不好走?

M:路不好走,上坡嘛。马老师家有三公里,在沟里。(指为学生上课的一位教师)

Z:马村长,这三四年,村上有没有给学校做过事情?比如说校舍破了给修一下,操场不好了给垫一下?

M:其他没有事。

Z:我只是列举了几项,有没有做过其他的事,不管大小?(启发式的提问)

M:去年杨校长,新调来这个校长姓唐,回族。姓杨的校长是汉族,教得比较好。

Z:马村长,您参加学校的工作吗?比如说学校作重大决定时学校请不请你们采纳意见?这几年有没有过,包括现在?

M:我们学校是公办学校,村管。村主任和书记是副校长职务。吃的不管,以前水、烧的我们买着来,掏运费50款,学校支持。(在这里"款"是"块"的方言读音;"学校支持"即支持学校,东乡话往往宾语置于谓语之前)

Z:您对学校的支持比较大。(访谈者对被访谈者表示共情)

M:支持也不大,我们尕娃念着书哩,不支持也不行。

……

Z:我看到咱们孩子们上课的旁边有个清真寺,是咱们乔鲁村的吗?

M:是的。

Z:是什么时候修的?

M:清真寺是1979年开放以后,在1983年吗哪一年修的。(方言,表示"大概",不大确切)

Z：材料、经费是怎么来的？

M：是群众集资的。

Z：当时花了多少钱？

M：这个学校1984年，是国家给一万五，我们自己投了一万五。三万块钱修出来的，质量不好。现在英国项目，钢筋、水泥都拉了，质量好。英国人来支持中国了。

Z：咱们清真寺当初花了多少钱？

M：清真寺花了一二十万块钱。

Z：花了一二十万，都是群众自己捐的吗？（对刚才的回答进行追问）

M：自捐的。

Z：大家是不是要出些工啊？

M：出些工啊。情况好一些的出一万五的。

Z：有钱啊！（访谈者对此发感慨）

M：修学校时，条件好的出的多，情况不好的出的少。

Z：修学校时最多时出多少钱？

M：一百五到二百左右。

Z：现在该上学的孩子到寺里去的多不多？

M：不多，大体就二三十个人。主要在学校。

Z：这些孩子大概多大？

M：12岁以上，以下的在学校里。

Z：到寺里去念经的孩子们经济状况怎么样？

M：家庭情况也不太好。好的也有，不好的也有。

Z：好的为啥到那儿去？

M：家里有两个孩子嘛，一个在学校，一个在寺里。

Z：孩子们念经出来有什么出路啊？

M：伊斯兰都要这个，不念也不行。小学念以后就寺里念，或者是初中高中念，上大学，上师范大学，有钱就是兰州念，临夏也念。没有钱的就在寺里念，念到五年级寺里去，就是念得快得很。

Z：寺里也像学校一样分年级吗？

M：没有。

Z：寺里就是所有那些内容就这样念？

M：娃不去学校念书就罚"延误费"，丫头不念书要一百。

Z：这是谁规定下的？

M：这是村上定下的。

Z：这是什么时候定的？

M：这是从1984年开始。

Z：具体的做了没有？

M:群众都自觉着哩。

Z:有不上去的,你们罚款了没有?

M:没有罚款。

Z:罚款这事由村上决定,还是由村上与学校两家联合起来决定的?

M:我们村上决定,支持学校哎,尕娃不去老师就叫哩。

Z:这个决定是村上想出来的,还是学校想出来的?

M:我们村上。有文化有好处吗,我们自己知道嘛。姑娘不念书交一百。

Z:为啥姑娘要交一百?

M:姑娘多不收,按这里风俗习惯不念书去。

Z:马村长,寺里念书经一般是多少年?

M:寺里念经念得不多。和汉文不像,念经难得很,念个十年哩。

Z:从多少岁到多少岁?

M:八九岁念到十九、二十。

Z:念出来干啥?

M:当个阿訇嘛,与现在的老师一个话。(指就像教师的职业)

Z:阿訇有没有工资啊?

M:没有工资。

Z:那他们为啥要干呀?

M:我们给粮食。

Z:村民给粮食是怎么一种给法?

M:按群众收呗。

Z:按怎么一个规矩?

M:按人头。

Z:一人多少啊?

M:不一定,五六斤,六七斤,多不收。

Z:一年吗?

M:一年,阿訇念经就有这么个好处。

Z:小孩子算不算。

M:家里 5 个人,要给 50 斤粮食,8 个人要给 80 斤粮食。

Z:马村长,为啥有人把孩子送到寺里念经去哩?

M:学费掏不起呗。

Z:马村长,您觉得孩子们到学校来与到清真寺里去矛盾不矛盾?

M:不矛盾。不矛盾。咱们这个地方是 140 户,850 人,都是东乡族,姓妥姓马,解放 50 多年没有矛盾。

Z:我请教一下您,是不是经上说女孩子不要去念书要早早出嫁?

M:现在东乡族是女的 18 ,男 20 。早婚、私婚是非法。

Z：学校到高年级，女娃娃就特别少了。她们都干啥去了？

M：这里的风俗习惯，女孩子不愿意念，在家里坐。（他使用了访谈者的用语"女孩子"）

Z：您作为村长和书记，对咱们村的教育是怎样的看法？

M：……社会主义的小康水平，党的文化好啊，当干部能当，当个工人也能当，开汽车也能开。

Z：咱们村整体的孩子受教育水平怎样？

M：情况不太好是发牢骚，经济来源没有……

Z：现在有哪些不足的地方？

M：尕娃不念，丫头不念。风俗习惯是丫头不念，……学校原来是课凳没有，教育局好几次说过，教师们尕娃们没办法教。尕娃到教室去站，坐的课凳没有。

Z：您对村上以后的教育有什么打算没有？

M：以后学校扩建大，对子孙后代有好处。

本访谈是针对西北少数民族贫困地区的基础教育状况研究进行的。从访谈记录可归纳出访谈问题主要围绕"该乡学校的基本情况""群众对修建学校和清真寺的态度的异同""学校和清真寺在生源上是否有冲突"以及"女童上学问题的困难与原因"。访谈者事先有明确的访谈目标和提纲，尽管将问题分解得较为细小，但是始终有一个主题贯穿其中。多使用封闭型、具体型和清晰型问题，也使用一些开放型问题。但是，访谈内容中也反映出访谈者没有充分考虑被访谈者的问题储备情况和自身文化程度的限制，以致回答往往很简单，甚至没有理解用意而答非所问。不过，从这个不足本身恰好可以揭示当地教育的一些情况。

## 拓展训练 ·····················································

围绕确定的调查选题，针对选取的调查典型及调查个案进行访谈调查，并做好访谈记录。

# 任务 8　运用网络法获取信息

## 任务描述 ·····

　　与其他社会调查方法一样,运用网络法对高校考证情况进行调查,首先必须明确调查的目的,主要是建立高校考证调查的研究假设,界定调查的目标学生人群。在此基础上,确定样本框,设计网络问卷,问卷要制成形式可以为目标学生接受的电子网络问卷。选择适当的网络问卷发布方式,调查前还要做好问卷与网络的测试工作,发放问卷,最后进行数据整理、统计与分析。

## 任务完成 ·····

　　一、任务完成目的与要求

　　了解网络调查法应该如何组织与实施,在实践操作中要求学生学会使用一定的计算机技术和网络技术进行网络调查。在老师的指导下,学生分组来完成运用网络调查法对高校考证情况的调查。

　　二、任务完成步骤

　　1.老师帮助学生确定选题的网络调查内容,并帮助学生制定样本框;

　　2.根据选题与调查内容,老师布置任务,让学生在课下以小组为单位制作电子网络问卷;

　　3.在课堂上对各小组的电子网络问卷进行分析,找出不足并加以修改完善;

　　4.老师布置任务,让学生在课下以小组为单位对各自的电子网络问卷进行测试,进一步完善电子网络问卷;可能的话,还可以让学生分组进行网络测试;

　　5.老师布置任务,让学生在课下以小组为单位把各自的电子网络问卷发放给样本框中的受访者;

　　6.回收资料,并检验其信度与效度;

　　7.利用统计软件包完成对资料的计算与分析;

　　8.在课堂上对各小组的网络调查成果进行总结。

**必备知识** ··········································································

一、 网络法的含义、特点与种类

>>> （一）网络调查的含义

自 20 世纪 90 年代以来,随着现代信息传播技术的发展,新的信息传播媒体不断涌现,其中,发展最快、影响最大的莫过于计算机技术和互联网络媒体。他们的广泛应用给诸多领域带来了巨大的发展机遇,社会调查研究领域也不例外,以计算机技术和互联网络为工具进行的社会调查方式,作为一种新式的研究手段和方法,正在迅速地发展并即将给整个社会调查研究领域带来革命性的变革。现在国内外已经有不少的机构和个人开始采用或辅助采用这种快速、便利和廉价的研究手段来获得资料。这种获取资料的手段,我们称之为网络调查法,作为一种新式的调查方法,它正日益受到人们的重视。

网络调查法又叫电子调查法或在线调查法,是一种以各种基于互联网的技术手段为研究工具,利用网页问卷、电子邮件问卷、网上聊天室、电子公告板、社交网络平台等网络多媒体通信手段来收集调查数据和访谈资料的一种新式调查方法。该方法充分利用了计算机互联网的信息交流与远程交互功能,将网页制作技术、数据库管理技术和远程控制等技术结合于一体,使得研究者能够通过互联网络来收集、管理和处理调查研究的数据和信息,不仅降低了科研的成本,提高了科学研究的效率,同时也增加了调查数据收集的准确性和科学性,有效的降低了传统印刷问卷调查可能出现的各种调查测量误差。

>>> （二）网络调查的特点

互联网作为一种信息沟通渠道,它的特点在于开放性、自由性、平等性、广泛性和直接性等。由于这些特点,网络调查具有传统调查所不可比拟的优势。

1. **网络调查时间短、范围广、速度快、成本低** 首先,网络调查可以突破时间和空间的限制,受访者无论何时、何地,只要在调查期内即可参与调查。其次,网上信息传播速度非常快,如用 e-mail,几分钟就可把问卷发送到各地,问卷的回收也相当快。无论是把问卷直接放在网上,还是发送 e-mail 或网上拦截,都可以迅速把问卷大范围地呈现在被访者面前。问卷的填答虽可能会费些时间,但填答时间由自己支配。填答完毕后,问卷的提交也比较简单,只要点击一下提交键即可。另外,利用统计分析软件,可对调查的结果进行即时统计,整个过程非常迅速,而传统的调查要经过很长一段时间才能得出结论。最后、网络调查可降低成本,主要表现在以下几个方面:一是大样本的问卷调查可以节省印刷、装订、邮资等费用;二是问卷回收可以自动编码从而节约人工成本,三是异地获取资料可以节约差旅费用;四是利用计算机技术进行分析也可节省许多人工成本。根据经验,离线调查每一个样本的投入大概是 120～150 元,所以离线调查者在抽样时,总希望尽可能地减少样本数。当然其前提是所抽取的样本数必须能把调查误差控制在允许范围之内,从而有效地降低采样的成本。网络调查就没有这种顾虑。

**2. 网络调查具有较强的互动性** 基于网络自身的技术特性,网络可以不受时空的限制,24 小时内,天南海北、世界各地不同年龄和性别的人可以同时分享和比较彼此的观点和看法。正是因为网络的这种优势,网络调查也具有较强的互动性的优势。例如,网络问卷可以多媒体方式呈现,图文并茂,吸引受访者;网络调查还具有强大的逻辑跳转功能,可降低受访者的认知负担,减少填写错误;采用电子邮件系统作为调查工具时,如果电子邮件投递失败,邮件服务器系统会立刻回传传递失败的讯息,研究者可以确知问卷传递的状况,进而采取补救措施,等等。正是这些独特的功能,提高了研究者与受访者之间的互动。

**3. 网络调查隐匿性好,可以提高数据质量** 网络调查是对网民的调查,由于互联网具有匿名的特点,在调查一些涉及个人隐私的敏感问题时,网民是在完全自愿的情况下参与调查,对调查的内容往往有一定的兴趣,因此回答问题时更加大胆、坦诚,调查结果可能比传统调查更为客观和真实。也正是因为这个原因,受访者是在没有作答情境的影响下接受调查,可降低社会期待效应,确保受访者提供真实信息。另外,这种在线调查对于开放性问题的调查效果最佳。应该说,网络调查的隐匿性较离线调查高。网络调查的这一特点可使被访者在填答问卷时的心理防御机制降至最低程度,从而保证填答内容的真实性。

当然,网络调查也存在一定的不足。

**1. 调查会产生一定误差** 首先,会存在覆盖误差、抽样误差、测量误差和无应答误差。这种基本调查对象自愿参与的调查结果很难推论到整个目标总体,得到的结果也将与实际情况相差甚远。其次,在网络调查中,调查者问卷设计得不合理往往导致被调查者的错误回答,或被调查者面对调查表不能理解甚至被调查者人为错答,造成调查结果产生偏差或与实际情况完全相反,导致测量误差的产生。再次,网络调查的特殊性和网络技术的复杂性也可能导致被调查者终止或根本不作答,增加了无应答误差。

**2. 调查结果真实性存疑** 网络的开放性、匿名性虽为调查提供了一定的便捷,但被调查者的行为具有很强的隐蔽性,难以避免一人多答或重复提交而影响调查结果。

**3. 网络自身的不安全因素影响调查** 一是调查问卷可能被非法入侵,遭到篡改;二是可能因网络安全或工作人员的操作不当导致数据泄密或数据系统崩溃等。

**4. 对调查者的网络调查技能有更高的要求** 网络调查法要求研究者必须具备比较熟练的网络技术应用能力,能对数据及网络系统进行较好的管理。

### 》》（三）网络调查的种类

由于计算机和网络技术的发展与应用都非常的迅速，网络调查的类型也呈多样化和多变性的特点。这里，我们主要介绍两种。

第一种是基于定性与定量两种研究的网络调查方法。

基于定性研究的网络调查我们姑且称之为网络定性研究，主要包括在线焦点团体、自然在线论坛、在线个案研究，等等。相对于定量网络调查，目前网络定性调查的应用还比较少。我们主要来看基于定量研究的网络调查，这种网络调查我们也姑且称之为网络定量研究，主要包括电子邮件、网页调查和可下载调查三种方法。

**1.电子邮件调查**　电子邮件调查是指将调查问卷作为电子邮件的组成部分的一种调查方法，数据回收一般也采用电子邮件来完成。由于问卷生成的工具不同，又分为文本式的电子邮件调查、电子邮件软件调查和附件式电子邮件调查。目前，使用比较多的是电子邮件软件调查。

**2.网页调查**　网页调查即问卷以网页作为载体的网上调查形式。根据问卷格式和生成系统不同又可分为纯文本格式网页调查、固定表格式互动网页调查和定制互动式网页调查。

**3.可下载的调查问卷**　可下载的调查问卷一般是指被访者下载调查文件，用事先已经安装在自己计算机上的软件打开。运行时会生成一个数据文件，当电脑下一次联网时，数据文件就会上传，完成数据回收。

第二种是基于其他社会调查方式的网络调查，可分为网上问卷调查法、网上讨论法、网上实验法和网上观察法等。

**1.网上问卷调查法**　网上问卷调查法是在网上发布问卷，被调查对象通过网络填写问卷，完成调查。根据所采用的技术，网上问卷调查一般有两种。一种是站点法，即将问卷放在网络站点上，由访问者自愿填写。另一种是用 e-mail 将问卷发送给被调查者，被调查者收到问卷后，填写问卷，点击"提交"，问卷答案则回到指定的邮箱。被调查者在填写问卷时甚至不用上网，他们可以将电子邮件下载下来，在发送结果时上线提交即可。电子邮件调查有局限性：问卷的交互性很差，并且数据的处理会很麻烦，每份问卷的答案都是以邮件形式发回，必须重新导入数据库进行处理。这种网上问卷调查法是最常用的方法，它比较客观、直接，但不能对某些问题作深入的调查和分析。

**2.网上讨论法**　网上讨论法可通过多种途径实现，如论坛、ICQ、newsgroup、网络实时交谈（IRC）、网络会议（Netmeeting）等。主持人在相应的讨论组中发布调查项目，请被调查者参与讨论，发布各自观点和意见。或是将分散在不同地域的被调查者通过互联网视讯会议功能虚拟地组织起来，在主持人的引导下进行讨论。网上讨论法是小组讨论法在互联网上的应用。它的结果需要主持人加以总结和分析，对信息收集和数据处理的模式设计要求很高，难度较大。

**3.网上观察法**　它是对网站的访问情况和网民的网上行为进行观察和监测。大量网站都在做这种网上监测。很多可供免费下载的软件,事实上也在做网上行为监测。使用这种方法最具代表性的是法国的 NetValue 公司,它的重点是监测网络用户的网上行为,号称为"基于互联网用户的全景测量"。它调查的主要特点是首先通过大量的"计算机辅助电话调查(CATI)"获得用户的基本人口统计资料,然后从中抽出样本,招募自愿受试者,下载软件到用户的电脑中,由此记录被试者的全部网上行为。NetValue 的独特之处在于:一方面,一般的网上观察是基于网站的,通过网站的计数器来了解访问量停留时间等,而 NetValue 的测量则是基于用户的,可以全面了解网站和用户的情况;另一方面,NetValue 的调查是目前世界上唯一基于 TCP/IP 进行的,即它不仅记录了用户访问的网站,而且还记录了网民的上传和下载软件、收发电子邮件等全部网上行为,因此称为"全景测量"。

## 二、 网络调查的组织实施与技术、技巧

### 》》 (一)组织与实施的基本流程

要想实施一次有效的社会调查研究活动,研究者事先必须作出对整个调查流程的整体设计和规划,详细计划每一个环节。网络调查也一样,当运用该方法来搜集信息时,必须事先设计出这样一个流程来指导我们如何去组织与实施。

按照台湾学者陈佳玲的观点,社会调查从决定使用互联网作为调查工具开始到最后的资料收集及分析,其完整的过程应该包括以下基本环节:研究目的的设定、电子问卷的建构、决定使用何种形式发送问卷、问卷的前测与网络测试,以及最后的问卷资料回收并加以分析。分别如下:

(1)调查研究目的的设定:与信函调查一样,网络调查开始之前的第一步就是要定义研究范围、找寻相关理论、发展研究模式、建立研究假设。

(2)网络问卷的设计:先使用一般的文字编辑软件做出一份完整的问卷内容,然后决定使用哪种网络形式作为调查工具,将问卷制作成形式可以接受的电子网络问卷。

(3)确定样本框:确定问卷调查的主题后,才能够定义正确的样本框,调查主题和样本框架间的搭配必须相互匹配,才能获得较正确的调查结果与推论。

(4)选择发送问卷的形式:目前实际上经常被使用的计算机网络调查形式有下列四种:电子邮件系统、网络论坛、电子布告栏系统(BBS)、全球信息网。通常,如果要使用电子邮件系统进行问卷调查,那么,就要求研究者事先获得调查对象的电子邮件列表;若调查议题与特定群体相关,那么则可以使用该群体的网络论坛来发布;对于电子布告栏(BBS)则通常适用具备打字能力且知道如何使用电子布告栏的样本框;透过全球信息网进行问卷调查,则需要受访者事先了解如何使用全球信息网资源,并且熟悉计算机的使用,可能用到打字技巧或是使用鼠标完成问卷。总之,每种调查形式都必须选择适当的网络问卷发布方式,才能够达到适当的调查结果。

（5）问卷的前测与网络测试：问卷的前测，即用来测试问卷中是否有研究者未发现的问题，或是问题答项中有研究者所未考虑到的部分。这种问卷测试通常与信函问卷基本相同，包括认知测试和实际测试等。另外，对于那些规模比较大的调查来说，网络调查系统的访问负荷测试通常也是不可缺少的步骤。系统必须能够负荷大量的受测者同时上线，且保证网络的顺畅，这样才能使受测者进行问卷调查时快速且顺利。

（6）正式问卷调查：当上述一切准备动作就绪后，就能开始正式问卷调查，将问卷发放给样本框中的所有受访者。

（7）适时发送催复函：传统的邮寄问卷调查进行催收动作不方便，且成本较高；而网络调查形式则可利用电子邮件等方式来进行回收，不但便利而且成本低廉，研究者可根据调查时间或问卷回收情况设定催收次数。

（8）数据整理：调查数据、资料的回收及资料完整与否的检查，研究者可以利用相关的程序来完成。

（9）信度和效度检查：对于某些类型的调查来说，问卷回收后要进行信度与效度的检验，判断问卷结果的可信度与外推效度。

（10）资料的统计与分析：研究者可以利用各种统计软件来进行计算与分析。

（11）提出研究结论：提出问卷调查的结果，并撰写完整的研究报告。

## ≫（二）实施过程中的技巧与技术

网络调查在实施过程中不仅需要掌握一定的技巧，还需要具备一定的计算机技术和网络技术，下面将从问卷测试、发放和催复等环节讨论一下这个问题。

**1. 问卷的测试**　网络问卷测试两个方面的内容，一是问题形式与问题内容的测试，这与问卷调查法一致，不作详述；二是技术方面的测试，大家重点了解一下：

由于在网络调查可能存在众多难以预料的软、硬件兼容问题，故在网络问卷调查中，预先的问卷测试工作就弥显其重要性。研究者应事先对设计出的网络问卷进行广泛测试和认真修订，尽量杜绝各种技术性问题对调查研究可能造成的负面影响。

通常在网络问卷测试过程中，主要包括以下测试内容：

首先在不同的计算机操作系统上对问卷进行兼容性测试。例如 Windows 操作系统和 Mac 操作系统，以及各种不同的软硬件设置条件下的使用情况。

在不同厂商和版本的网络浏览器上进行测试。例如 IE 和 Firefox 的不同版本之间可能存在的性能差异。

在不同的网络连接速率下进行测试。在不同的网络接入速度条件下，即使是同一名调查对象在填写同一份问卷时都会产生各不相同的体检。当问卷在用较慢的调制解调器连接时尤甚。

认真检查问卷中的跳答题设置是否准确无误。尤其当跳答题设置于不同的页面时，跳答题的检查就更加重要。因为只要稍不留意，就有可能将问题之间的逻辑关系设错。这将可能在调查中产生灾难性的后果，因为对象可能会因被错位的跳答迷惑而放弃填写。

在收到第一封返回的问卷时,应再次检查问卷是否还有错误。

通过认真、严谨的问卷测试,研究者不仅可以及时发现网络调查设计中存在的各种问题,同时也可以估算出反馈率和中途退出率。这些对于避免发生一些可能导致整个调查失败的错误,将起着至关重要。

**2. 电子邮件邀请函的发送方式**　目前网络调查中,利用事先所搜索到的受访者电子邮件来发送网络问卷是一种常用的方式。这种方法具有成本低、速度快和能够有效跟踪问卷填写情况等优点。但研究者需要注意的是,当调查对象数量较多时,例如样本超过数千名时,如果同时而不是分批发送邀请函,那么问卷所在的网络服务器很有可能会因大量受访者在同一时间内登录而速度变慢或出现技术故障,这将会对反馈率产生致命的影响。为什么会发生这种情况呢? 因为许多研究都表明,由于网络通信方式快捷性的影响,无论受访者身处何地,只要其收到电子邮件邀请函且愿意参与,那么,其反馈将非常迅速。通常,调查对象在收到电子邮件邀请函后,要么在很快的时间内反馈,要么就根本不反馈。若网络服务器因过多的用户登录而无法及时处理时,表现在调查对象方面,则可能无法看到调查问卷。在这种情况下,就很可能导致反馈率的下降。因此,分批发送电子邀请函,将有利于分流受访者登录网络调查系统的时间,保证服务器的顺利运行。

**3. 允许受访者随时报告错误**　在网络调查中,调查对象多少会遇到一些研究者事先无法预料的问题,例如无法使用密码登录问卷等。在这种情况下,设置一项专门电子邮件或免费电话的“咨询服务”,将对解决这类问题起到非常重要的作用。以往的研究表明,与常规信函相比,网络问卷调查所要处理的帮助电子邮件或电话工作量要大得多。若研究者不提供此项服务的话,许多调查对象则很有可能因这些问题无法参加或退出调查。

**4. 调查开始之后同样也可根据情况对问卷进行修改**　在网络正式启动后,若出现下列两种情况,研究者则应进行相应的修改:

第一,当问卷出现某种程序方面的错误时。例如,跳答题设置错误或某个问题答案的数据检验规则错误。这时尽管修改问卷是一项非常令人不快的情况,但研究者必须快刀斩乱麻,尽快改正错误。否则将会对调查的顺利进行及数据质量产生重大影响。当然若问题相对无关紧要的话,则无需修改。不过在修改时,应事先与相关的技术专家充分咨询,以防止出现问卷内容与数据库表单格式出现差异而导致数据无法保存。

第二,在一些特殊情况下,对某些调查对象填写的数据进行修改。例如,由于调查软件本身的程序错误或研究者的疏忽而向研究对象发送了错误的密码,进而导致调查对象无法利用此密码登录问卷时;或者在屏幕甄别问答过程中,调查对象由于不小心按错按钮而被拒之于问卷之外时。在这种情况下,研究对象则应进行相应的程序修改以使调查对象能够重新参加问卷填写。

5. **应确保研究者及有关人员随时能够了解研究进展**　在网络调查中,由于涉及大量技术性因素,因此通常情况下,问卷的设计、编制、发送或实施等环节通常是由一些技术人员而非研究者一个人操作,研究者一般仅对整个调查的流程进行监督和控制。但即使在这种情况下,当正式调查开始之后,如果研究者想要测试一个调查对象提出的问题,或调查的资助者也想试填问卷以检验其实际效果时,就应预先准备一套测试密码,让他们能够随时登录问卷了解调查的进展情况。另外,研究者也可以通过这种方式来实时监控受访者的反馈情况,如开放题中的内容,若出现问题,可直接与之沟通。这一点也正是网络调查与传统信函调查不同之处,研究者应充分利用。

6. **应利用跟踪催复法进行提醒和督促**　如果可能的话,研究者应尽可能利用电子邮件来督促未完整填写问卷的对象前来补充填写。虽然中途退出填写的原因多种多样,但其中有一些可能是由于调查之外的事情而中断填写,并准备以后再填写。在这种情况下,如果研究者及时向他们发出提醒信,那么就对提高整个调查的反馈率产生一定的作用。不过,要想做到这一点,就必须具备两个条件:一是问卷本身具备续填功能;二是研究者应在整个调查限期之内,经常检查调查数据库,及时发现残缺问卷,辨别对象身份并向之发出提醒信。

## 三、　网络调查的注意事项

### ≫（一）网络调查中的误差问题

网络调查中的第一个误差来源是抽样误差,这是因为网络调查无法对样本的代表性和样本的范围进行控制;第二是覆盖误差,这是因为互联网虽然有了一定程度的普及,但还未到完全普及的程度,并且上网的网民也存在很大的性别差异、地域差异、族群差异,等等。当研究课题的对象涉及多个社会群体时,如何有效地选择样本非常困难;第三是无应答误差,当调查对象遇到操作和技术方面的障碍或由于计算机硬件或软件方面的兼容问题都会导致受访者或中途放弃,或无法提交网络问卷,或提供不准确的反馈。三个方面的综合作用,网络调查的信度就会受到严重影响。

### ≫（二）网络调查中的安全性问题

目前计算机网络系统安全在技术上包括访问控制、防火墙、防病毒、加密和入侵检测系统等。调查网站要防止黑客的恶意攻击、窃取和破坏调查结果,就必须采取一定的安全防范措施。通常的做法是,首先设置网络安全扫描软件,通过测试机来提前发现计算机上存在的网络安全漏洞;然后安装防火墙,它是近期发展起来的一种保护计算机网络安全的技术性措施,是一个用以阻止网络中的黑客访问的某个机构的网络屏障,在网络边界上通过建立起来的相应网络通信监控系统来隔离内部和外部网络,以阻止外来网络的侵入。但随着网络技术应用的发展及攻击者技术的日益提高,单纯的防火墙已不能满足安全需求,因为它无法处理合法用户的非法行为问题,便需要采用多方位,多手段来保证网络安全,其中入侵检测系统(IDS)发挥着越来越大的作用,IDS系统通过检查网络用户的行为,从中识别出是否有非法行为,通过安装网络监视机,可实时阻断正在进行的网络攻击,记录黑客事件。这样,通过层层保护,才能使调查网站安全地进行统计调查。

### ≫（三）网络调查中的规范性问题

在网络调查中,调查者与被调查者两者的关系依托于网络系统,双方在整个调查活动中应有什么样的权利和义务,如何保证双方在调查中待遇上的"对等"原则等,这些在目前网络调查中还是十分混乱和模糊的。

### ≫（四）网络调查信息服务的问题

一般调查部门利用网站进行网络调查获得的调查信息应遵循何种原则对外公布,并对其所公布的信息真伪或质量的好坏负有怎样的责任,还有对其所公布信息的所有权、使用权、解释权的归属问题,仍是比较模糊的。

## 操作示例 ····································································

**第四次中国互联网络品牌认知、消费行为及满意度调查**

欢迎参加第四次中国互联网络品牌认知、消费行为及满意度调查。

本次调查主要从网民的角度看品牌,通过您主动填答对品牌的认知和感受,从而解析相关互联网企业品牌发展状况。

本次调查主要选择了与网民日常上网行为密切相关的十大行业:网络视频、网络购物、财经网站、汽车网站、房产网站、无线互联、安全防护、网络社区、浏览器、网络游戏。

Q1.最近半年内,请问您主要通过哪些渠道获取信息?【多选】

□书籍、杂志

□报纸

□广播

□互联网

□无线互联网(移动互联网)

□流动媒体(广场大屏幕、车载电视、楼宇电视等)

□电视

□其他

Q2.最近半年内,请问您主要通过以下渠道获取哪些信息?【可多选,不限数量】

| | 新闻资讯 | 商品服务信息 | 财经信息 | 汽车资讯 | 房产信息 | 交友信息 |
|---|---|---|---|---|---|---|
| 电视 | | | | | | |
| 报纸 | | | | | | |
| 互联网 | | | | | | |
| 无线互联网 | | | | | | |

Q3. 请问您对以下渠道发布的信息满意程度如何? 7 分为非常满意,1 分为非常不满意。【行单选】

| | 7 非常满意 | 6 | 5 | 4 | 3 | 2 | 1 非常不满意 |
|---|---|---|---|---|---|---|---|
| 电视 | | | | | | | |
| 报纸 | | | | | | | |
| 互联网 | | | | | | | |
| 无线互联网 | | | | | | | |

Q4. 您对在以下渠道投放广告的企业印象是怎样的?【可多选】

| | 电视 | 报纸 | 互联网 | 无线互联网 |
|---|---|---|---|---|
| 权威 | | | | |
| 有实力 | | | | |
| 前景光明 | | | | |
| 年轻、有活力 | | | | |
| 知名度高 | | | | |
| 值得信赖 | | | | |
| 传统 | | | | |
| 守旧 | | | | |
| 新牌子 | | | | |
| 老牌子 | | | | |
| 大品牌 | | | | |
| 时尚 | | | | |
| 引领潮流 | | | | |
| 技术含量高 | | | | |
| 发展速度快 | | | | |

续表

|  | 电　视 | 报　纸 | 互联网 | 无线互联网 |
|---|---|---|---|---|
| 高档 |  |  |  |  |
| 国际化 |  |  |  |  |
| 小品牌 |  |  |  |  |
| 富于创新精神 |  |  |  |  |
| 有亲和力 |  |  |  |  |
| 其他 |  |  |  |  |

Q5. 请问下列 SNS 社区,最近半年您访问过哪些?【多选】

□开心网(kaixin001)　　　　　□驴友录

□搜狐白社会　　　　　　　　□蚂蚁网

□占座网　　　　　　　　　　□QQ 空间

□千橡开心网(kaixin)　　　　□百度空间

□忆网　　　　　　　　　　　□关系网

□淘宝淘江湖　　　　　　　　□宅啦网

□泡泡营　　　　　　　　　　□久久圈

□51.com　　　　　　　　　　□其他,请注明

□360 圈　　　　　　　　　　□没有访问过

□豆瓣　　　　　　　　　　　□五季网络

□人人网(校内网)

Q6. 请问下列无线互联网站,最近半年您都访问过哪些?【多选】

□宜搜　　　　　　　　　　　□手机新浪

□爱帮网　　　　　　　　　　□手机谷歌

□当乐网　　　　　　　　　　□手机凤凰网

□互动视界　　　　　　　　　□手机搜狐

□3GMSN　　　　　　　　　　□手机百度

□捉鱼网　　　　　　　　　　□TOM 无线

□易查　　　　　　　　　　　□手机开心网

□3G 门户　　　　　　　　　　□手机人人网

□3G 泡泡　　　　　　　　　　□手机腾讯

□乐讯网　　　　　　　　　　□手机网易

□空中网　　　　　　　　　　□其他,请注明

□优视科技　　　　　　　　　□没有访问过

Q7. 请问下列网络游戏,最近半年您玩过哪些?【多选】

☐ 热血三国          ☐ 烽火战国          ☐ 魔力学堂
☐ 商业大亨 01        ☐ 仙域             ☐ 地下城与勇士
☐ 武林英雄          ☐ 天书奇谈          ☐ 魔兽世界
☐ 梦幻西游          ☐ 丝路英雄          ☐ qq 炫舞
☐ 名将三国          ☐ 弹弹堂           ☐ 摩尔庄园
☐ 完美世界前传       ☐ 永恒之塔          ☐ 冒险岛
☐ qq 飞车          ☐ 跑跑卡丁车         ☐ 武林外传
☐ 传奇             ☐ 反恐精英 01        ☐ 开心
☐ 天下 2           ☐ 热血江湖          ☐ 问道
☐ 魔域             ☐ 诛仙             ☐ 天龙八部
☐ 梦幻诛仙          ☐ 神鬼传奇          ☐ 劲舞团
☐ 仙剑情缘 3        ☐ 诛仙 2           ☐ qq 堂
☐ 街头篮球          ☐ 剑侠情缘 3        ☐ 征途
☐ 传奇世界          ☐ qq 三国          ☐ 绿色征途
☐ 泡泡堂           ☐ qq 音速          ☐ 蜀门
☐ 穿越火线          ☐ 其他,请注明       ☐ 没有玩过

Q8. 请问下列手机网游,最近半年内您玩过哪些?【多选】

☐ 天劫 On Line              ☐ 封神 On Line
☐ 天问                     ☐ 帝国 On Line
☐ 赤壁 On Line              ☐ 契约 On Line
☐ 霸王 2 On line            ☐ 火焰 VS
☐ 侠义 On Line              ☐ 诛神
☐ 飞天                     ☐ 明珠三国
☐ 魔力世纪  再战江湖          ☐ 明珠幻想
☐ 棒棒堂                    ☐ 星战 On Line
☐ 灵兽世界 On Line           ☐ 乱世 On Line
☐ 女儿国                    ☐ 九州
☐ 其他,请注明                ☐ 没有玩过

Q9. 请问下列浏览器,最近半年内您使用过哪些?【多选】

☐ 火狐(Firefox)             ☐ 傲游(Maxthon)
☐ 世界之窗(Theworld)        ☐ 搜狗浏览器
☐ 微软 IE                   ☐ 谷歌(Chrome)
☐ 腾讯 TT                   ☐ 360 安全浏览器
☐ 苹果(safari)              ☐ GreenBrowser(绿色浏览器)
☐ MyIE                      ☐ Opera
☐ Avant Browser             ☐ 闪游浏览器(SaaYaa Explorer)

☐其他,请注明　　　　　　　　　　☐没有使用过

Q10.请问下列安全防护软件品牌,最近半年内您使用过哪些?【多选】

☐金山　　　　　　　　　　　　　☐江民

☐AVG Anti-Virus　　　　　　　　☐McAfee(麦咖啡)

☐奇虎360　　　　　　　　　　　☐Norton(诺顿)

☐卡巴斯基　　　　　　　　　　　☐瑞星

☐微点　　　　　　　　　　　　　☐AntiVir 小红伞

☐BitDefender　　　　　　　　　　☐安博士

☐PC-cillin　　　　　　　　　　　☐ESET Nod32

☐其他,请注明　　　　　　　　　　☐没有使用过

## 拓展训练

请同学们下载微软公司 office 办公套件中的 FrontPage 网页编辑软件,参考 Front-Page 的帮助文件来了解其基本操作方法,根据确定的选题,设计问卷内容并按照网络问卷设计原则和方法来编制一份网络问卷,发布于互联网上并进行测试。尝试利用网络对选题进行信息收集。

# 任务 9　运用观察法获取信息

## 任务描述

与其他社会调查方法一样,运用观察法对高校考证情况进行调查,首先必须明确调查的目的,在此基础上,确定观察的内容,再根据观察内容制定观察方案。接下来,选择观察地点,对观察对象实施观察并做好访谈记录。最后,对观察的结果作进一步的整理和分析。

## 任务完成

一、任务完成目的与要求

了解观察法的含义与特点,理解不同观察法之间的区别和联系,使学生基本上能掌握观察法的实施方案。

二、任务完成步骤

1.老师结合设置的项目在课堂上向学生演示观察法实施的步骤。

2.老师布置任务,让学生在课下以小组为单位,围绕选定的调查课题设计好观察法研究方案。

3.在课堂上教师对小组完成的较有代表性的作业进行分析,找出其中的优点和不足并加以修改完善。

## 必备知识

### 一、 观察法的含义与特点

#### ≫（一）观察法的含义

观察法是指调查者到现场凭自己的视觉、听觉或借助摄、录像器材,直接或间接观察和记录正在发生的社会现象或状况,以获取有关信息的一种实地调查法。这种方法主要应用于搜集原始资料。

#### ≫（二）观察法的特点

1.**客观性**　指观察所获得的现象和过程能如实地反映客观事实,正所谓"眼见为实"。

2.**能动性**　观察是研究者根据需要有目的、有意识地进行的一种活动,因而是自觉的,不是盲目的;是主动的,不是被动的。在观察中,既要按原计划进行,又要根据情况的变化对计划作适当的调整,充分发挥观察者的主观能动性。

3.**选择性**　科学观察要求观察者善于把自己注意力有选择地集中在某一观察对象上,尽量排除外界无关刺激的影响。因此,观察只有在典型的时间、地点、条件下,从大量客观事实中选择典型的观察对象进行观察,才能获得预期的观察效果。

#### ≫（三）科学观察与日常观察的区别

科学的观察法源于日常观察,又高于日常观察。在自然条件下感知观察对象是科学观察与自然观察在方法应用上共同之处。但科学观察法与日观察法存在以上几点不同之处,如表9-1所示。

表9-1　科学观察法与日常观察法比较

| 科学观察法 | 日常观察法 |
| --- | --- |
| 有目的、有计划 | 没目的、自发进行 |
| 选择特定观察对象 | 不选择观察对象 |
| 要作严格详细的观察纪录 | 不要求作严格详细的观察纪录 |

## 二、 观察法的种类

### 》》（一）自然观察法和实验观察法

根据观察数据是在自然条件下取得还是在人为干预和控制条件下取得,可分为自然观察法和实验观察法。狭义的观察法是指自然观察法。

**1. 自然观察法** 所要求的环境在自然状态下,作为研究者对观察对象不施加任何控制变量。可以看出运用自然观察法,观察者能收集到客观真实的材料,但这些材料往往是观察对象的外部行为表现。

优点:自然观察法能搜集到研究对象在日常生活中的真实、典型的行为表现。

不足:研究者处于被动,难以揭示那些较少在自然状态下表现出来的心理特点。

**2. 实验观察法** 是在人工控制的环境中进行系统观察的方法。特点是要求对被观察者行为表现的一个或更多的因素进行控制,从而发现这些影响因素与被观察者的行为表现之间是否存在因果关系。

1954 年,加拿大一所大学的心理学家进行了一个实验:给被试者戴上半透明的护目镜,使其难以产生视觉;用一装置发出的单调声音限制其听觉;手臂戴上纸筒套袖和手套,腿脚用夹板固定,限制其触觉。让被试单独待在实验室里,观察反映变化。几小时后开始感到恐慌,进而产生幻觉,在实验室连续待了三四天后,被试者会产生许多病理心理现象:出现错觉、注意力涣散、思维迟钝、紧张、焦虑、恐惧等,实验后需数日方能恢复正常。这就是有名的"感觉剥夺"实验。这个实验采用的就是实验观察法,对被试实验视觉、听觉、触觉施加控制因素,然后观察被试的反应变化。

优点:实验观察能使研究者获得更全面、更精确、更深入的事实和资料。

不足:要求较高,难度较大。

### 》》（二）参与观察和非参与观察

根据观察者是否直接参与到被观察者所从事的活动中可分为参与观察和非参与观察。

**1. 参与观察** 观察者直接参与到被观察者的实际环境中,并通过与被观察者的共同活动从内部进行观察。此外,参与观察法还包括一种特殊的方式,即隐蔽参与观察法——观察者参加到活动之中,但不暴露自己的身份,其目的是不影响被观察者的行为表现,如以员工的角色进入一个团队中观察团队成员的行为。

参与观察常用于搜集较为完整并且具有深度的资料,目的在于对研究现象发生、发展的真实情况有较全面的直接的了解和较深入的理解。

适用条件:

(1)观察者自身条件。观察者有较充足的时间,能够和观察对象建立和谐关系,能客观、中立地记录信息,掌握一定的观察技巧。

(2)观察对象条件。观察对象是开放的还是封闭的,与观察者的差异程度。

优点:

(1)研究者在开始研究前不必使用特定的假设;

(2)能较深入地了解观察活动,并及时发现新的研究信息;

(3)可以搜集到观察对象动态的活动资料。

不足:

(1)研究费时费力;

(2)搜集的资料琐碎,不容易系统化;

(3)研究的信度不高;

(4)研究推论的范围有限;

(5)研究对观察者的素质和技巧要求较高。

**2.非参与观察** 观察者不参加被观察者的任何活动,从外部作为旁观者进行观察。它又分为两种情况,其一是自然状态下的非参与性观察,如研究者找借口每天花一个小时时间到教师办公室,观察教师与学生交互作用的行为,通过搜集到的观察事实资料的分析,比较教师与教师期望高的学生以及教师与教师期望低的学生之间是否存在不同的师生关系。其二是实验情景下的非参与性观察,如研究者设置一个教育教学活动的场面,借助隐蔽的录音录像、单向隐视系统对学生的行为表现进行观察。

优点:非参与性观察不影响被观察者的正常活动,使观察对象的活动真实、自然,搜集资料客观,从而提高观察结论的可靠性。

不足:观察者没有亲身体验活动,故具有内在价值的材料不容易获得。

### ≫≫(三)非结构性观察和结构性观察

根据观察是否有统一设计的、有一定结构的观察项目和要求可分为非结构性观察和结构性观察。

**1.非结构性观察** 非结构性观察指观察者只有一个总的观察目的和要求,或一个大致的观察内容和范围,但没有详细的观察项目和指标,亦无具体的记录表格,因而在实际的观察活动中常常是根据当时的具体情况而有选择地进行观察。非结构性观察根据是否参与到被观察者中又分为以下两种:

非结构无参与观察的内容,主要有对情景环境、对人物、对事物的动因、对社会行为、对出现频率和次数等的观察。

非结构参与观察是一种比较机动灵活的观察方法。这种方法的最大特点是不会引起被观察者的心理障碍,观察者完全掩饰了自己"研究者"的真实身份,作为"局内人"可以最大限度地获得真实的资料。

优点:非结构性观察比较灵活,适应性强,而且简便易行。

不足:观察所获资料较零散,难以进行定量和比较严格的对比研究,且获得的资料具有片面性。

**2. 结构性观察**　结构性观察指观察者事先设计好观察的内容和项目,制定出有关观察表格,并在实际观察活动中严格按照其进行观察记录。结构性观察内容大概有三个方面:物质表征、动作行为、态度行为。

优点:一般而言,结构性观察能获得大量确定和详实的观察资料,并可对观察资料进行定量分析和对比研究。

不足:缺乏弹性,比较费时。

### ≫（四）直接观察法和间接观察法

根据观察是否借助仪器分为直接观察法和间接观察法。

**1. 直接观察法**　凭借研究者的眼、耳等感觉器官去感知对象,从而获得感性材料的方法。如通过参观、参加活动等去获得对观察对象的感性材料。

优点:①身临其境、感受真切,观察者能得到直观、具体、生动的印象;②容易形成对事物的有机整体性认识。

不足:①观察者各自的气质、自身条件不同, 各人感受也不一样;②受人体自然器官的限制,有一些现象无法观察到,被观察现象不能被完整地保存下来,甚至会产生错觉;③有时,直接观察如随堂听课活动本身会影响观察对象的活动,从而影响到搜集到事实资料的客观真实性。

**2. 间接观察法**　借助科学仪器间接地感知观察对象,从而获得感性材料的方法。如通过仪器记录的照片、录音、录像等资料,去获得感性材料的方法。

优点:①克服人类感官的局限性,使获得的感性材料更加全面、精确;②做到观察者的观察活动本身不影响被观察者的活动。

不足:①观察者缺乏身临其境的感觉,观察获得的资料欠生动、直观;②操作比直接观察法麻烦。

### ≫（五）持续观察、取样观察和评价观察

根据观察内容是否连续完整以及观察记录的方式可分为持续观察、取样观察和评价观察。

持续观察:详细观察和记录观察对象连续、完整的心理活动和行为表现。

取样观察:研究者根据一定的标准选取被观察对象的某些心理活动和行为表现进行观察或者在特定的时间内进行观察来搜集研究资料。

评价观察:按照事先制定好的评价量表,对被观察对象的心理活动和行为表现进行观察并作出判断。

### ≫（六）时间取样观察法和事件取样观察法

按照对所要观察的对象及其行为表现的不同,取样方式可分为时间取样观察法和

事件取样观察法。

要对研究对象有全面的了解,最理想的办法当然是观察他们的全部行为表现。但是由于时间、人力、财力等方面的条件限制,研究者一般还做不到这一点。于是就只能采用取样观察法,即选取一部分有代表性的事件或行为作为研究对象。取样观察法一般可分为时间取样观察法和事件取样观察法。

**1. 时间取样观察法**   指研究者根据事先确定的观察的维度,有选择地在某些时间段内观察某一特定行为,并把观察的结果记录在事先拟定的记录表上。具体来说要观察记录如下内容:

(1)某一行为或事件是否出现或发生?

(2)该行为或事件出现或发生的频率是多少?

(3)该行为或事件出现或发生的持续时间有多长?

从这里可以看出时间取样观察法的记录不是叙述性的,而是数点数的即频率数。运用时间取样观察法有下列前提与要求:

(1)适用于经常发生的行为,频度较高,一般每15分钟不低于1次;

(2)适用于观察外显行为,不宜观察内在行为。如研究思维方式就无法用直观的办法看到,也就不能用时间取样观察法;

(3)观察者要确定观察目的、观察对象、观察的范围和时间,包括观察记录的格式;

(4)观察者对所要观察的行为或事件给予明确的操作定义。

优点:

(1)观察目的明确具体;

(2)短期内获得大量的数据;

(3)能获得量化的数据,进行各种统计分析;

(4)研究结果可推论性强;

(5)省时省力。

不足:

(1)研究者需要具有一定的理论基础,并且对所观察的内容非常熟悉;

(2)难以获得有关行为发生情景的信息;

(3)难以揭示行为的相互关系、作用及因果关系。

**2. 事件取样观察法**   事件取样法也要求观察者事先确定所要观察的特定的事件或行为,然后观察记录该事件或行为发生的情况。观察者从观察对象多种多样的行为中选出有代表性的行为进行观察,在自然状态下,等待所要观察的行为出现,然后记录这一行为的全貌,包括行为发生的背景、发生的原因、行为的变化、行为的终止与结果等。与时间取样观察法不同,事件取样观察法不存在遵守时间问题,着重于行为的特点、性质,而前者着重于行为是否存在,要严格遵守规定的时间。

事件取样观察法的典型案例是戴维对学前儿童的争吵行为的研究分析。他于1931年10月19日至1932年2月18日对保育学校2～5岁的40名幼儿(其中男孩21

名,女孩 19 名),在游戏中自发发生的争吵事件进行了观察,他在事前设计了观察记录表见,主要记录以下六种内容:(1)争吵持续时间;(2)争吵发生背景(起因是争玩具,还是争领导权等);(3)参与者的角色(争吵爆发者、主要侵犯者、报复、反抗、被动接受等);(4)争执特殊语言、动作;(5)结果(被迫让步、自愿让步、和解、旁观儿童干预解决);(6)后果(高高兴兴、愤恨、不满)。共花了 58.75 小时,观察记录了 200 个案例。

采用事件取样观察法的要求与时间取样法的要求类似,如给操作内容下定义进行严格界定、编制记录表格等。

运用事件取样观察法有下列前提与要求:

(1)确定要观察的事件和或行为并下操作定义;

(2)确定观察的时间和地点;

(3)确定所要记录的信息;

(4)设计观察记录表和代码系统,并尽量使之简便易行。

优点:将行为和行为发生的情景结合起来,便于研究者进行因果分析。

不足:资料不容易进行定量分析。

**3. 二者的区别**

(1)时间取样观察考察的单位是时间区间,而事件取样法考察的单位是事件或行为本身;

(2)事件取样观察策略不受事件或行为发生的频率的限制;

(3)事件取样策略和时间取样观察策略所获得的结果是不同的,时间取样观察研究的是事件或行为是否存在,而事件取样观察研究的是事件或行为的特征;

(4)时间取样观察策略更适合专业研究人员使用,而事件取样观察策略更适合于教师使用。

## 三、 观察法的实施步骤

观察法的设计的一般程序

第一步:确定观察目的、必要性与可行性

**1. 确定观察的目的**　实质上是提出某种假设,观察者试图通过观察来验证这种假设。提出假设通常会带有某种倾向,既观察者倾向于认为"事物是怎样的""事物是如何发展的"或"某个事物是会引起某种结果的"。"认为"这种倾向可能是来自以往的经验,可能是来自他人的理论。但是,这种倾向性不应该影响到观察的客观性。假设是有待证明的,只要观察能够客观、准确地进行,观察之后就能够客观地分析观察的结果。在个别情况下,观察者确实对于某种社会现象没有倾向性,不知道事物是怎样的,或不知道事物是怎样发展的。在这种情况下,观察者就需要作出"相关假设",即假设"社会现象和是有联系的",虽然这种联系是什么暂时还不知道。

**2. 确定观察的必要性**　就是要说明这种观察有助于解决哪些理论问题或有助于

解决哪些实际问题。通常需要说明,设计中的观察对于观察者验证其所提出的假设是必要的,是无法用其他研究方法加以验证的。

**3. 确定观察的可行性**　就是要说明这种观察需要哪些条件,自己是否具备这些条件。如果观察需要出入某些特殊的场所,或需要持有某些特殊的证件,或需要具备某些特殊的身份,或需要具备某些特殊的观察仪器,而观察者尚未具备这些条件,那么设计中的观察就是不可行的。

第二步:确定观察的项目(内容)

确定观察的项目,就是确定观察中要了解哪些具体内容或具体社会现象。观察者要根据观察的假设来设计观察项目,哪些具体社会现象能够对于证明或否定理论假设有帮助,就观察哪些社会现象。对于观察项目的设计,应该做到以下几项基本要求:第一,逻辑清楚,即观察项目与观察目的之间存在着明确的逻辑关系;第二,层次分明,即应该分层次将各个观察项目进行一定程度的分解,使观察内容细化,便于实施;第三,重点突出,即要说明当条件不允许观察所有项目时,优先保证的观察项目是哪些,以此作为应对特殊情况的对策;第四,保持稳定,即观察项目一经确定,在实施观察时就要尽可能不改变,除非遇到"不可抗力"的干扰使原有的安排无法实施。

第三步:制定观察计划

观察计划是对于观察的完整的设计。观察计划主要包括以下内容:

(1)说明观察的目的、观察的必要性和可行性;

(2)提出观察的项目;

(3)确定观察的对象;

(4)确定观察的时间和地点,确定包括对于观察结果处理的完整的日程安排;

(5)确定观察的方式;

(6)确定观察记录的方式方法;

(7)对于观察的信度和效度可能存在的问题进行说明;

(8)确定观察结果的表现方式:观察记录、观察日志或观察报告;

(9)确定观察的资金安排;

(10)确定观察的组织领导。

这里对观察方式、观察记录技术和观察记录方法给以简单说明。

观察方式要根据以下内容灵活选择:(1)根据观察的目的选择;(2)根据目标行为的特征选择;(3)考虑研究者自身的条件选择。

观察法记录技术是指在观察调查中,对被调查对象进行记录时所采用的方法和手段。常用的记录技术主要有如下几种:(1)卡片;(2)速记;(3)符号;(4)记忆;(5)器材记录。

观察的记录方法主要包括:

(1)评等法。观察者对所观察的社会现象评定等级。如观察路人的行走速度可以用很快、快、一般、慢、很慢等等级来加以评等。观察者可预先印制评等表,对每个观察对象的状态进行评等。

（2）记录出现频率法。观察者对于某些社会现象出现的频率进行观察。如观察路人路过某个广告时的动作停下观看、不停不看、边走边看。观察者可预先印制频率表，对于所观察的社会现象进行记录。

（3）连续记录法。对于连续发生的社会现象的各个阶段进行持续的观察。观察者可预先印制记录表，按一定的时间单位如十分钟记录在每个时间单位内发生的现象。

第四步：训练观察人员

（1）尽量减少观察者对观察对象的主观因素；

（2）让观察者尽可能地熟悉观察对象和观察的内容；

（3）训练观察者如何使用观察记录表；

（4）防止观察者的倾向性作用。

第五步：实施观察

第六步：资料整理阶段

（1）整理笔录。观察者在实施观察时，由于记录匆忙有漏记、错记的情况。当观察者离开观察现场后，要赶紧补充、修正记录，以尽可能提高记录的质量。

（2）撰写机器记录的文字稿。在观察者采用机器记录的场合，为了便于对于观察记录进行分析，也为了使读者了解当时的情况，读者不可能看录像带，观察者需要把机器记录转化为文字记录。

（3）对观察记录进行编码。

第七步：对观察结果进行分析

第八步：撰写观察报告

在观察报告中，要对观察计划中的诸项内容加以说明，要用事实说明观察前的理论假设是否得到了验证，要说明观察中遇到的问题，说明观察的信度和效度，说明进一步研究可能的方向。[①]

## 四、 应用观察法的注意事项

为减少观察的误差，在应用观察法时，应注意以下事项：

（1）为了使观察结果具有代表性、能够反映某类事物的一般情况，应注意选择那些有代表性的典型对象，在最适当的时间内进行观察；

（2）在进行现场观察时，最好不要让被调查者有所察觉，尤其是使用仪器观察时更要注意隐蔽性，以保证被调查者处于自然状态下；

（3）在实际观察和解释观察结果时，必须实事求是、客观公正、不得带有主观偏见，更不能歪曲事实真相；

① 颜玖.观察法在社会科学研究中的应用[J].北京市总工会职工大学学报,2001,16(4):36-44

（4）观察者的观察项目和记录用纸最好有一定的格式,以便尽可能详细地记录观察内容的有关事项;

（5）应注意挑选有经验的人员充当观察员,并进行必要的培训。

## 操作示例

### 事件取样观察策略举例（幼儿独立性观察研究）

第一步:确定观察内容

1. 研究目的:幼儿独立性的发展特点,考察儿童三方面的独立性,即生活自理方面、劳动方面和游戏活动中的独立性。

2. 观察对象:从某幼儿园抽取大、中、小各一班,每班抽取 20 名幼儿作为观察对象。

3. 观察目标行为的操作定义:

（1）生活自理方面:儿童能自觉地吃饭、睡午觉、穿衣及叠被,不需要教师的督促和帮助;

（2）劳动方面:当教师让儿童作一些简单的劳动时（擦桌子和小凳子）,儿童能独立地完成;

（3）游戏活动:在游戏活动中（拼图游戏）,儿童遇到困难,能够独立地解决,不需教师给予帮助。

第二步:确定观察的时间和地点

1. 观察地点:幼儿园各班级中

2. 观察时间:学期结束前三周

（1）生活自理观察时间:每周一、四从吃饭前 5 分钟开始观察,到午觉起来后所有被观察的儿童穿好衣服下床后 5 分钟为止。共持续两周,总共观察四次。

（2）劳动观察时间:每周四下午起床后,观察两周,共两次。

（3）游戏观察时间:每周四早上 9 点到 9 点半。观察两周。

第三步:编制观察记录表（表9-2）

表9-2　生活自理方面独立性编码（吃饭）

| 编号 | 姓名 | 1 | 2 | 3 | 4 | 备注 |
|------|------|-----|-----|-----|-----|------|
| 01 | 张× | √ | | | | |
| 02 | 李× | | √ | | | |
| 03 | 王× | | | √ | | |
| 04 | 刘× | | | | √ | |

备注: 能独立地把饭吃完,不需要老师的督促 ·············································· 4
需要老师再三督促才能自己把饭吃完 ································· 3

自己吃一点，需要老师喂一点 ······················································ 2

自己不吃，需要老师喂 ································································ 1

（其他略）

## 拓展训练

各小组围绕观察法的实施步骤，设计出一项方案。

# 项目四
# 调查资料的分析

## 知识目标 ·····················································

了解调查资料审核的含义，掌握资料审核、调查问卷编码的方式、SPSS 统计软件的发展、数据结构定义等的基本方法和技巧；

掌握问卷编码的规则、SPSS 软件的安装、SPSS 数据文件录入的方法；

理解理论分析方法：比较分析、类比分析、因果分析、结构功能分析、归纳、演绎分析等方法的特点。

## 能力目标 ·····················································

能对调查资料进行审核、复查；对调查问卷进行编码；

能对编码数据运用 SPSS 软件进行录入；

能制作统计图和统计表；

能运用比较分析、分类分析、因果分析、结构功能分析、归纳演绎推理对调查资料进行理论研究。

## 任务 10　处理调查资料

## 任务描述 ·····················································

在调查实施阶段搜集到有关高校考证情况的原始资料通常是粗糙、杂乱、零碎的，虽然它们具有社会实在性，但无法显现宏观研究现象的总体特征。为了资料分析的需要，必须对其进行加工处理。因此，资料整理是从调查阶段过渡到分析研究阶段的一个必经的中间环节。

## 任务完成 ·····································································

**一、任务完成目的与要求**

了解调查整理的意义与原则,掌握资料审核、复查、问卷编码、SPSS 数据文件录入的方法和技巧,使学生基本上能独立完成调查资料的整理工作。

**二、任务完成步骤**

1.老师带领学生一起学习有关调查信息资料整理的基本原理及主要知识点;

2.老师布置任务,让学生在课下以小组为单位,将前阶段所收集到的资料进行整理;

3.在课堂上对各小组的调查资料整理状况加以分析,找出不足,并提出解决的对策建议;

4.老师再次强调资料整理在整个调查研究过程中的重要性及其操作技巧的运用。

## 必备知识 ·····································································

### 一、 资料的审核与复查

#### 》》(一)调查资料审核

**1.审核的含义**

审核即指在着手整理调查资料之前,对原始资料进行审查与核实的工作过程,目的在于保证资料的客观性、准确性和完整性,为下一阶段进行资料整理打下坚实的基础。在调查收集资料之后,为了保证资料整理和汇总的有效性,必须对资料进行严格的审核。倘若原始资料中有错误,整理之后,就不易被发现和修正,从而可能导致错误的研究分析结论,失去调查研究的科学性。

**2.资料审核的基本原则**

资料审核的基本原则,主要有如下四条:

(1)真实性原则。对所收集到的资料要根据实践经验和基本常识进行辨别,看其是否真实可靠地反映了调查对象的客观情况。一旦发现有疑问,就要及时根据事实进行核实,排除其中的虚假成分,保证资料的真实性。

(2)标准性原则。在较大规模的调查中,对于需要相互进行比较的材料,要进行审核其所涉及的事实是不是具有可比性。对于统计资料,则更要注意指标的定义是否一致、计量单位是否相同,等等。

(3)准确性原则。要对资料进行逻辑检查,检查调查得来的资料中有无不合理和相互矛盾的地方。例如,某调查对象的年龄栏内填写的是 33 岁,而结婚时间长短栏内填写的是 25 年,这显然是不合逻辑的,对于这类资料要认真审核处理。对收集到的各种统计图表应重新计算、复核,利用历史资料更要审查文献本身的可靠性程度。

(4)完整性原则。要检查调查资料是不是按照调查研究方案的要求搜集齐全。如果资料残缺不全,将会影响调查研究的目标的实现。

**3. 资料审核的主要类型**

关于类型的划分,关键在于把握好分类的标准。基于不同的划分标准,资料整理常见的类型主要有:

(1)按照资料审核的方法,可将其分为平衡审核与逻辑审核。所谓平衡审核就是将各种资料的计算口径予以平衡、一致;逻辑审核重点审核调查表格填写是否完整,有无逻辑性差错,计量单位是否准确,并在此基础上对各种资料进行理论分析,以求内容上合理性,针对某些现有的综合表中升降幅度变化比较大的要查明原因并写出说明,等等。

(2)按照将要进行审核的资料的属性,可将其分为对实地调查资料的审核与对文献资料的审核。实地调查资料的审核主要包括:对实地调查过程中所收集到的资料有效性的验证;对资料准确性的验证;对资料完整性的验证。而对文献资料的审核则主要包括:对所收集到的文献本身的真实性进行审核,以及对文献内容的可靠性进行审核。

**4. 审核方法**

(1)实地审核。即边调查边审核。审核工作与实地调查工作同时进行。其最大的优点是能及时发现问题并纠正。但在一定程度上会影响资料收集工作的进度,延长实地调查的时间。

(2)集中审核。也称为系统审核。审核工作往往在调查工作结束后,再由审核员统一对资料进行审核。因审核与调查相距一定的时间,即使发现问题,弥补或纠正起来也有一定难度。

### 》》(二)原始资料的复查

复查是指研究者按照一定的方法,从所回收的调查资料中随机抽取一定比例(一般为 5% 到 15%)的个案重新进行调查。一方面可核实调查员是否真的对个案进行过调查;另一方面可将两次调查结果进行比对,以衡量第一次调查的质量。

值得注意的是,有时因为第一次调查时,被调查者没有留下或不如实填写姓名、地址或其他联系方式,往往导致复查无法顺利进行。因此,在进行实地调查时,一定要尽最大可能提高资料的准确性和完整性。

## 二、　问卷编码

对原始资料进行审核后,要对实地调查中所收回的成百上千问卷资料进行分析,调查研究者需要先期对被调查者回答问题的信息采用编码的方法进行转换。所谓编码是给调查问卷中的每个问题及其答案赋予一个数字或字母作为其代码,方便计算机软件识别。大部分情况下,编码都采用数字作为代码,但研究人员偶尔也会采用字母作为特殊答案的代码。

## ≫（一）编码方式

**1. 预编码** 研究者在设计问卷时赋予被调查者(被访者)可能回答的选项一个代码。封闭式问题通常采取事前编码方式,编码位置常常放在问卷的最右边,并用竖线与问题部分隔开。

**2. 后编码** 它是调研者在调查结束后,逐一对被调查者的回答进行编码工作。开放式问题和封闭式问题中的"其他"选项,通常采用事后编码方式。

对于"不确定""不知道"或"其他"这样的特殊选项,在编码设计时要使用固定的代码,如"98"或"998"等,要做到在整份问题中都完全一致。

## ≫（二）问卷编码规则

**1. 变量取名规则**

一般情况下,问卷上的一个问题就是一个变量,有时,需要将问卷上的一个问题转化为多个小问题,此时相应地就会有多个变量。无论一个变量还是多个变量,都需要给变量取名,同时写出变量名标签。变量名标签最多可用 120 个字符。

（1）在 SPSS12.0 之前,SPSS 变量名长度不能超过 8 个字符;从 SPSS12.0 开始,变量名长度最多可达 64 个字符。

（2）变量名首字符不能是数字,其后可以是字母、数字,或除"?""-""!"和"﹡"以外的字符,但"."不能作为变量名的最后个字符。

（3）变量名不能与 SPSS 的保留字相同。SPSS 的保留字有 ALL、AND、BY、EQ、GE、GT、LE、LT、NE、NOT、OR、TO、WITH。

（4）系统不区分变量名中的大小写字符。如变量 ABC 和变量 abc 会被系统认为是同一个变量。

（5）变量名中不能有空格。

**2. 问题宽度和栏码确定规则**

问题宽度是指某一具体问题的答案代码的位数;问题栏码则是指某个具体问题的答案代码在计算机数据文件中所处的位置。

栏码确定规则是从第一个项目(一般是问卷编号)开始,根据问题顺序及其宽度依次确定其在整个数据排列中所处的位置。

**3. 数据编码规则**

每个问题在数据库里设置一个变量,变量的名称可以是问题的代码。如问卷有 10 道题,问题分别可以用 A1、A2、A3、A4、A5、A6、A7、A8、A9、A10 等为变量。也可以用问题1、问题2、问题3……问题10来作为变量。

根据问卷中答案形式的不同,赋值形式也有所不同。

(1)封闭式问题编码

1)填空式答案编码

直接用被调查者所填写的数字作为答案的代码。如:问"您的年龄?"答"28岁",编码为28。

2)单项选择题答案编码

尽量将各选项转换为数字代码值,如将A、B、C、D等各项转化为1、2、3、4等数字,以方便数字小键盘快速录入数据。

3)多项选题答案编码

问卷里的一个多项选择题在数据库里要转换成多个变量,变量的数量与备选答案的多少相一致,每个备选答案的预编码就是相应变量的代码,然后对每一个答案进行"1"或"0"编码,"1"代表选中的项,"0"代替未被选中的项。如:A8您的生活方式的形成或心迹主要受到哪些因素的影响?(可多选)

A 商业广告　　　√B 家庭要求　　　C 朋友示范　　　D 文化教育

√E 流行时尚　　　F 其他

在设置变量时,6个备选答案要设置6个变量。变量名称可以用"问题代码+答案代码"作为变量,设置为A81、A82、A83、A84、A85、A86等。被调查者在此题选择了B、E,因此,A82、A85这两个变量的答案均为"1",其他均为"0",在录入数据库时,也只有A82、A85录入为"1",其他均录入0。复选题的编码也是按此方法进行。

4)排序问题答案的编码

排序问题形式上和多项选题类似,看似都有多个可供选择的答案,但它的编码与多项选择题不同。问卷里的排序问题虽在数据库里转换为多个变量,但变量的数量不是由各备选答案的数量决定,而是由需要排序的数量决定,具体的编码值不是"1"或"0",而是所选答案的预编码。如:A6在下列伦理关系中,您最重视哪些关系?(按重视程度排序前4项)

最重视 A　　　第二重视 B　　　第三重视 E　　　第四重视 F

A 父母与子女　　B 夫妻　　　　C 师生　　　　D 同事与同学　　　E 兄弟姐妹

F 朋友　　　　　G 个人与政府　　H 网上关系　　I 其他

该题中需要排序的答案有4个,数据库中就设置4个变量,其代码分别设置为A61、A62、A63、A64。A6是问题代码,A6后面的数字是表示重要性程度的序号代码。A61表示最重视的关系,A62表示第二重视的关系,依此类推。A61、A62、A63、A64的编码值分别是所选答案的预编码值,即1、2、5、6。

5)矩阵式问题答案的编码

矩阵式问题在数据库里也要转换成多个变量,变量的数量由矩阵的子问题的数量决定,有多少个子问题就有多少个变量。变量名称可以用"总问题+子问题代码"表示。

每个备选答案的代码就是相应变量的编码。如：

A9 你和知心好友一起从事下列活动的频率是多少？（请在每一行适合的格中打"√"）

| 活动名称 | 经常 | 有时 | 很少 | 从未有过 |
|---|---|---|---|---|
| 学习 | √ | | | |
| 娱乐 | | √ | | |
| 运动 | √ | | | |
| 旅游 | | | √ | |

上表是以矩阵式形式列出了四个问题,数据库里面就设置 4 个变量,其代码可以分别设置为 A91、A92、A93、A94。A9 是总问题代码,A9 后面连接的数字是矩阵当中各子问题的代码。对回答编码时要注意它的方向性,我们可以按经常为"1",有时为"2",很少为"3",从未有过为"4"来赋值。这样,矩阵中的子问题 A91、A92、A93、A94 的编码值分别是 1、2、1、3,在数据录入时,把编码值 1、2、1、3 录入相应位置即可。

（2）开放式问题编码

开放式问题与封闭式问题中的"其他,请说明"选项,由于被调查者在回答问题时是主观看法,答案无法事先预知,所以一般采后编码方式。编码员在编码时可能会陷入所有答案几乎都是一个代码的境地。因此,后编码正式开始前,调查研究者要针对每一个需要后编码的项目给出一份代码指南。

代码指南编制要在设计问卷时就开始。在焦点小组讨论、深度访谈和试调查中,研究者要有意识地摘要记录每个不同的答案。随后将所有不同的答案做成分类表,并给每个答案建立草拟的代码,从而形成初步的代码指南。

对于某个分类不十分清晰的答案,建议先设立一个新代码。主要因为在后续的分析中,计算机可进行代码之间的合并,而把已合并的类别,再用计算机将其分开是不可实现的。可用的办法是找到原始资料,重新编码。

### ≫（三）编码手册的构成

在社会调查研究中,样本规模从几十份到成百上千份,甚至上万份,而一份问卷中又有十几个或几十个甚至上百个问题,这样问卷编码的任务非常繁重,需要多人才能完成。为了减少编码带来的工作误差,研究者可编写一份编码手册,如表10-1。

编码手册是编码员按照编码规则,将编码项目和问题一一列出,逐个规定它们的代码。编码人员按照统一的规则进行编码,以减少资料转换过程中的人为误差,提高资料转换工作质量。

编码手册一般由提问项目、变量名、变量名标签、宽度、栏码、答案赋值、未填写及个别特殊值赋值等 7 项内容构成。编码手册要求格式统一、指示清楚明确、方便查阅,详见表 10-1 所示。

表 10-1    编码手册

| 编码手册 | | | | | |
|---|---|---|---|---|---|
| 项目名称 | 变量名 | 含义 | 宽度 | 栏码 | 答案赋值 |
| 区 | V | 城区 | 1 | 1 | 1＝文津花园小区 |
| 个案号 | ID | 个案号 | 2 | 2—3 | 根据问卷上的编号填写 |
| 调查员 | P | 调查员 | 1 | 4 | 1＝孟伟 2＝伍荣 3＝熊贤智 4＝夏全宝 5＝张冲力 6＝王琴琴 7＝金国兵 8＝周荣<br>根据问卷上的调查员编号填写 |
| 日期 | T | 日期 | 2 | 5—6 | 根据问卷上的日期填写 |
| 审核员 | R | 审核员 | 1 | 7 | 1＝夏全宝<br>根据问卷上的审核员编号填写 |
| 问题1 | 1 | 性别 | 1 | 8 | 1＝男 2＝女 |
| 问题2 | 2 | 年龄 | 2 | 9—10 | 根据实际数字填写 |
| 问题3 | 3 | 文化程度 | 1 | 11 | 1＝小学及以下 2＝初中 3＝高中或中专 4＝本科或大专 5＝研究生及以上 |
| 问题4 | 4 | 职业 | 1 | 12 | 1＝党政事业单位人员 2＝企业单位人员 3＝学生 4＝退休人员 5＝自由工作者 6＝其他 |
| 问题5 | 5 | 居住时间 | 2 | 13—14 | 将所填数字乘以12,以总数计 |
| 问题6 | 6-1 | 文化休闲广场 | 1 | 15 | 1＝选择 2＝没有选择 0＝缺失 |
|  | 6-2 | 娱乐中心 | 1 | 16 | 1＝选择 2＝没有选择 0＝缺失 |
|  | 6-3 | 文化站 | 1 | 17 | 1＝选择 2＝没有选择 0＝缺失 |
|  | 6-4 | 运动场 | 1 | 18 | 1＝选择 2＝没有选择 0＝缺失 |
|  | 6-5 | 图书阅览室 | 1 | 19 | 1＝选择 2＝没有选择 0＝缺失 |
|  | 6-6 | 体育健身中心 | 1 | 20 | 1＝选择 2＝没有选择 0＝缺失 |
|  | 6-7 | 文化走廊 | 1 | 21 | 1＝选择 2＝没有选择 0＝缺失 |
|  | 6-8 | 宣传栏 | 1 | 22 | 1＝选择 2＝没有选择 0＝缺失 |
|  | 6-9 | 其它 | 1 | 23 | 1＝选择 2＝没有选择 0＝缺失 |
| 问题7 | 7 | 使用频率 | 1 | 24 | 1＝频率很高 2＝频率较高 3＝频率一般 4＝频率较低 5＝从不使用 |

续表

| 项目名称 | 变量名 | 含义 | 宽度 | 栏码 | 答案赋值 |
|---|---|---|---|---|---|
| 问题8 | 8-1 | 设施安全 | 1 | 25 | 1=非常满意<br>2=比较满意<br>3=一般<br>4=较不满意<br>5=很不满意 |
| | 8-2 | 设施便捷 | 1 | 26 | |
| | 8-3 | 设施维修 | 1 | 27 | |
| | 8-4 | 设施更新 | 1 | 28 | |
| | 8-5 | 开放程度 | 1 | 29 | |
| 问题9 | 9-1 | 绿化状况 | 1 | 30 | |
| | 9-2 | 卫生状况 | 1 | 31 | |
| | 9-3 | 治安状况 | 1 | 32 | |
| 问题10 | 10 | 社区精神文化传播方式 | 3 | 33—35 | 1=宣传栏 2=社区会议 3=文艺活动 4=网络宣传 5=上门宣传 6=文件发放 7=其他 0=缺失 按所选实际情况将三个回答按数字填写,缺失用0代替 |
| 问题11 | 11 | 传播效果 | 1 | 36 | 1=非常好 2=比较好 3=一般 4=较差 5=很差 |
| 问题12 | 12 | 管理者对居民的尊重程度 | 1 | 37 | 1=非常重视 2=比较重视 3=一般 4=较不重视 5=很不重视 |
| 问题13 | 13-1 | 有几人 | 1 | 38 | 1=完全清楚<br>2=大部分清楚<br>3=小部分清楚<br>4=不清楚 |
| | 13-2 | 叫什么 | 1 | 39 | |
| | 13-3 | 哪里工作 | 1 | 40 | |
| | 13-4 | 性格特点 | 1 | 41 | |
| 问题14 | 14-1 | 语言交流 | 1 | 42 | 1=非常满意 2=比较满意 3=一般 4=较不满意 5=很不满意 |
| | 14-2 | 生活习惯 | 1 | 43 | |
| | 14-3 | 社交方式 | 1 | 44 | |
| | 14-4 | 价值观念 | 1 | 45 | |
| 问题15 | 15-1 | 广场舞 | 1 | 46 | 1=选择 2=没有选择 0=缺失 |
| | 15-2 | 体育竞赛 | 1 | 47 | 1=选择 2=没有选择 0=缺失 |
| | 15-3 | 文艺演出 | 1 | 48 | 1=选择 2=没有选择 0=缺失 |
| | 15-4 | 免费电影 | 1 | 49 | 1=选择 2=没有选择 0=缺失 |
| | 15-5 | 科普宣传 | 1 | 50 | 1=选择 2=没有选择 0=缺失 |
| | 15-6 | 才艺展示 | 1 | 51 | 1=选择 2=没有选择 0=缺失 |
| | 15-7 | 送温暖 | 1 | 52 | 1=选择 2=没有选择 0=缺失 |
| | 15-8 | 其它 | 1 | 53 | 1=选择 2=没有选择 0=缺失 |

续表

| 项目名称 | 变量名 | 含义 | 宽度 | 栏码 | 答案赋值 |
|---|---|---|---|---|---|
| 问题16 | 16-1 | 娱乐消遣打发时间 | 1 | 54 | 1=选择 2=没有选择 0=缺失 |
| | 16-2 | 提高文化知识 | 1 | 55 | 1=选择 2=没有选择 0=缺失 |
| | 16-3 | 锻炼身体 | 1 | 56 | 1=选择 2=没有选择 0=缺失 |
| | 16-4 | 扩大人际交往 | 1 | 57 | 1=选择 2=没有选择 0=缺失 |
| | 16-5 | 提升个人品位 | 1 | 58 | 1=选择 2=没有选择 0=缺失 |
| | 16-6 | 其它 | 1 | 59 | 1=选择 2=没有选择 0=缺失 |
| 问题17 | 17 | 满意程度 | 1 | 60 | 1=非常满意 2=比较满意 3=一般 4=较不满意 5=很不满意 |
| 问题18 | 18 | 积极程度 | 1 | 61 | |
| 问题19 | 19 | 了解程度 | 1 | 62 | 1=非常了解 2=比较了解 3=一般 4=了解较少 5=不知道 |
| 问题20 | 20-1 | 工作制度 | 1 | 63 | 1=非常满意 2=比较满意 3=一般 4=较不满意 5=很不满意 |
| | 20-2 | 考核制度 | 1 | 64 | |
| | 20-3 | 学习制度 | 1 | 65 | |
| | 20-4 | 会议制度 | 1 | 66 | |
| 问题21 | D3 | 有效执行 | 1 | 67 | 1=执行有效 2=比较有效 3=一般 4=有效性差 5=无效 |
| 问题22 | D4 | 配合程度 | 1 | 68 | 1=非常配合 2=比较配合 3=一般 4=较不配合 5=很不配合 |
| 问题23 | D5 | 有无文化管理机构 | 1 | 69 | 1=有 2=没有 |
| 问题24 | D6 | 是否规范 | 1 | 70 | 1=非常规范 2=比较规范 3=一般 4=较不规范 5=很不规范 0=缺失问题 |
| 问题25 | D7 | 满意程度 | 1 | 71 | 1=非常满意 2=比较满意 3=一般 4=较不满意 5=很不满意 0=缺失 |
| 问题26 | D8 | 打分 | 2 | 72—73 | 按照实际数字填写,大于99按照99填写 |

## 三、 SPSS 统计软件

经过对问卷资料进行编码处理,所有回收的有效问卷中,每一个具体答案都已成功、系统地转换成了由 0~9 这 10 个阿拉伯数字构成的数码,接下来就是要进行数据录入工作,即将这些数码输入计算机内,以便进行统计分析。在资料统计处理中常使用的统计软件有 SPSS 统计软件系统、SAS 统计分析系统和 Microsoft 公司的 Excel 软件等。SPSS 最初是"Statistics Package for Social Sciences(社会科学统计软件包)"的缩写,它是社会科学研究人员首选的统计软件,也是目前世界上最流行的统计软件之一。现随着服务领域的扩大和服务深度的增加,英文名已更改为"Statistics Product and Service Solution", 意为"统计产品与服务解决方案"。2009 年,SPSS 公司被 IBM 收购成其子公司,此后更名为 IBM SPSS Statistics。SPSS 已经被广泛运用于经济、财政、金融、营销、会计、管理及人文社会科学等领域。

### ≫ (一) SPSS 的发展

SPSS 统计软件系统最早是 1968 年由美国斯坦福大学的 3 位学生开发的一个软件包,基于这一系统,于 1975 年在芝加哥成立了 SPSS 公司。1984 年,SPSS 首先推出了世界上第一个统计分析软件微机版本 SPSS/PC+,此后它迅速占领了微机市场,扩大了自己的用户量,开创了 SPSS 微机系列产品的开发方向。1993 年 6 月,正式推出 SPSS for Windows 6.0 版本,随后几乎每年推出一个更新版本。2009 年,SPSS 公司将 4 大系列产品 (Statistics Family, Modeling Family, Data Collection Family, Deployment Family)整合到一个综合分析平台,把 4 类产品统一加上 PASW(为 Predictive Analysis Software 的首字母)前缀,喻义 SPSS 产品的发展方向为预测分析领域。此后,SPSS 把正在发行的 SPSS 17 统计分析软件正式更名为 PASW Statistics 17,并从此发行成为多国语言版本,有了官方的中文界面及使用手册。随后,SPSS 公司被 IBM 收购成其子公司,将 SPSS 统计分析产品更名为 IBM SPSS Statistics。本书以 IBM SPSS Statistics 23 for Windows 为蓝本,结合统计学知识,对各领域常见统计分析案例进行分析讲述。

### ≫ (二) SPSS 的安装

IBM SPSS Statistics 23 for Windows 的安装同其他 Windows 应用软件一样,非常简单,下面简要介绍安装 SPSS 的步骤。

#### 1.启动安装

将 SPSS 软件安装盘放入光驱,如果系统设置为自动运行光盘状态,则光盘自动执行 setup 应用程序,出现安装界面,如图 10-1 所示。若不能自动运行,则运行资源管理器,打开光盘中 Windows\setup.exe 文件,出现安装界面(注:如果是 SPSS 官方网站下载的试用版,则直接运行安装文件,进入安装过程)。

图 10-1　安装启动界面

**2. 设置安装选项**

按照安装向导,根据提示设置安装信息:

(1)正式版 SPSS 需输入 SN 序列号,试用版不需要。

(2)安装过程中会询问许可证的不同类型,即用户的不同类型,如图 10-2 所示。根据实际购买情况,如果是单机用户,选择选项"单个用户许可证";如果企业购买的软件是网络版,则选择选项"网络许可证"。

(3)需要接受软件使用协议。

(4)用户需要填写用户名、单位名称,如果是网络版,需设置许可证服务器名称或地址。

(5)选择帮助语言,默认是"英文+中文",试用版需单独下载帮助语言包。

(6)系统默认的安装路径为 C:\Program Files\IBM\SPSS\Statistics\23\,如用户需改变安装路径,可以单击"更改"按钮来自定义安装位置。

(7)单击"安装"按钮,开始安装软件。

**3. 软件授权**

安装完毕,启动 SPSS 授权过程,根据软件的授权码,连接 SPSS 公司的许可证管理服务器获取许可证。成功授权之后,软件方可正常使用。试用版有临时许可证供短期试用。

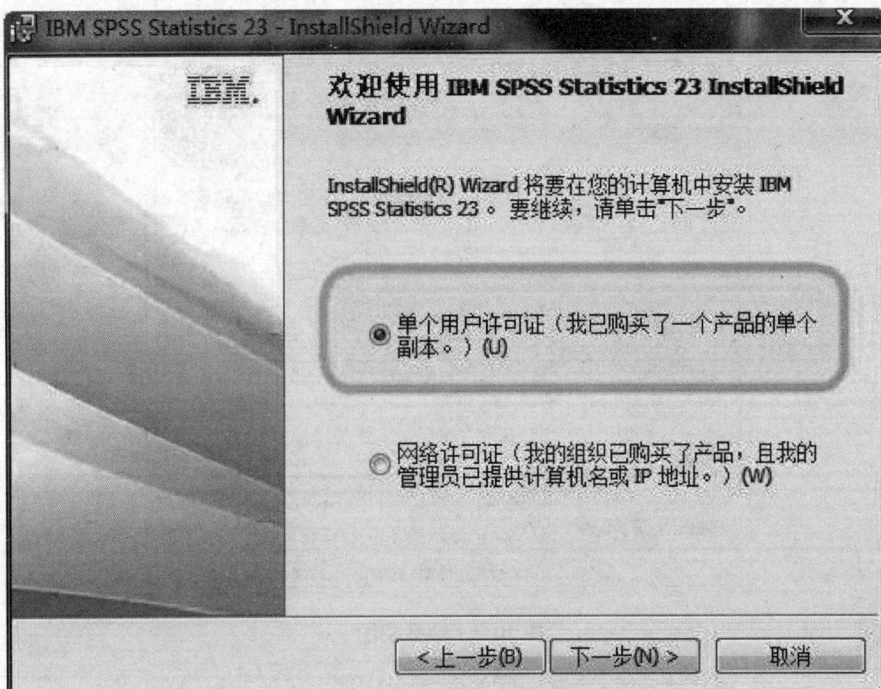

图 10-2　许可证类型选择界面

### ≫（三）SPSS 的界面

SPSS 主要有 5 类窗口,分别为数据编辑窗口、结果输出窗口、结果编辑窗口、语法编辑窗口和脚本编辑窗口。

#### 1. 数据编辑窗口

数据编辑窗口是 SPSS 软件中最常用的窗口,这个窗口主要用来处理数据和定义数据字典,它分为两个视图:一个是用于显示和处理数据的数据视图(Data View),另一个是用于变量定义和查看的变量视图(Variable View)。

数据视图如图 10-3 所示,提供类似 Excel 电子表格的编辑窗口,在该窗口中可以创建、编辑、浏览数据文件。其操作和 Excel 非常相似。在 SPSS 中允许打开多个数据文件名进行编辑、浏览,正在编辑的数据文件称为活动数据文件,只有活动数据文件的数据才能被分析处理。SPSS 的数据以表格的形式呈现,表的每一行表示一个观察个案(Case),每一列表示一个变量(Variable),表的大小由变量数和观察个案数确定。一般情况下,分析的数据应以 SPSS 数据文件的形式保存,最常用的 SPSS 数据文件扩展名为"＊.sav",保存数据文件的同时也保存了变量属性和变量值。

变量视图的功能是定义数据集的数据字典,它用来定义、显示和修改数据集中的变量信息,变量视图如图 10-4 所示。

SPSS 的功能主要通过菜单和工具栏实现,工具栏是常用菜单项的快捷方式,下面介绍菜单的主要功能。

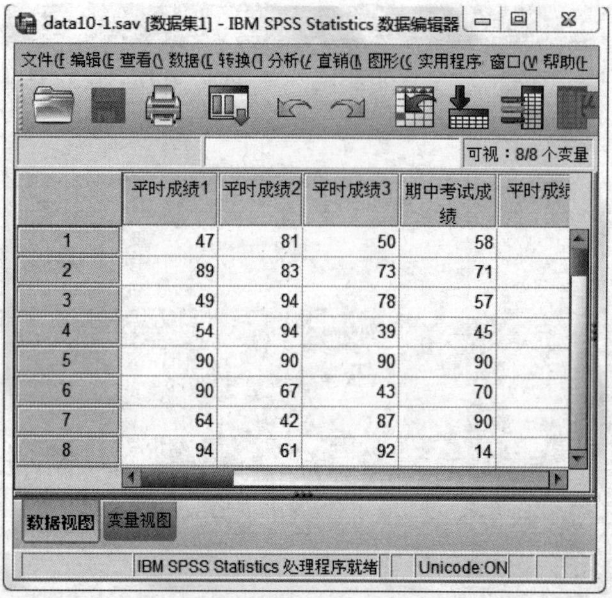

图 10-3　数据视图

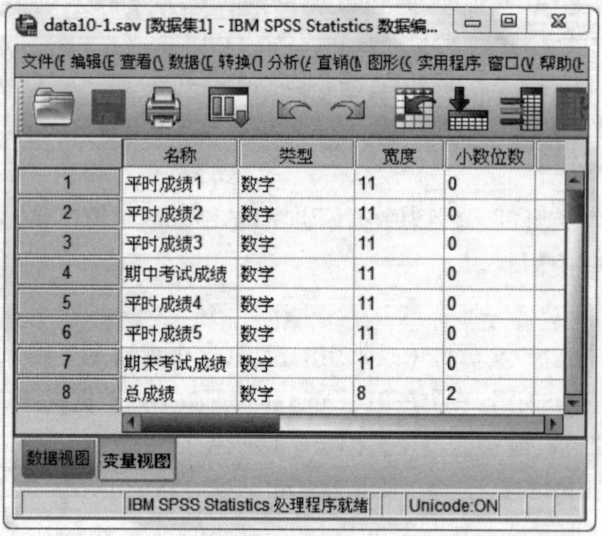

图 10-4　变量视图

（1）文件："文件"菜单包括新建各种类型的文件、读入文件或数据库的内容、保存文件、将数据输出到数据库、标记文件为只读文件、重命名数据集、打印等操作。其中需要特别指出两个功能：一个是缓存数据，它可以将数据载入内存，大大提高运行速度；另一个是开关服务器，可以连接安装有 SPSS 服务器版本的高性能服务器，进行分布式分析。

（2）编辑："编辑"菜单可对文件数据进行选择、复制、粘贴、删除、查找，还可以插入变量、个案，选择"选项"可以进行 SPSS 的常规、编辑、格式等全局选项设置。

（3）查看："查看"菜单可对软件界面的显示进行修改，可以显示或隐藏状态栏、添加工具栏、编辑菜单栏、进行字体设置、显示或隐藏值标签。

（4）数据："数据"菜单可进行数据变量的定义、复制数据或数据集、定位观测量、分类观测量、转换重构变量、合并拆分文件、数据异常检查及加权等操作。

（5）转换："转换"菜单可进行数值的计算、重新编码、离散化处理、缺失值替代、创建时间序列、产生随机数等操作。

（6）分析："分析"菜单可应用各种统计方法对当前窗口中的数据进行分析，包含了 SPSS 的核心功能。

（7）直销："直销"菜单主要用来处理市场直销中的一些分析需求。

（8）图形："图形"菜单可根据当前数据绘制和编辑各种统计图表，如条形图、散点图、线图 、面积图、直方图、箱图、饼图等。

（9）实用程序："实用程序"菜单可进行变量列表、控制输出管理系统、输出文件信息、定义和使用变量集合、生产设施、集成 R 或者 Python 的外部程序等操作。

（10）窗口："窗口"菜单可进行窗口拆分、最小化、切换窗口等操作。

（11）帮助："帮助"菜单可提供 SPSS 系统帮助、教程、个案研究、统计辅导、指令语法及算法参考等。

**2. 结果输出窗口**

SPSS 的结果输出窗口也称为结果视图或者结果浏览窗口，该窗口用于存放 SPSS 的操作日志及分析结果，如图 10-5 所示。整个窗口分为两个区：左边为目录区，是 SPSS 分析结果的目录；右边是内容区，显示与目录对应的内容。在结果浏览窗口内可以浏览、编辑输出结果，改变输出显示顺序等。

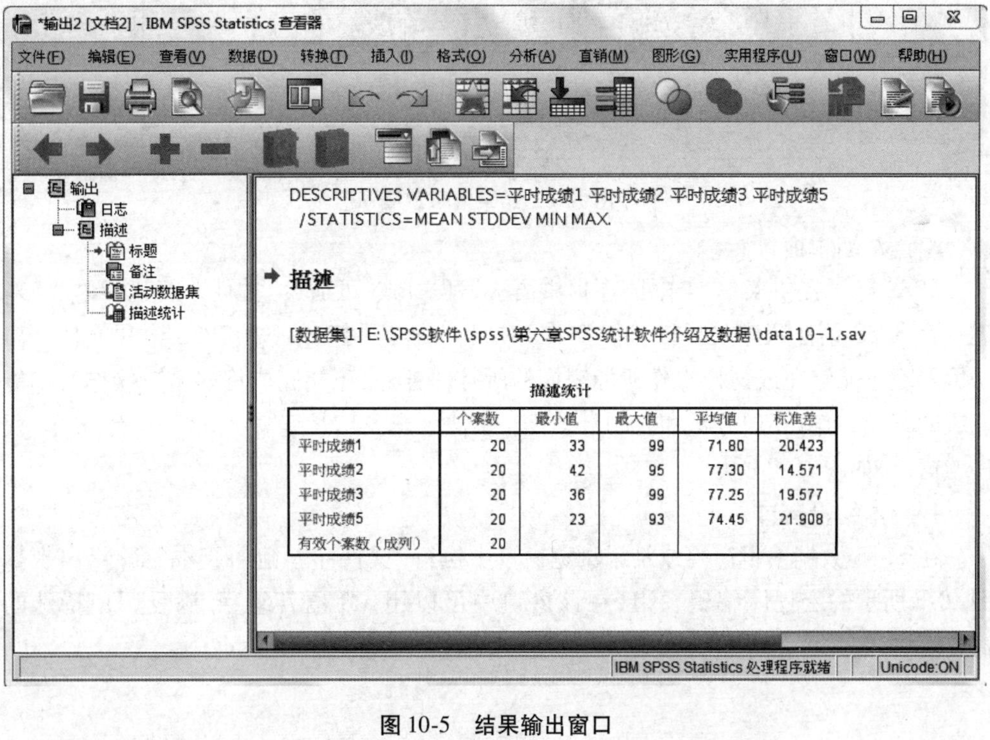
*输出2 [文档2] - IBM SPSS Statistics 查看器
文件(F) 编辑(E) 查看(V) 数据(D) 转换(T) 插入(I) 格式(O) 分析(A) 直销(M) 图形(G) 实用程序(U) 窗口(W) 帮助(H)
输出
日志
描述
标题
备注
活动数据集
描述统计
DESCRIPTIVES VARIABLES=平时成绩1 平时成绩2 平时成绩3 平时成绩5
/STATISTICS=MEAN STDDEV MIN MAX.
描述
[数据集1] E:\SPSS软件\spss\第六章SPSS统计软件介绍及数据\data10-1.sav
描述统计
个案数 最小值 最大值 平均值 标准差
平时成绩1 20 33 99 71.80 20.423
平时成绩2 20 42 95 77.30 14.571
平时成绩3 20 36 99 77.25 19.577
平时成绩5 20 23 93 74.45 21.908
有效个案数（成列） 20
IBM SPSS Statistics 处理程序就绪
Unicode:ON

图 10-5　结果输出窗口

　　SPSS 的结果输出可以保存为"＊.SPV"的文件格式,还可以将全部或选定部分结果导出为 Html、Word、PPT、PDF 等多种格式的文件。

　　结果编辑窗口是编辑分析结果的窗口。在结果视图中,选择要编辑的内容,双击或单击右键选择"编辑内容",选中的图表可以在单独的窗口中进行编辑,对于表格还可以直接在结果窗口中编辑。图 10-6 所示即为图形的结果编辑窗口。

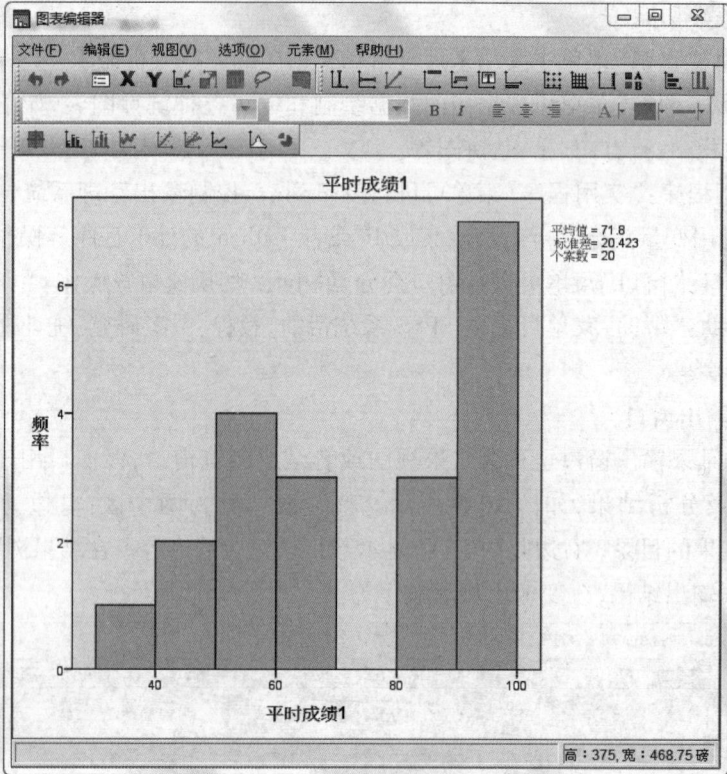

图 10-6　结果编辑窗口

### 3.语法编辑窗口

　　SPSS 除了提供菜单操作外,还提供语法编程方式,可通过"文件→新建→语法"新建一个 SPSS 语法程序,也可通过"文件→打开→语法"打开一个 SPSS 语法文件。语法编程除了能够完成窗口操作所能完成的所有任务外,还能完成许多窗口操作所不能完成的其他工作,实现分析和控制自动化。语法编辑窗口是编写、调试和运行 SPSS 程序的窗口,如图 10-7 所示。

### 4.脚本编辑窗口

　　在 SPSS 数据编辑窗口或结果浏览窗口中执行"文件→新建→脚本"命令,出现如图 10-8 所示的宏程序编辑窗口,在该窗口中可以用 VB 语言编程,满足用户特殊的需要。

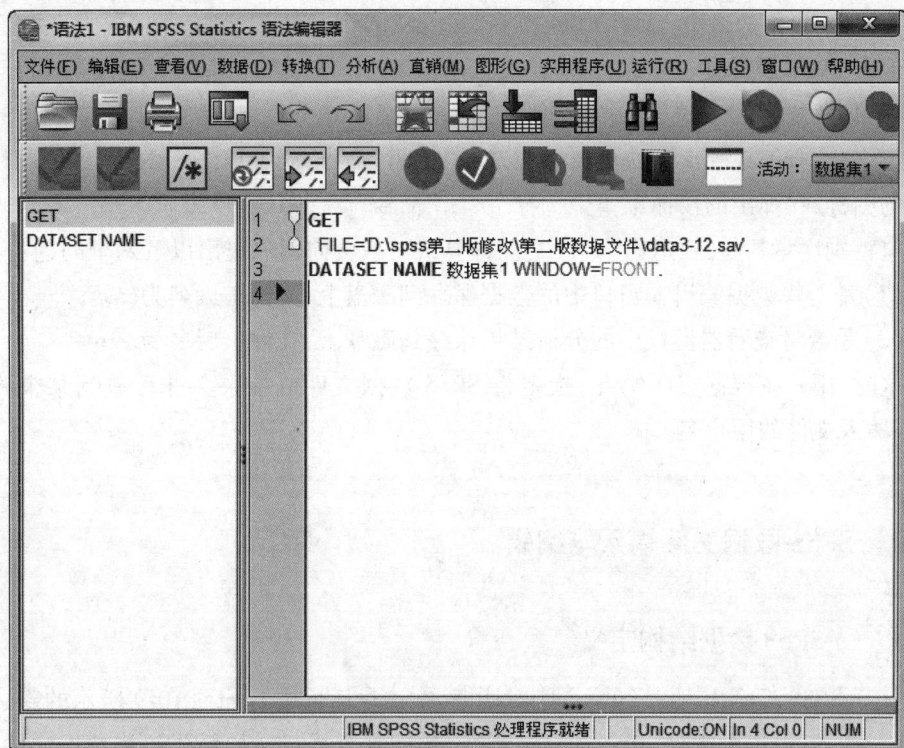

图 10-7　语法编辑窗口

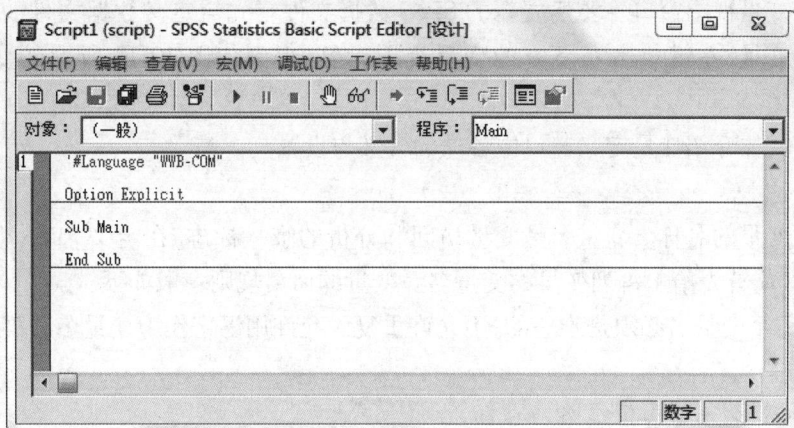

图 10-8　脚本编辑窗口

## 》》（四）SPSS 启动与退出方法

### 1. SPSS 软件的启动

启动 SPSS 主要有 3 种方法：一是使用"程序"菜单打开 SPSS，依次单击"开始"→
"所有程序"→"IBM SPSS Statistics"→"IBM SPSS Statistics 23"；二是双击桌面上 SPSS
快捷图标；三是双击 SPSS 文件（假定用户已经创建过 SPSS 文件），或者将鼠标置于
SPSS 文件上，单击右键，弹出快捷菜单，再用左键单击"打开"命令。

**2. SPSS 软件的退出**

退出 SPSS 通常有 4 种方法：一是直接单击 SPSS 窗口右上角的"关闭"按钮；二是用鼠标单击"文件"栏，选择"退出"命令；三是在桌面任务栏上，用鼠标右键单击 SPSS 文件最小化图标，在弹出的快捷菜单中选择"关闭"命令；四是单击 SPSS 第一标题栏左上角的图标，在弹出的快捷菜单中选择"关闭"命令。

应特别注意的是，在退出 SPSS 之前计算机一般会向用户提出以下两个问题：

(1)是否将数据编辑器窗口中的数据保存到磁盘上，文件扩展名为.sav；

(2)是否将查看器窗口中的分析结果保存到磁盘上，文件扩展名为.spv。

这时，用户应根据实际情况，指定将 SPSS 数据文件或结果文件存放到某个磁盘上，并输入文件的用户名。

**四、 SPSS 数据文件输入与编辑**

### 》（一）SPSS 数据结构定义

打开 SPSS 后会出现一个"欢迎"对话框，在该对话框中有如图 10-9 所示的新建文件、新增功能、最近的文件、模块和可编程性、教程五个栏目。如果要新建数据文件，只要点击新建数据集就可以了，点击后就进入数据编辑窗口，数据编辑窗口分为数据视图窗口和变量视图窗口。要建立新的 SPSS 数据文件首先需定义数据文件的结构，即定义新的变量，左键单击左下方的变量视图标签，得到如图 10-10 所示的变量定义窗口。

下面具体介绍变量定义窗口中各项的含义与设置。

**1. 名称**

定义变量的名称。变量名是变量访问和分析的唯一标志，在定义 SPSS 数据文件的结构时，应首先给出每列变量的变量名。变量的命名规则一般如下：

(1)每个变量名必须是唯一的，不允许重复。允许用汉字作为变量名，汉字总数一般不超过 4 个。

(2)变量名不能包含空格。

(3)高版本 SPSS 的变量名长度多达 64 位，但是由于低版本 SPSS 变量名长度要求在 8 位之内，为了避免与低版本及其他软件出现兼容问题，高版本变量名一般仍控制在 8 位之内且尽量避免使用中文，必要的中文说明可以放在"标签"栏中。

(4)变量名不能与 SPSS 的保留字相同。SPSS 的保留字包括 all，by，eq，ge，gt，lelt，ne，not，or，to，with。系统不区分变量名的大小写。

(5)应避免用句点结束变量名，因为句点可能被解释为命令终止符。只能使用命令语法创建以句点结束的变量，不能在创建新变量的对话框中创建以句点结束的变量。

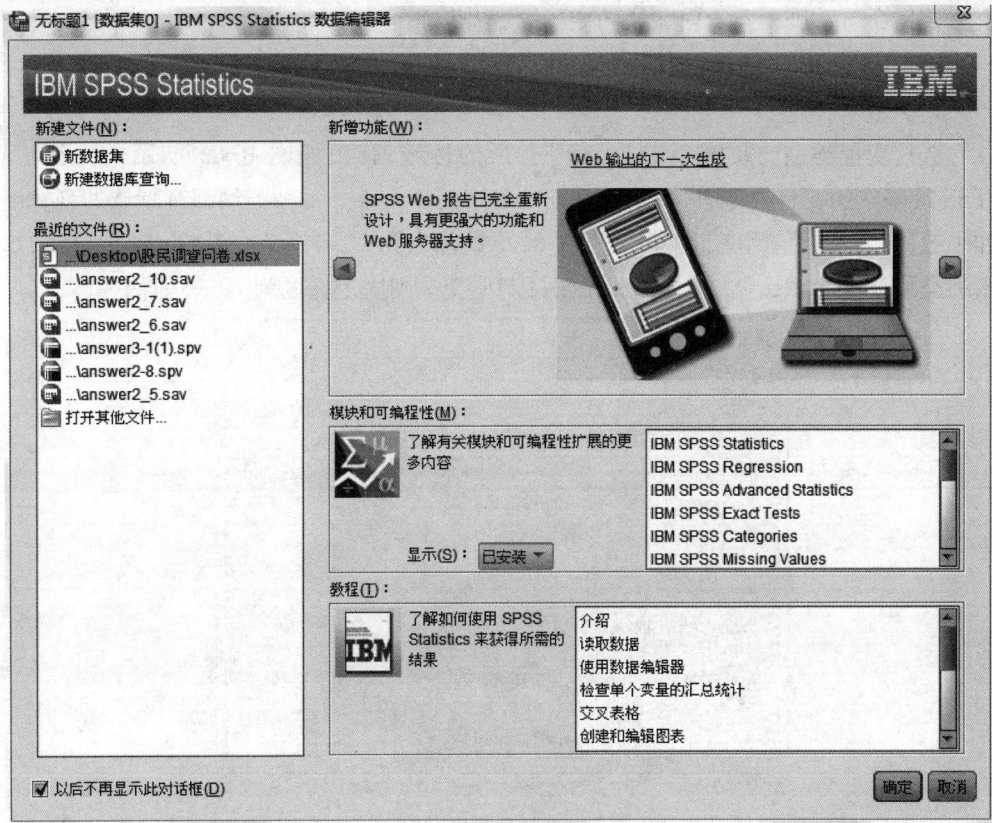

图 10-9 SPSS "欢迎" 对话框

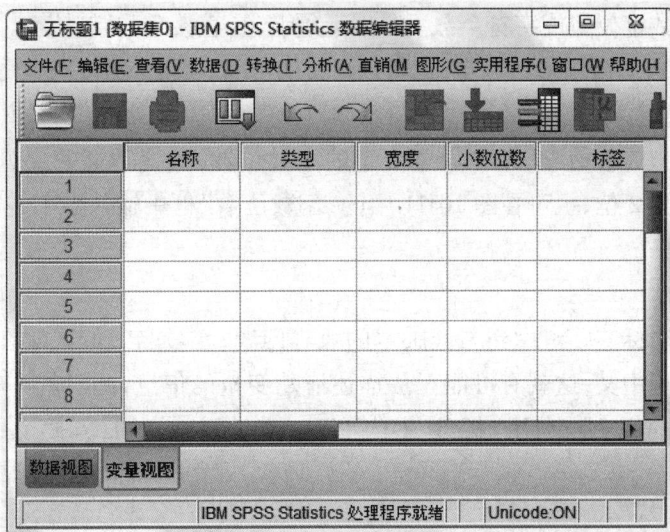

图 10-10 变量定义窗口

总之,在为变量命名时,为方便记忆,变量名最好与其代表的数据含义相对应,做到见名知义。如果变量名不符合 SPSS 的命名规则,系统会自动给出错误提示,如果没有给变量命名,SPSS 会给出默认的变量名,以字母"VAR"开头,后面补足 5 位数字,如VAR00001,VAR00012 等。

**2.类型**

选择变量类型。左键单击"类型"栏后的按钮,弹出如图 10-11 所示的对话框。SPSS 最基本的变量类型有数值型、日期型和字符串 3 种。每种类型都有默认的列宽度和小数位,通常数值型变量默认宽度为 8,小数位数为 2,字符型变量默认宽度为 8,这两种类型变量的默认宽度都可修改,而日期型变量则固定宽度为 10,不能修改。

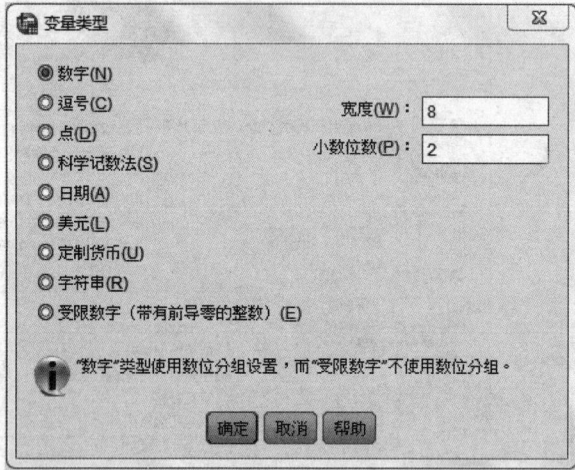

图 10-11 变量类型

**3.宽度**

设置变量数字位数或字符个数。一般无须调整,直接采取默认值。它的大小可通过"宽度"栏右边的微调按钮调整,也可以通过图 10-11 中的"宽度"选项进行调整。

**4.小数位数**

若变量类型为数值型,则可设置变量的小数位数,其他类型的变量则不能设置。小数位数默认为 2 位,也可在图 10-11 中的"小数位数"框中输入数字进行小数位数的设置。

**5.标签**

定义变量名标签。考虑到与低版本的兼容问题,变量名最好限制在 8 位以内,并且尽量避免使用中文,这就有可能无法描述清楚变量的信息,此时就可在标签中对变量名做进一步的说明。利用"标签"栏,可以对变量详细说明,方便了用户对变量的理解。

**6.值**

这里的"值"指的是变量的值标签,值标签是对变量的可能取值附加的进一步说明,标签内容最多可以有 120 个字符,通常仅对分类变量的取值指定值标签。

**7.缺失**

在统计分析的数据收集过程中,有时会因为某些原因产生所记录的数据失真,或者没有记录等异常情况。

### 8. 列

定义变量在数据窗口中显示的宽度,列宽度只影响数据编辑器中的值显示,更改列宽不会改变变量已定义的宽度。

### 9. 对齐

定义变量值显示的对齐方式,控制着数据视图中数据值或值标签的显示。默认对齐方式为数值变量在右边,字符串变量在左边,此设置只影响数据编辑器中的显示。

### 10. 测量

在"测量"栏有"标度""有序"和"名义"3 种标准的度量尺度供选择。标度是指间隔尺度,包括定距尺度和定比尺度;有序是指定序尺度;名义是指名义尺度。

在定义变量的"测量"属性时,究竟应该选择什么类型的度量尺度,应该视变量的数据类型和统计分析的需要而定,有序尺度和名义尺度可以是数值类型和字符串类型的变量,而标度尺度对应的变量类型只能是数值型;有些统计分析对于变量的标度尺度有一定的要求,尤其是名义尺度和标度尺度(间隔尺度),以独立样本 T 检验与方差分析而言,其自变量必须为名义尺度或有序尺度(定序尺度),而因变量必须为标度尺度。分析者若在变量的度量尺度属性的设置上界定清楚,则之后的统计分析会更为简便。

### 11. 角色

在统计分析的某些对话框中支持可用于预先选择分析变量的预定义角色,当打开其中一个对话框时,满足角色要求的变量将自动显示在目标列表中。

## ≫≫ (二) SPSS 数据的录入

### 1. 直接录入数据的方法

定义了所有变量后,单击数据编辑窗口的"数据视图"标签,即可在数据视图中输入数据。数据编辑窗口中黑框所在的单元为当前的数据单元,表示用户正在对该数据单元录入数据或正在修改该单元中的数据。因此,在录入数据时,用户应首先选中要输入数据的单元格。

数据录入时可以逐行录入,即录入完一个数据后,按 Tab 键,焦点移动到本行的下一个变量列上。也可以逐列,也就是按照变量录入数据,录入完一个数据后回车,焦点移动到本列的下一行上。除了直接录入之外,SPSS 还可以直接复制粘贴 Excel 和 Word 表格中的数据,但要求数据表的表头与 SPSS 文件的结构相同。同时,SPSS 中的数据也可以直接粘贴到 Excel 和 Word 中,这方便了用户对数据的编辑。

SPSS 数据录入有一项特殊功能,就是连续粘贴相同值。例如,需要连续录入相同变量值的时候,可以先录入一项,然后单击鼠标右键,在弹出的快捷菜单中选择"复制",再拖动鼠标选中所有要录入该值的单元格,单击鼠标右键,在弹出菜单中选择"粘贴"。这时,所有的单元格都已经同时粘贴上该值,而无须逐个粘贴了。

**2.从其他数据文件导入数据的方法**

在实际应用中,有些分析的数据是以其他格式保存数据文件,例如数据库格式的文件、Excel 文件等,如果要用 SPSS 分析这些数据,就需要将这些数据转换到 SPSS 中,形成 SPSS 能处理的数据。因此,读取其他格式的文件并将其转换为 SPSS 格式的数据,是另一种建立 SPSS 数据文件的方法。从其他数据文件导入数据的方式主要有:直接打开、用数据库查询方式打开、从文本文件导入。

(1)直接打开

SPSS 可直接打开很多类型的数据文件,选择菜单"文件—打开—数据",弹出"打开文件"对话框,左键单击"文件类型",即可看到 SPSS 所能打开的数据文件类型,如表 10-2 所示。

表 10-2　SPSS 能直接打开的数据文件类型

| 文件扩展名 | 具体描述 |
| --- | --- |
| SPSS( ＊.sav) | 当前版本 SPSS 23 数据文件 |
| SPSS/PC+( ＊.sys) | 低版本 SPSS 数据文件 |
| Systat( ＊.syd ＊.sys) | Systat 格式数据文件 |
| SPSS Portable( ＊.por) | SPSS 的 ASCII 数据文件 |
| Excel( ＊.xls, ＊.xlsx, ＊.xlsm) | 各种版本的 Excel 数据文件,此种数据格式常用 |
| Lotus( ＊.w ＊) | Lotus 数据文件 |
| Sylk( ＊.slk) | Sylk 数据文件 |
| dBase( ＊.dbf) | dBase 数据文件,Foxpro 下的 dbf 文件需转换为 dBase 文件才能打开 |
| SAS( ＊.sas7bat, ＊.sd7, ＊ sd2, ＊.ssd01, ＊.xpt) | 各种版本和类型的 SAS 数据文件,一种统计学软件的数据文件格式 |
| Stata( ＊.dta) | Stata v4-8 |
| 文本文件( ＊.txt, ＊.dat, ＊.csv, ＊.tab) | 以记事本格式保存的数据文件 |

(2)数据库查询方式打开文件

如果数据为数据库格式的文件,可以用数据库查询的方式导入数据到 SPSS 中,如图 10-13 所示。其操作步骤如下。

第 1 步:选择菜单"文件→打开数据库→新建查询",弹出"数据库向导"窗口(图 10-12),显示了所有可以打开的数据源类型。

第 2 步:用户根据打开文件的向导选择要打开的文件类型并逐步打开文件。

其实从前面的讲解可以发现,用直接打开的方式已经可以打开很多常见类型的数据文件了,但是当与 SQL Server,Oracle 等大型数据库进行数据交换时,直接打开数据文件往往不行,所以此时要使用数据库查询的方式打开数据文件。另外,如果用户使用的 SPSS 版本不稳定,那么有时也无法直接打开简单的 Excel 文件,此时也可以通过数据库查询的方式打开。

图 10-12　数据库向导

(3)从文本文件导入数据

文本格式的数据文件是一种最通用的数据文件,SPSS 提供了专门读取文本文件的功能。选择菜单"文件→读取文本数据",弹出"打开文件"对话框,选择要导入的文本文件名后会出现文本数据导入的向导,该向导是一个分为 6 步的打开向导,只需按照向导一步一步地设置,即可读取文本文件的数据到 SPSS 中。

## ≫(三)SPSS 数据清理

SPSS 数据录入完成后,需要对相关数据进行清理。数据清理的目的是不让有错误或有问题的数据进入运算过程。数据的清理通常包括数据有效范围的清理、数据逻辑一致性的清理和数据质量抽查。

### 1.数据有效范围清理

数据有效范围:是指变量的取值都有一定的范围,其编码值就在这个范围内。比如,"性别"这一变量的取值有 3 种情况:1 = "男",2 = "女",0 = "未填写",相应地,其编码值就只有 0、1、2 这 3 个数字,也即 0、1、2 是"性别"这一变量的有效范围,如果这一变量出现其他数字,则说明存在错误,如图 10-13,性别一栏中出现的 5、7、9 数字是错误的。

| 性别 | 家庭收入 | 教育程度 |
|------|----------|----------|
| 2 | 3 | 5 |
| 2 | 1 | 5 |
| 2 | 2 | 5 |
| 5 | 1 | 5 |
| 1 | 1 | 5 |
| 7 | 5 | 5 |
| 1 | 5 | 5 |
| 9 | 5 | 4 |
| 2 | 5 | 5 |

图10-13 数据窗口

在 SPSS 中,数据有效范围清理的具体方法是通过执行变量的频率分布统计命令,该命令位于菜单栏"分析"菜单的"描述统计"命令中,获得变量的频数频率分布表如图 10-14 所示。观察表中的有效值一列如表 10-3,看是否有超出有效范围的数字出现。如果有,则应当返回到数据视图中,将光标置于待查找变量一列的任何单元格中,在"编辑"菜单中选择"查找"命令,将超出有效范围的数字找出来,再看看该数字所在行对应的问卷编号,最后找到相应的原始问卷,根据原始问卷的信息对计算机文件中的数字进行纠正,如图 10-15 所示。

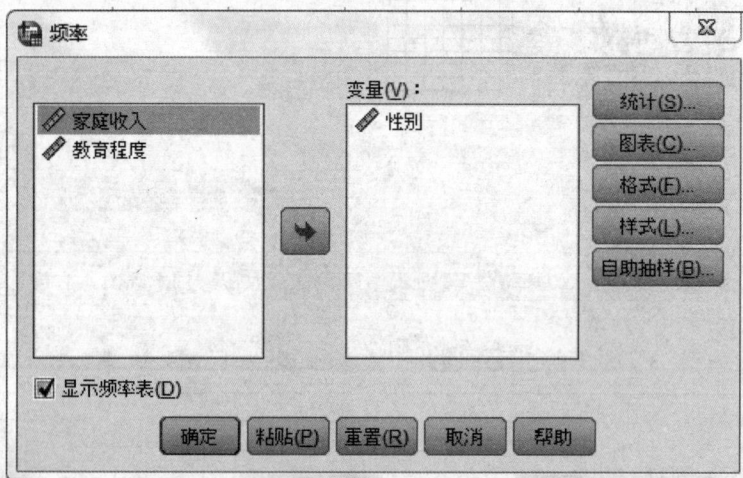

图 10-14 对性别进行频率统计

图 10-15 "查找和替换"对话框

表 10-3　变量性别的频率分布表

| 性别 | | | | | |
|---|---|---|---|---|---|
| | | 频率 | 百分比 | 有效百分比 | 累计百分比 |
| 有效 | 男 | 2 | 22.2 | 22.2 | 22.2 |
| | 女 | 4 | 44.4 | 44.4 | 66.7 |
| | 5 | 1 | 11.1 | 11.1 | 77.8 |
| | 7 | 1 | 11.1 | 11.1 | 88.9 |
| | 9 | 1 | 11.1 | 11.1 | 100.0 |
| | 总计 | 9 | 100.0 | 100.0 | |

### 2. 数据逻辑一致性清理

数据逻辑一致性清理是指利用变量与变量之间内在的逻辑关系,对前后数据的合理性进行检验。其前提条件就是要弄清问卷中不同变量之间的关系。它比有效范围清理要复杂一些,主要针对的是相依性问题。

在 SPSS 中,对于相倚问题,可以直接用"交叉表分析"命令,获得两个相倚变量的交叉表,以观察表是否有不应当出现的统计数字。如果有,则使用菜单栏"数据"菜单中的"选择个案"命令,选出不需要回答后续性问题的个案,并在其中查找不应该出现的数字,最后与原始问卷进行核对并修正。

### 3. 数据质量抽查

在使用上述两种方法对数据进行清理后,仍可能存在一些错误没有清理出来,假设某个案的数据在"性别"这一变量上输错了,问卷调查上填的答案是 1(男性),编码值也是 1,但是数据录入时却敲错成了 2(女性)。因为 2 这个答案在正常有效的编码值范围内,因此,有效范围的清理检查查不出这一错误,也不可能通过逻辑一致性进行清理,更不可能拿着问卷一份份地核对,这时人们通常采用的方式是数据质量的抽查。

数据质量抽查的基本思路是从样本的全部个案中,抽取一部分个案,对这些个案参照原始问卷逐一进行校对,用这一部分个案校对的结果来估计和评价全部数据的质量。根据样本中个案数目的多少,以及每份问卷中变量数和总数据的多少,研究者往往抽取 2% ~ 5% 的个案进行校对。如一项调查样本的规模为 1 000 个个案,一份问卷的数据个数为 100,研究者从中随机抽取 3% 的个案,也即 30 份问卷进行核查,结果发现 1 个数据输入错误。这样 1/(100 * 30) = 0.033%,这就说明了数据的错误率在 0.033% 左右,那么在总共 10 万个数据中,则大约有 33 个错误。虽然我们无法将所有错误找出并对其进行修改,但可以知道错误数据所占的比例、对调查结果有多大的影响,了解数据的质量。

### >>> （四）SPSS 数据文件编辑

#### 1.数据文件的合并

数据文件的合并是指把外部数据与当前数据合并成一个新的数据文件。SPSS 提供两种形式的合并：一是横向合并，指从外部数据文件中增加变量到当前数据文件中；二是纵向合并，指从外部数据文件中增加观测数据到当前数据文件中。

（1）横向合并

横向合并有两种方式：一是从外部数据文件中获取一些变量数据，加入当前数据文件中；二是按关键变量合并，要求两个数据文件有一个共同的关键变量，而且两个数据文件的关键变量之中还有一定数量相同值的观测量。

（2）纵向合并

纵向合并即增加个案，是在两个具有相同变量的数据文件中，将其中一个数据文件的个案追加到当前数据文件的个案中，形成新的数据文件。

纵向合并数据文件需注意以下几点：①两个待合并的 SPSS 数据文件的内容合并起来应具有实际意义；②两个数据文件的结构最好一致；③不同数据文件中含义相同的变量最好用相同的变量名，且数据类型要相同。

#### 2.数据文件的拆分

对数据文件进行拆分，SPSS 23 版本在"数据"菜单中提供了两种方法：一是"拆分文件"，这种拆分并不是要把一个数据文件分成几个数据文件，而是按照需求，根据变量对数据进行分组，为以后的分组统计分析提供便利；二是"拆分为文件"，这种拆分是将拆分后的数据写入新的 SAV 文件，按拆分变量的值或值标签生成多个 SAV 文件。

#### 3.数据重新编码

数据的重新编码是指给每个变量的观测值重新赋予一个新的值来描述它们的属性，并把相同的值分为一组，所以也称为变量的分组。在"转换"菜单中提供了两个选项"重新编码为相同的变量""重新编码为不同变量"，这两个选项实现数据重新编码的功能相同，区别在于：重新编码成相同变量时，新编码后数据会取代原先变量中的原始数据；重新编码成不同变量则会保留原始变量内的数据，新编码后的数据会新增一个变量名称。

将 10-16 图中数据的"总成绩"变量按照如下标准分为 5 组：90 分以上为 1，80—89 分为 2，70—79 分为 3，60—69 分为 4，60 分以下为 5。用"转换"菜单中的"重新编码为不同变量"功能实现。其操作步骤如下：

第 1 步：打开"重新编码为不同变量"对话框。选择"转换—重新编码为不同变量"，弹出如图 10-17 所示的对话框。在"输出变量"框中输入新变量的名称"新的总成绩"，单击"变化量"按钮，"总成绩_>?""将会变为"新的总成绩"，重新编码后的值会写入新的变量"新的总成绩"中。

第 2 步：设置编码转换规则。

| 平时成绩1 | 平时成绩2 | 平时成绩3 | 期中考试成绩 | 平时成绩4 | 平时成绩5 | 期末考试成绩 | 总成绩 |
|---|---|---|---|---|---|---|---|
| 47 | 81 | 50 | 58 | 58 | 23 | 85 | 60.10 |
| 89 | 83 | 73 | 71 | 90 | 93 | 90 | 82.85 |
| 49 | 94 | 78 | 57 | 89 | 57 | 71 | 69.95 |
| 54 | 94 | 39 | 45 | 44 | 80 | 47 | 56.35 |
| 90 | 90 | 90 | 90 | 90 | 90 | 90 | 90.00 |
| 90 | 67 | 43 | 70 | 73 | 90 | 89 | 73.10 |
| 64 | 42 | 87 | 90 | 45 | 90 | 45 | 67.05 |
| 94 | 61 | 92 | 14 | 74 | 78 | 61 | 67.45 |
| 86 | 87 | 89 | 80 | 45 | 74 | 46 | 74.60 |
| 64 | 90 | 99 | 90 | 88 | 90 | 72 | 84.20 |
| 50 | 74 | 72 | 90 | 47 | 80 | 94 | 75.65 |
| 99 | 95 | 99 | 90 | 90 | 90 | 93 | 94.50 |
| 68 | 66 | 36 | 83 | 54 | 31 | 44 | 54.35 |
| 90 | 75 | 84 | 68 | 35 | 88 | 86 | 79.50 |
| 80 | 52 | 91 | 75 | 86 | 54 | 89 | 76.75 |
| 54 | 83 | 80 | 19 | 53 | 77 | 63 | 62.35 |
| 33 | 80 | 80 | 97 | 64 | 37 | 78 | 70.00 |
| 92 | 74 | 89 | 90 | 83 | 90 | 74 | 84.15 |
| 92 | 90 | 90 | 85 | 80 | 90 | 89 | 88.85 |
| 51 | 68 | 84 | 30 | 76 | 87 | 57 | 63.05 |

图 10-16　某课程成绩数据图

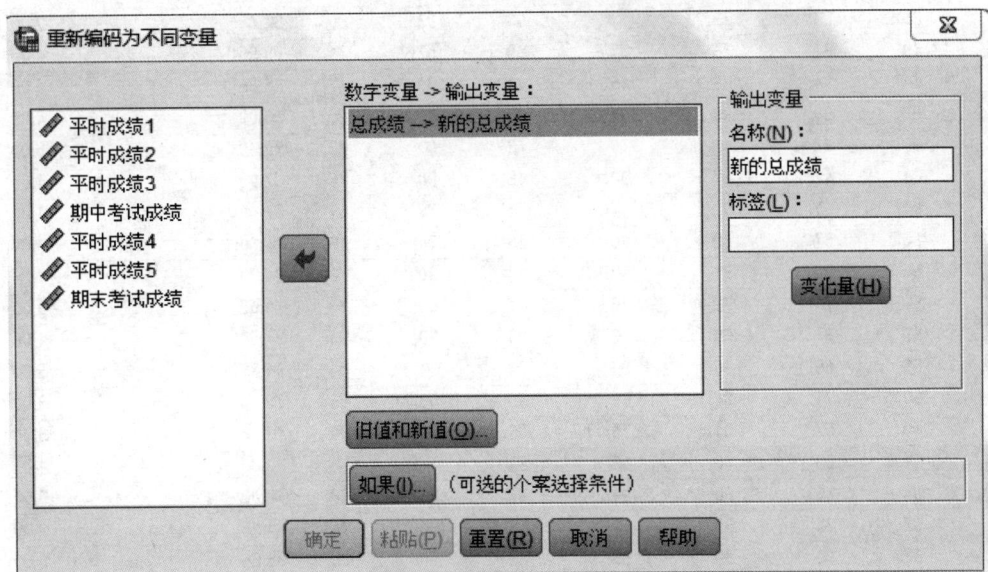

图 10-17　"重新编码为不同变量"对话框

单击图 10-17 对话框中的"旧值和新值"按钮,弹出如图 10-18 所示的对话框。在对话框中旧值的设置有 7 项选择,新值的设置有 3 项,根据转换规则,选择旧值的范围,再设置相对应的新值,单击"添加"按钮添加到"旧→新"列表框中,有几条转换的规则就应添加几次,设置好的转换规则如图 10-18 所示。单击"继续"按钮返回到图 10-17 的对话框中,单击"确定"按钮,生成如图 10-19 所示的重新编码结果。

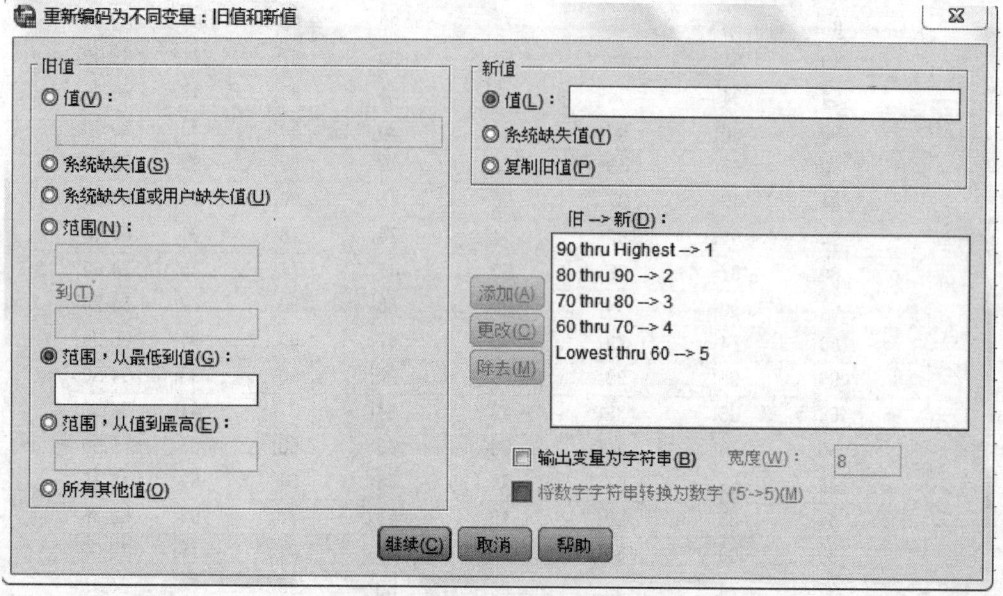

图 10-18　旧值转换为新值的设置

| 平时成绩1 | 平时成绩2 | 平时成绩3 | 期中考试成绩 | 平时成绩4 | 平时成绩5 | 期末考试成绩 | 总成绩 | 新的总成绩 |
|---|---|---|---|---|---|---|---|---|
| 47 | 81 | 50 | 58 | 58 | 23 | 85 | 60.10 | 4.00 |
| 89 | 83 | 73 | 71 | 90 | 93 | 90 | 82.85 | 2.00 |
| 49 | 94 | 78 | 57 | 89 | 57 | 71 | 69.95 | 4.00 |
| 54 | 94 | 39 | 45 | 44 | 80 | 47 | 56.35 | 5.00 |
| 90 | 90 | 90 | 90 | 90 | 90 | 90 | 90.00 | 1.00 |
| 90 | 67 | 43 | 70 | 73 | 90 | 89 | 73.10 | 3.00 |
| 64 | 42 | 87 | 90 | 45 | 90 | 45 | 67.05 | 4.00 |
| 94 | 61 | 92 | 14 | 74 | 78 | 61 | 67.45 | 4.00 |
| 86 | 87 | 89 | 80 | 45 | 74 | 46 | 74.60 | 3.00 |
| 64 | 90 | 99 | 90 | 88 | 90 | 72 | 84.20 | 2.00 |
| 50 | 74 | 72 | 90 | 47 | 80 | 94 | 75.65 | 3.00 |
| 99 | 95 | 99 | 90 | 90 | 90 | 93 | 94.50 | 1.00 |
| 68 | 66 | 36 | 83 | 54 | 31 | 44 | 54.35 | 5.00 |
| 90 | 75 | 84 | 68 | 35 | 88 | 86 | 79.50 | 3.00 |
| 80 | 52 | 91 | 75 | 86 | 54 | 89 | 76.75 | 3.00 |
| 54 | 83 | 80 | 19 | 53 | 77 | 63 | 62.35 | 4.00 |
| 33 | 80 | 80 | 97 | 64 | 37 | 78 | 70.00 | 3.00 |
| 92 | 74 | 89 | 90 | 83 | 90 | 74 | 84.15 | 2.00 |
| 92 | 90 | 90 | 85 | 80 | 90 | 89 | 88.85 | 2.00 |
| 51 | 68 | 84 | 30 | 76 | 87 | 57 | 63.05 | 4.00 |

图 10-19　重新编码结果

## 五、 统计表图

经历了对资料的审核、整理、汇总之后,最后通常以统计表、统计图的形式出现,以便于后续的统计分析需要。

### ≫（一）统计表

**1. 统计表的意义** 统计表是用表格显示统计资料的一种基本形式。广义的统计表包括统计工作各个阶段的一切表格,如调查表、汇总表、整理表与分析表。本节所讲的统计表是狭义的,介绍的主要是显示资料整理结果所用的统计表。它既表明前述资料整理工作的终结,又是后续资料分析工作的开始。统计表的主要作用表现在以下几个方面:

首先,统计表把大量的统计资料有条理地组织与安排,使资料系统清晰,直观易懂,让人一目了然;

其次,统计表内的数字组织科学,排列有序,因而便于统计资料的比较对照;

最后,统计表是分析研究各指标之间的数量关系,进行统计分析的有效工具。

**2. 统计表的结构** 统计表的结构有形式结构和内容结构之分。形式结构一般由总标题、横行标题、纵栏标题、指标数值四部分构成。内容结构由主词、宾词组成。如表 10-4 所示。

表 10-4  我国 2000 年人口统计资料 ←——总标题

| 性　别 | 总人口 | |
|---|---|---|
| | 绝对数/万人 | 比重/% |
| 男 | 65 355 | 51.63 |
| 女 | 61 228 | 48.37 |
| 合计 | 129 533 | 100.00 |

（纵栏标题；横栏标题；指标数值；主词栏；宾词栏）

统计表的形式结构通常包括:总标题、横行标题、纵栏标题、指标数值等组成部分。总标题,即表的名称,用以概括说明全表内容,置于表的上端正中位置;横行标题,即横行的名称,通常用来表述表内各组的内容,一般写在表的左边;纵栏标题,即纵栏的名称,通常用来表述总体各组的统计指标名称,一般写在表的右上方;指标数值,即用来说明总体特征的各种综合指标值,填写在横行标题和纵栏标题相对应的空白处。

除了形式结构之外,统计表的内容结构则包括主词与宾词两大主要构成部分。主词,即指统计表所要说明的总体或总体的各个组,通常写在表的左边;宾词则指用来说明主词的一系列统计指标的名称和数值,通常写在表的右边。主词、宾词按通常位置排列,有时会使统计表的表式过分狭长或过于扁大,此时可将主词宾词合并排列或互换位置排列(如上表所示)。除了上述必备要素外,有些统计表根据情况的需要,还需增列补充资料、注解、附记、资料来源、填表单位、填表人及填表日期。

3. **统计表的基本类型** 根据统计表的复杂程度,通常可以分为简单表、简单分组表以及复杂分组表。

其一,简单表,即指主词未作任何分组的统计表。它包含三种情况:主词按时间顺序排列的统计表;主词只列出调查单位名称的统计表;主词由地区、国家、城市等目录组成的区域表。如表 10-5 和表 10-6 所示。这种表可用来反映调查单位的基本情况,也可用来分析现象发展变化的趋势。

表 10-5 中国老年抚养比的变化趋势(1995—2050 年)

| 年 份 | 老年抚养比 | 年 份 | 老年抚养比 |
|---|---|---|---|
| 1995 | 14.79 | 2025 | 29.46 |
| 2000 | 15.60 | 2030 | 36.54 |
| 2005 | 16.02 | 2035 | 41.45 |
| 2010 | 17.62 | 2040 | 42.70 |
| 2015 | 21.27 | 2045 | 44.46 |
| 2020 | 23.77 | 2050 | 48.49 |

资料来源:杜鹏.中国人口老龄化过程研究[M].北京:中国人民大学出版社,1994:96.

表 10-6 日本、韩国和印尼老年人就业结构

| 产 业 | 日本(1990 年) | 韩国(1980 年) | 印尼(1971 年) |
|---|---|---|---|
| 第一产业 | 33.3 | 84.4 | 76.0 |
| 第二产业 | 19.5 | 3.0 | 6.2 |
| 第三产业 | 47.2 | 12.5 | 15.9 |

资料来源:亚太经社理事会等.亚太人口老龄化,联合国.1996:23.纽约 ST/ESCAP/1594.

其二,简单分组表,即指主词只按一个标志分组形成的统计表。利用简单分组表可以分析不同类型现象的特征、内部结构和现象之间的相互依存关系。

其三,复合分组表,即指复合分组表是指主词进行复合分组所形成的统计表。如表 10-7 所示。

表 10-7　某系 2009 年下学期某高校在校学生人数构成

| 按专业、性别分组 | | 人数/人 | 比重/% | 合　计 | |
|---|---|---|---|---|---|
| | | | | 人数/人 | 比重/% |
| 市场营销 | 男 | 756 | 30.4 | 1 454 | 58.4 |
| | 女 | 698 | 28.0 | | |
| 社会工作 | 男 | 345 | 13.9 | 634 | 25.5 |
| | 女 | 289 | 11.6 | | |
| 国际贸易 | 男 | 194 | 7.8 | 401 | 16.1 |
| | 女 | 207 | 8.3 | | |
| 合　计 | | 2 489 | 100.0 | 2 489 | 100.0 |

　　复合分组表由于是将几个标志结合起来进行分组,故能更深入地显示社会现象的特征和规律。

　　4.统计表的宾词设计　其一,简单设计,通常就是将宾词指标名称作平行排列的一种设计。如表 10-8 所示。

表 10-8　某地区志愿者组织志愿服务人员性别和文化程度(简单设计)

| 志愿者组织名称 | 性　别 | | | 文化程度 | | | | 合　计 |
|---|---|---|---|---|---|---|---|---|
| | 男 | 女 | 小计 | 小学及以下 | 中学 | 大专及以上 | 小计 | |
| (甲) | (1) | (2) | (3) | (4) | (5) | (6) | (7) | (8) |
| 甲组织 | | | | | | | | |
| 乙组织 | | | | | | | | |
| 丙组织 | | | | | | | | |
| 合　计 | | | | | | | | |

　　其二,复合设计,即指将宾词有关指标作重叠排列的一种设计。与简单设计相比,复合设计能更全面、细致、深入地说明研究对象的数量特征。如表 10-9 所示:

表 10-9　某地区强制戒毒所 2003 年戒毒人员性别和文化程度(复合设计)

| 志愿者组织名称 | 小　学 | | | 中　学 | | | 大　专 | | | 全部志愿服务人员 | | |
|---|---|---|---|---|---|---|---|---|---|---|---|---|
| | 男 | 女 | 小计 | 男 | 女 | 小计 | 男 | 女 | 小计 | 男 | 女 | 合计 |
| (甲) | (1) | (2) | (3) | (4) | (5) | (6) | (7) | (8) | (9) | (10) | (11) | (12) |
| 甲组织 | | | | | | | | | | | | |
| 乙组织 | | | | | | | | | | | | |

续表

| 志愿者组织名称 | 小 学 | | | 中 学 | | | 大 专 | | | 全部志愿服务人员 | | |
|---|---|---|---|---|---|---|---|---|---|---|---|---|
| | 男 | 女 | 小计 | 男 | 女 | 小计 | 男 | 女 | 小计 | 男 | 女 | 合计 |
| 丙组织 | | | | | | | | | | | | |
| 合 计 | | | | | | | | | | | | |

宾词指标是采用简单设计还是复合设计,应根据统计研究的目的来确定。但在复合设计中应尽量防止分组过多过细。否则,不仅增加汇总工作量,还有可能使统计表失去一目了然的作用。

**5.统计表的编制规则** 为使统计表能更清晰地反映所研究现象的数量特征,便于分析比较,在编制统计表时应遵守下列各项规则:统计表的标题应简明确切,总标题要能概括表的基本内容,并表明资料所属的地区和时间;统计表中主词各行和宾词各栏的次序排列应当合理有序,一般应按先局部后总体的顺序排列,但当各部分栏不需要全部列出时,可以把合计栏或总计栏排在最前面;如果统计表栏数较多,为了更清晰地表明各栏之间的计算关系和便于进行文字说明,可在主词栏用甲、乙、丙、丁等文字标明,在宾词指标各栏用数字编号;统计表中的数字应注明计量单位,当全表只有一种计量单位时,可将单位写在表头的右上方。如果表中需要分别注明不同的计量单位时,横行的计量单位可以专设一栏;纵栏的计量单位可标在纵栏标题的右边或下方;统计表的表式,一般为"开口式",即表的左右两端不划纵线。上下基线用粗横线封闭。

另外,统计表表中数字应排列整齐,对准位数如有相同的数字要全部照写,不能写"同上""同左""同右"等字样。当客观不存在数字时,应划"—"符号表示;缺乏某项资料时用符号"…"标示,数字为 0 时,要填 0;表明不是漏填。总之,统计表中的数字部分不应留下空白,以免使人误以为漏填。必要时,统计表应加说明和注解。说明和注解一般写在表的下端。

## 》》（二）统计图

在整理数据时,常常会制作一些简单的统计图来说明调查资料的汇总结果。

所谓统计图就是用图形来表示变量的分布。所以又叫分布图。

与统计表相比,统计图虽然不如它精确,但却更直观、生动、醒目。常用的统计图有条形图、圆瓣图和折线图三种。

**1.条形图** 又称为矩形图或长条图或直条图,它是以宽度相等、条形的长短或高低来表示不同的统计数字。可以用来反映事物的大小、内部结构或动态变化等情况等,应用范围十分广泛。分为单式图和复合图。

从图10-20中,可以十分清楚地看到调查对象中不同年级总人数的分布情况,形象鲜明。这种条形图只有一组对象,各年级的学生数,故称为单式条形图。如果把两组或两组以上的对象的条形图并列在一起,共同构成一个条形图,由既可以进行每组中条形间的比较,又可以对各组的同类条形进行比较。这种条形图称为复合条形图。如图10-21。

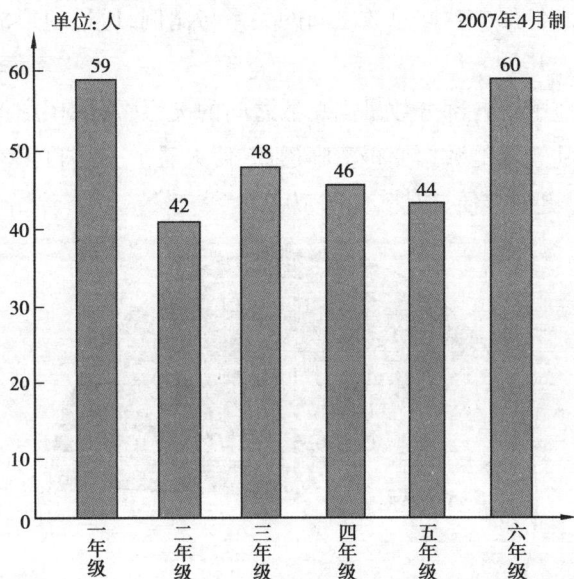

图 10-20　某小学各年级学生人数统计图

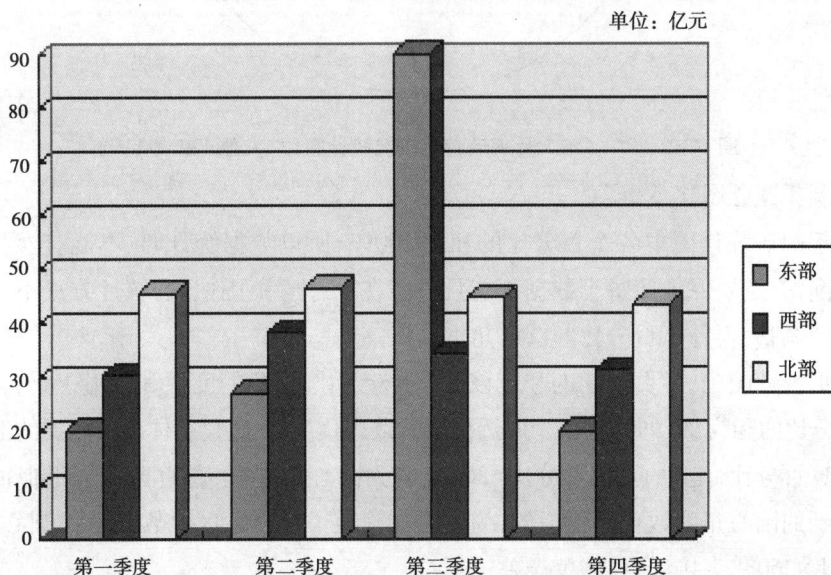

图 10-21　浙江省 20××年各地财政收入情况统计图

2. **圆形图**　圆形统计图是用整个圆表示总数,用圆内各个扇形的大小表示各部分数量占总数的百分数。通过扇形统计图可以很清楚地表示出各部分数量同总数之间的关系。由于一个圆的圆心角度数为360°,用360乘以每一部分所占有的百分比,即可得出该部分的圆心角度数,再在圆中按这些角度画出各个部分所占的百分比,即可得出该部分的圆心角度数,再在圆中按这些角度画出各个不同的扇形。

①圆心图特点

能清楚地反映出各部分数同总数之间的关系与比例,通过扇形的大小来反映各个部分占总体的百分之几。

如果要更清楚地了解各部分数量同总数之间的关系,可以用扇形统计图。扇形统计图可以让一些杂乱无章的数据变得清晰透彻,使人看上去一目了然,便于观察,利于计算各种数据,变得更加方便、快捷,如图10-22。

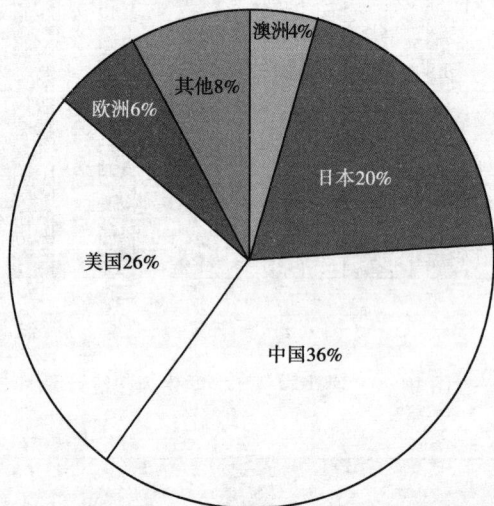

图10-22 20××年5月来港游客情况统计图(总人数 420 000 人)

②制作圆心图注意事项

由于圆形统计图中各个百分比的和为100%,所以数据统计时,不能有交叉,也不能有遗漏,一定要保证使每个数据都能且只能在"一个"范围内.若统计方法不准确,先做适当的调整,再计算百分比与圆心角度数。

圆形统计图中,各百分比的和应该是100%,而圆心角的度数和应为360°。有时各部分百分比的和为99.9%,是由于取近似值所致,但它也一定程度体现了数据的准确性。

计算百分比,是为了用"百分比×360°"得到圆心角度数,若百分比取近似值,那么后来得到的圆心角度数也是近似的,为了更准确地得到圆心角度数,可用"圆心角度数=百分比×360°"直接计算,减少误差。

③用 Excel 软件制作圆形统计图

打开 Excel 软件—输入数据—选中产生图表的数据区域—点击"插入"—"图表"— 选择"饼图"— 在右边选择你需要的种类—选择数据—确定。

3. **折线图** 折线图又称为曲线图,它是通过上下变化的线段来反映所研究现象随时间变化的过程和发展趋势的图形,如图 10-23。

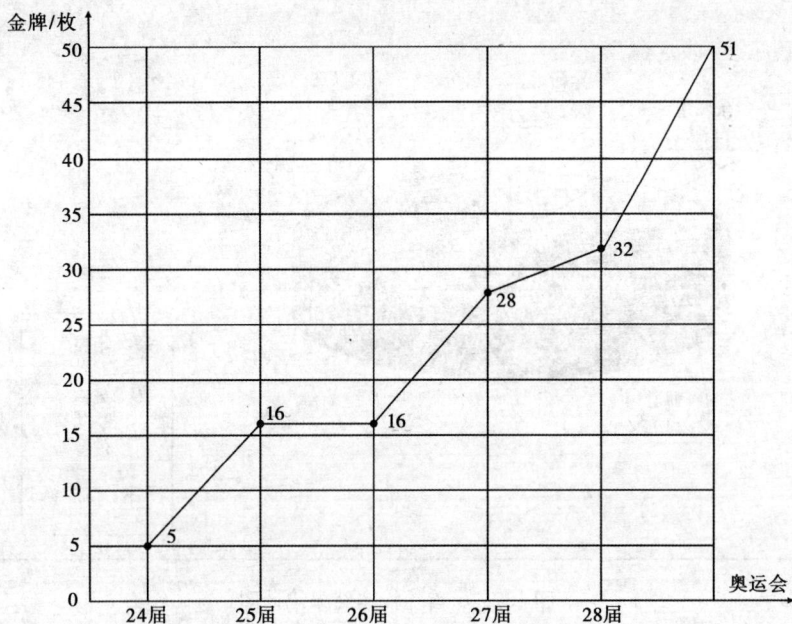

图 10-23　中国代表团历届奥运会金牌获奖情况统计图

从图 10-23 中可以十分清楚地看出我国在奥运会上所得金牌数量的变化趋势。

## 操作示例 ·······························

2002 年 12 月 3 日 22 点 16 分,从摩纳哥蒙特卡洛举行的国际展览大会上传来了振奋人心的消息——中国当选为 2010 年世博会的东道主! 选举的方式是由国际展览局 89 个成员国的代表以无记名方式进行投票。

在首轮投票中,中国以 36 票居第一,韩国 28 票,俄罗斯 12 票,墨西哥 6 票,波兰被淘汰。

在第二轮投票中,中国获 38 票,韩国 34 票,俄罗斯 10 票,墨西哥遭淘汰。

在第三轮投票中,中国获 44 票,韩国 32 票,俄罗斯被淘汰。

在最后一轮投票中,中国以 54 票胜出。

以首轮投票为例,制作成圆形统计图如图 10-24。

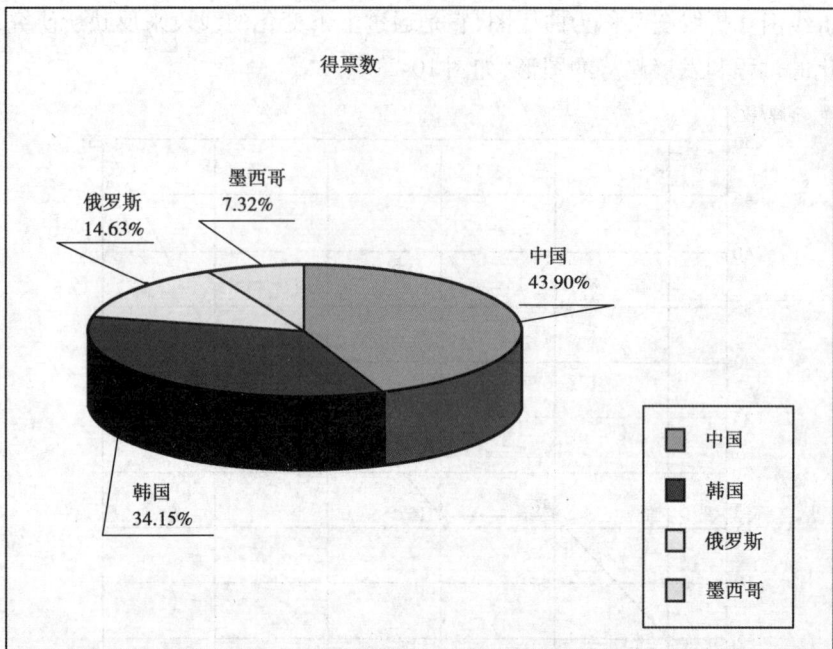

图 10-24　首轮投票结果统计图

## 拓展阅读1

### 对资料的审核示例

**一、对观察法所收集到的资料的审核**

观察法是获得直观认识较好的方法,通过观察收集而获得的资料往往能够较大程度地排除人为因素所带来的不真实成分。但是,由于调查人员的介入,被调查对象往往可能作出各种假象掩饰事实的本来面目,产生社会研究中的"测不准效应"。因此,研究者有必要对观察所得资料进行审核。

(一)要检查观察所得资料是否严格按照调研方案的要求所获得的。一个好的观察资料既要记下调研方案中所规定的调查内容,又要记下那些看到的但暂时不能归类的事实,而不是看到什么就记什么的随意记载。

(二)如果资料能有多种方法收集,则应把通过观察法所获得的资料和通过其他方法收集到的资料进行比较,发现问题及时去调查、核实。比如调查员在某个高校看到学生学习风气很好,而座谈会的时候,该高校的师生普遍反映并非如此,那么,调查人员就应该重新去核实。

(三)当观察是以小组为单位进行时,调查人员要随时将获得的情况与同小组其他调查成员所获得的情况进行比较。因为每个人所观察的客体在理解上会有差异,如果对观察结果进行比较,则可能得出比较正确的意见和评价。所以,特别是当对同一个观察客体所获取的资料有较大差异时,更应组织调查人员进行讨论和验证。

(四)对于较重要的问题要注意调查时间的长短。因为在较长时间的调查中,调查者可排除某些人为的虚假成分,同时还可观察到短期内调查者所观察不到的事宜。

二、对利用问卷调查所获得的资料的审核

问卷法通常被认为是社会调查研究中最为典型、也是最有效的资料收集方法,但问卷法所收集到的资料也并非完全准确、有效,因此也必须对其进行审核。对于问卷法所收集到资料进行审核的基本操作如下:

(一)审核资料的完整性,仔细阅读问卷,看问卷中所有该填写的项目是否都填写了,假如有漏填的项目,最好请调查对象及时补充填写。

(二)审核资料的逻辑性,正如前文所言,某人的年龄栏里填 33 岁,而结婚时间长短栏中则填写 25 年。倘若发现类似的问题,则需要研究者在资料审核过程中根据相关内容作出判断并进行纠正。

(三)通过检查问卷所设置的控制性问题来判断回答的可靠性。比如,针对某高校学生课外阅读状况的调查问卷中,可以设置这样的问题:"请问您读过这本书吗?"其实所列出的书名是尚未公开出版过的。如果被调查者回答"读过",那么其余问题的回答是否真实可靠,就值得去验证了。这样的问卷所收集到的资料可能是虚假的,通过审核,这样的问卷基本应该当作废卷,不纳入后续的汇总、统计、分析范围。

三、对书面文献资料的审核方法示例

文献研究法作为一种重要的资料收集方法,在整个调查研究中起着重要作用。文献是指用文字形式叙述的资料,主要指档案、报刊文章、个人日记、书信等。当调查者发现适合自己研究的文献材料时,先要确定文献的可靠性,否则,再好的材料也不能利用。所以,必须审核文献资料。

(一)审核文献的作者、出版者的背景,因为他们的政治背景及态度对文献是有影响的。有时可能会出现有意的"错误",即作者在编撰文献时,可能隐瞒或歪曲事实。一般建议使用引用率比较高的文献更好。

(二)审核文献编制的时间,尤其是对于那些记叙性的文献,必须将文献编制的时间和文献中所描述的事件的时间加以对照。

(三)当研究人员参考的是财政等文献时,在审核过程中则特别需要留心伪造的文献,比如说某些企业的财务文献,可能由于各种原因在某些方面出现伪造的现象。必要的时候,在资料审核过程,调查人员需要想该领域的专家请教,他们可能有一套专门鉴定文献的方法和技术。

## 拓展阅读2

### 一个资料整理的实例

本书结合笔者曾经所做一项关于我国志愿者队伍建设状况的课题研究的例子，来说明资料汇总的操作技术。

本课题为了了解当前我国志愿者队伍建设及志愿者的相关状况，曾在湖南、湖北、广东及四川等地区进行了问卷调查，以收集相关资料。下面，摘选该问卷中的部分，作为示例。

1. 姓名

2. 年龄

3. 专业特长

4. 请问您的月收入是

    a. 800 元及以下

    b. 801 ~ 1 200 元

    c. 1 201 ~ 1 600 元

    d. 1 600 元以上

5. 您的文化程度是

    a. 中学及以下

    b. 大专

    c. 大学本科

    d. 研究生及以上

本课题调查问卷提出了 55 个问题，收集了 400 份问卷资料，用手工整理资料的话工作量太大，而且难免会出差错，所以采用计算机进行资料整理。

（一）编码

上面摘选出的问卷中的五个问题，可以分为两类：第 1、2、3 题是开放式问题，第 4、5 题是封闭式问题。开放性问题需要先解决划分类别的问题。其步骤是先将答案通读一遍，然后进行概括、归纳，要注意穷尽性和互斥性原则。比如说专业特长这个问题，通读所以问卷的问答后归纳出了 12 个类别，145 种特长，那么就用数码的前两位代表类别，后一位代表类别中的不同特长。如果规定文学类别编码是 00，其中汉语文学的编码是 001，外国文学是 003，还可以规定活动方案策划是 045，书画是 065，等等，封闭式问题的分类是在调查之前就编制好的，所以只要指派具体的数字即可。表 10-10 就是本课题调查编码手册的一部分。

表 10-10　编码手册示例片段

| 格 | 问题号码 | 项目名称 | 内容说明 |
|---|---|---|---|
| 1~3 | 1 | 姓名 | 问卷回答者姓名编号 |
| 4~5 | 2 | 年龄 | 问卷回答者年龄 |
| 6~8 | 3 | 专业特长 | 专业特长详见附表 |
| 9 | 4 | 月收入 | 1. 800 元以下 |
| | | | 2. 800~1 200 元 |
| | | | 3. 1 200~1 600 元 |
| | | | 4. 1 600 元以上 |
| 10 | 5 | 文化程度 | 1. 中学及以下 |
| | | | 2. 大专 |
| | | | 3. 大学本科 |
| | | | 4. 研究生及以上 |

在表 10-10 中,可以看出编码手册包含了 4 个项目。

1. 资料卡片上的列数(即格)。如第 1~3 格,意味着资料卡片上的每一个个案的第 1~3 列的记录是被调查的姓名编号。第 1~3 列是 3 位数,它的编码可以从 001~999,就是说可以记载 999 个调查个案的情况。课题调查中的问卷调查对象总共有 400 人,所以留 3 个格是绰绰有余的。如果课题调查对象有 1 000 人,那么就要预留 4 个格。留格的多少要考虑每一类别有多少子项,不超过 9 个一般留 1 格;10~99 个一般留 2 格;以此类推。第 4、5 道题,每个问题的回答都只有 4 个选择,小于 9,所以留 1 格就够了。

2. 问题号码。编码手册上的问题号码和问卷上的题号是一致的。有了这个号码,就可以清楚地知道资料卡片的某几类资料是关于调查问卷中的哪一个问题的。

3. 项目名称。这是指问卷中所要调查的问题或项目是什么,有的教科书将之称为变量。

4. 编码的内容说明。即指某个问题或项目中的各个数字的具体含义。比如,编码手册的第 5 个问题,它规定了第 5 个问题调查文化程度,在资料卡片上它占 10 列,变量值 1 代表中学及以下,变量值 2 代表大专,变量值 3 代表大学本科,变量值 4 代表研究生及以上。如果我们在资料卡片的第一行读到这样的数字 0013404543,这时我们可以根据编码手册转译过来,即第 001 号被调查者,年龄 34 岁,专业特长是活动方案策划,月收入 1 600 以上,文化程度是大学本科。反过来,我们也可以将这段文字内容转换为数字符号,那就是 0013404543。编码手册的作用就是规定了资料卡片上每个位置上每个数字的实际意义。

在编码过程中,还要考虑到赋予问卷中问题无回答或不知道回答的情况以一个数码。给无回答答案的编码最常用的是0,对需要不止一个格的可以重复所给的数字(如00或000),给"不知道"答案的编码常为9或99、999。对大多数问题上述方法是可行的,因为指派数字往往从1开始,又很难超过9,所以让"无回答"为0,"不知道"为9很方便,但对少数问题,0和9两者均可能是被回答的问题本身所需要的数字(如家庭中子女的数目),在这种情况下:"无回答"和"不知道"的编码必须是在经验上绝对不会出现的数字(例如99,98;因为子女数目绝对不会有这么多)。这样往往在编码时要多增加1个格,如问家庭的子女数目,要占两格。如果回答有3个孩子,在登录时要写03(高位空格补0);"无回答"的编码为99,"不知道"编码为98。

(二)根据编码手册将问卷或调查表上的资料数字化,再过录到资料卡片上去

首先将每张问卷上的调查资料根据编码手册的指南转换成数字并填写在问卷右侧的短线上,然后就可过录到登录卡(资料卡片)上。在过录工作中我们可以培训一些编码员进行逐份编码和过录工作,这样可以加快工作速度。对编码员的要求是有一定的文化水平,细致耐心。培训工作有半天时间就可以完成,因为他们的工作基本上是一一对应,对号入座,并不复杂,关键在于细致耐心,不出差错。

(三)将登录在资料卡片上的资料输入到计算机

便于使用计算机对于调查资料的识别与运算,研究者需要将登录卡上的数据敲入计算机。在这一阶段,特别要求录入者注意力一定要高度集中,严防跳行、漏读、按错数键所产生的错误。随着计算机技术的发展,数据录入后可以利用计算机来查错、纠错。查错的程序有两种:第一种是检查输入信息的有效性,即对数码进行幅度检查。幅度检查的方法主要是检查资料的子项是否都在规定的幅度范围内。例如,关于性别的调查项目答案只有两个:男、女,如果男=1,女=2,那么这个项目的答案幅度是1、2,不可能有3、4等数码。幅度检查就是要把那些超越幅度的错误找出来。第二种是检索输入信息相互之间的一致性,即对数码进行逻辑检查。逻辑检查主要是检查同一份问卷中,不同问题的答案是否项目矛盾,例如问卷的第4题是询问年龄,年龄的编码是这样的:1~13岁=1;14~25岁=2;26~40岁=3;…。第6题是询问婚姻状况:已婚=1,未婚=2。假如第4题的答案是1,那么第6题的答案应该是2,如果是1的话,那么,不是第4题就是第6题的答案错了。逻辑检查可以找出答案的逻辑矛盾。

(四)向计算机发布指令,通过计算机来整理资料

当资料全部录入计算机磁盘之后,倘若计算机事先安装有SPSS统计分析软件包,则只需调动一个指令,就可以开始整理资料了。例如:我们想整理前面表格中的第五个问题,只需输入:"频数 变量=V5",几秒钟后,计算机屏幕就会显示出表10-11。

表 10-11　计算机输出结果

| 变量值 | 频　数 | 百分比/% | 累计百分比/% |
|---|---|---|---|
| 1 | 75 | 18.75 | 18.75 |
| 2 | 145 | 36.25 | 55.00 |
| 3 | 127 | 31.75 | 86.75 |
| 4 | 53 | 13.25 | 100.00 |
| 合　计 | 400 | 100.00 | — |

研究者根据这个表格所输出的结果打印出来,再根据编码手册,转译一下,就可以得出表 10-12。

表 10-12　参与志愿服务者的文化程度情况

| 文化程度 | 人　数 | 百分比/% | 累计百分比/% |
|---|---|---|---|
| 中学及以下 | 75 | 18.75 | 18.75 |
| 大专 | 145 | 36.25 | 55.00 |
| 大学本科 | 127 | 31.75 | 86.75 |
| 研究生及以上 | 53 | 13.25 | 100.00 |
| 合　计 | 400 | 100.00 | — |

当然,如果计算机暂时没有 SPSS 软件,就需要研究者要么先按照相关适用的软件,要么自己或求助于软件工作者来设计一个整理汇总的程序。

以上是一个整理问卷资料的完整过程。因为问卷法取得的资料是大量的,所以必须使用电子计算机才能迅速、准确地取得汇总结果,如果只搞一个典型调查,收集的资料少,就不必使用计算机,只用手工整理就可以了。整理资料的方法很多,一个大型的调查需要使用各种方法收集资料,因此手工整理和计算机整理都有用场。

## 拓展训练

根据所收集到的资料,进行资料的初步整理,并制作统计表及统计图。

# 任务 11　分析研究调查资料

## 任务描述 ·····························································

　　调查所得的原始资料经过审核、整理、汇总后,还需要进行系统的统计分析,才能揭示出调查资料所包含的众多信息,才能得出调查的结论,因而统计分析是现代社会调查方法中十分重要的一部分。调查者在统计分析的基础上,还必须对调查中所获得各种现象资料进行理论思维的加工处理,即运用比较分析、类比分析、因果分析、结构功能分析、归纳、演绎分析等方法,分析事物的内在联系、本质和规律,以便社会调查研究获得较为完整的科学结论。

## 任务完成 ·····························································

　　一、任务完成目的与要求

　　1. 掌握频数和百分比表分析、集中量数和离散量数的分析、数据分布形态的分析、位置量数分析、相关系数分析的分析特点及使用条件,了解回归分析。

　　2. 理解理论分析方法:比较分析、类比分析、因果分析、结构功能分析、归纳、演绎分析等方法的特点。

　　二、任务完成步骤

　　1. 老师结合设计的项目讲解数据分析和理论分析的基本知识;

　　2. 老师布置任务,要求学生对小组调查获得的数据进行分析,并在数据分析的基础上进行理论分析;

　　3. 在课堂上教师就学生分析中存在的问题进行总结;

　　4. 老师再次强调统计分析、理论分析的适用条件。

## 必备知识 ·····························································

### 一、　统计分析——单变量分析

　　调查所得的原始资料经过审核、复查、整理与汇总后,只有进行系统的统计分析,揭示出调查资料所包含的众多信息,才能得到调查的结论,因而统计分析在现代社会调查中是非常重要的。统计分析方法可根据变量的多少分为单变量、双变量和多变量分析。如果单变量与双变量称为初等统计,那多变量就可称为高等统计。根据教学目标与要求,本书只对初等统计的内容进行介绍。

单变量统计分析是对某一变量的数量特征所进行的描述和推论,它是最简单也是最基本的统计。包括两个大的方面,即描述统计和推论统计。

## ≫(一)描述统计

描述统计的主要目的在于用最简单的概括形式反映出大量数据资料所容纳的基本信息。它的基本方法包括集中趋势分析、离散趋势分析等。集中趋势分析指的是用一个典型值或代表值来反映一组数据的一般水平,或者说反映这组数据向这个典型值集中的情况。最常见的集中趋势有算术平均数(简称平均数,也称为均值)、众数和中位数 3 种。与集中趋势分析相反,离散趋势分析指的是用一个特别的数值来反映一组数据相互之间的离散程度。它与集中趋势一起,分别从两个不同的侧面描述和揭示一组数据的分布情况,共同反映出资料分布的全面特征。同时,它还对相应的集中趋势(如平均数、众数、中位数)的代表性作出补充说明。

常见的离散趋势统计量有全距、标准差、异众比率、四分位差等。其中,标准差、异众比率、四分位差分别与平均数、众数、中位数相对应,判定和说明平均数、众数、中位数代表性的大小。

例如对图 11-1 某课程成绩数据图中的总成绩做描述性统计分析具体步骤如下。

第 1 步:打开数据文件 data11-1. sav。

第 2 步:描述性分析设置。

选择:"分析—描述统计—描述",打开"描述"主对话框,确定要进行描述性分析的变量。

"选项"选择:用于确定要输出的统计量;在图 11-1 中单击"选项"按钮,打开"描述:选项"子对话框,并按图 11-2 所示进行设置。运行结果如表 11-1 所示,该结果包括变量值的个数、极值、均值、标准差、偏度和峰度等信息。

表 11-1   描述性统计分析结果

| | 个案数 | 最小值 | 最大值 | 平均值 | 标准差 | 偏度 | | 峰度 | |
|---|---|---|---|---|---|---|---|---|---|
| | 统计 | 统计 | 统计 | 统计 | 统计 | 统计 | 标准误差 | 统计 | 标准误差 |
| 总成绩 | 20 | 54.35 | 94.50 | 73.740 0 | 11.453 79 | .059 | .512 | -.849 | .992 |
| 有效个案数(成列) | 20 | | | | | | | | |

## ≫ (二)推论统计

简单地说,推论统计就是利用样本的统计值对总体的参数值进行估计的方法。推论统计的内容主要包括两个方面:一是参数估计;二是假设检验。

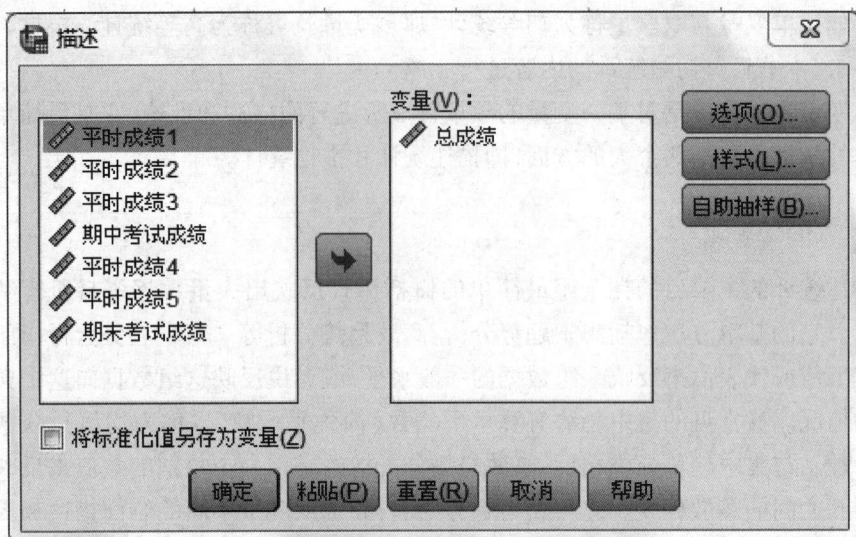

图 11-1 "描述性"对话框

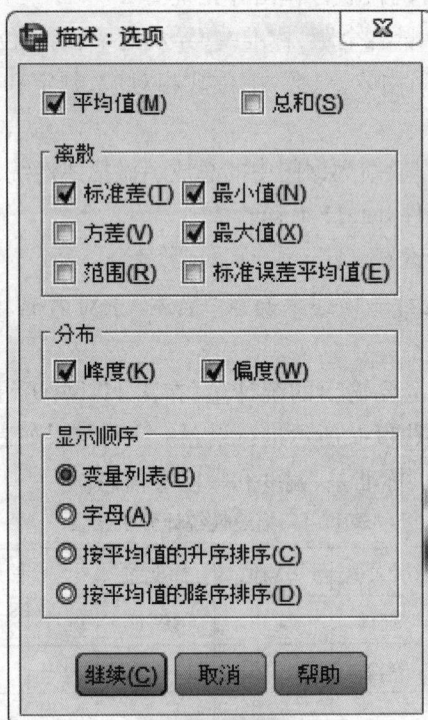

图 11-2 "描述:选项"子对话框

**1. 参数估计**

就是根据抽样结果,科学地估计总体参数值的大小和范围。参数估计有点估计和区间估计两种方法。

(1)点估计。利用样本统计单值直接估计未知总体参数的方法。如从某市抽取100名高中生作为样本,计算出他们的年龄均值为16.5岁,然后将该值作为全市高中生的平均年龄。这种以点代面的估计方法即为点估计法。点估计法一般只用来对总体参数进行粗略的估算,由于它不能说明估计的准确程度和可靠度,因此很少被使用。

(2)区间估计。在一定的把握程度上对总体参数可能落入的一个数值范围做出估计的方法。如计算出某市高中生的平均年龄可能在 15 ~17 岁的范围内,这种估计总体参数在一定区间的推断方法就是区间估计法。由于有抽样误差的存在,区间估计会受样本统计值和样本误差的影响而发生波动,因此需判断估计成功的把握程度。把握程度可用显著水平的概念来表示。所谓显著水平,是指根据概率计算的当样本与总体没有真实差异时出现实得误差的最大可能性。如对某市高中生重复抽样 100 次,如果有 96 次或是 91 次所作的区间估计包含了高中生的平均年龄在 15 ~17 岁之间,则进行一次估计成功的概率为 96% 或 91% ,即显著水平达到 4% (0.04)或 9% (0.09) ,也就是说估计错误的可能性不超过 4% 或 9% 。按一定显著水平求得的估计区间称为置信区间。在进行区间估计时所选定的显著水平愈高,把握程度越高,区间估计的范围也愈大;反之,把握程度则愈小,区间估计的范围也就愈小。区间估计的实质就是在一定的可信度(置信度)下,用样本统计值的某个范围(置信区间)来估价总体的参数值。范围的大小反映的是这种估计的精确性问题,而可信度高低反映的则是这种估计的可靠性或把握性问题。

例如利用 SPSS 对某学校学生的身高、体重及腰围的调查数据文件中的身高进行置信区间估计,具体步骤如下。

第 1 步:打开数据文件 data11-2. sav。

第 2 步:描述性分析设置。

选择:"分析—描述统计—探索",打开"探索"主对话框,从左边的变量列表中将"身高"选入右边的"因变量列表"框中,如图 11-3 所示。

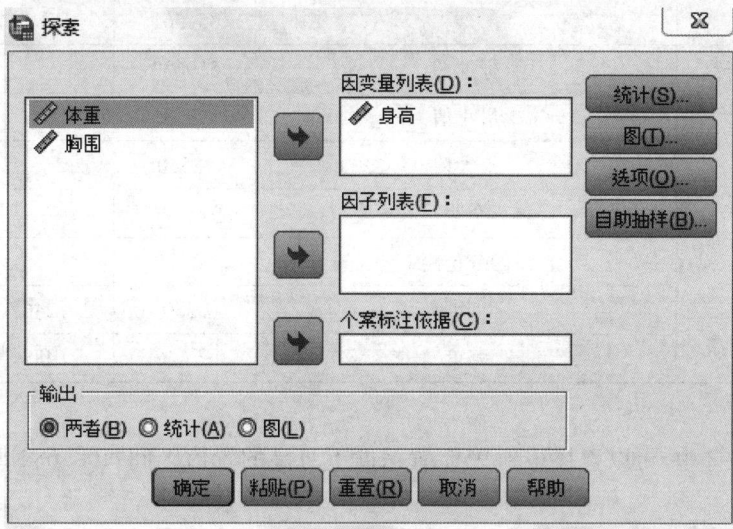

图 11-3　"探索"对话框

第3步：点击"统计"按钮，出现"探索：统计量"对话框，系统默认状态是选择描述性统计量，求95%置信度下的均值的置信区间，如图11-4。

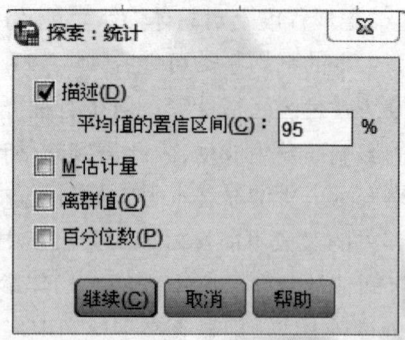

图11-4 "探索：统计量"对话框

第4步：点击"继续"按钮，返回"探索"对话框，点击"确定"按钮，得到相关结果，如表11-2。

表11-2 身高的置信区间

| 身高的置信区间 | | | 统计 | 标准误差 |
|---|---|---|---|---|
| 身高 | 平均值 | | 109.891 | .6086 |
| | 平均值的 95% 置信区间 | 下限 | 108.682 | |
| | | 上限 | 111.099 | |
| | 5% 减除后平均值 | | 109.780 | |
| | 中位数 | | 109.250 | |
| | 方差 | | 35.561 | |
| | 标准差 | | 5.9633 | |
| | 最小值 | | 99.3 | |
| | 最大值 | | 125.0 | |
| | 全距 | | 25.7 | |
| | 四分位距 | | 8.0 | |
| | 偏度 | | .350 | .246 |
| | 峰度 | | -.446 | .488 |

从表11-2中，可以直接得到95%置信度下身高的置信区间：108.682厘米～111.099厘米。

**2. 假设检验**

假设检验问题是推论统计中的另一种类型。首先需要说明的是，这里的假设不是指抽象层次的理论假设,而是指和抽样手段联系在一起并且依靠抽样数据进行验证的经验层次的假设,即统计假设。

假设检验,实际上就是先对总体的某一参数作出假设,然后用样本的统计量去进行验证,以决定假设是否为总体所接受。假设检验所依据的是概率论中的小概率原理,即"小概率事件在一次观察中不可能出现"的原理。但是,如果现实的情况恰恰是在一次观察中出现了小概率事件,那该如何判断呢? 一种是认为该事件的概率仍然很小,只不过不巧被碰上了;另一种则是怀疑和否定该事件的概率未必很小,即认为该事件本身不是一种小概率事件,而是一种大概率事件。后一种判断更为合理,它所代表的正是假设检验的基本思想。概括起来,假设检验的步骤是:

①建立虚无假设和研究假设。通常是将原假设作为虚无假设。

②根据需要选择适当的显著性水平 $a$(即概率的大小),通常有 $a = 0.05$,$a = 0.01$ 等。

③根据样本数据计算出统计值,并根据显著性水平查出对应的临界值。

④将临界值与统计值进行比较,若临界值大于统计值的绝对值,则接受虚无假设;反之,则接受研究假设。

例如表 11-2 的样本统计数据显示:身高均值为 109.891 厘米。现在想知道的是总体的身高均值会不会是 112 厘米? 为此,可以先假定总体身高均值 $\mu_0 = 112$ 厘米,与之对立的研究假设是总体身高 $\mu_1 \neq 112$ 厘米,再用样本统计值进行检验。在 SPSS 中,可以用单一样本 $t$ 检验来完成。具体步骤如下。

第 1 步: 打开数据文件 data11-2. sav。

第 2 步: 单样本 T 检验分析设置。

选择菜单:"分析—比较平均值—单样本 T 检验",打开"单样本 T 检验"主对话框,确定要进行 T 检验的变量并输入检验值,如图 11-5 所示。

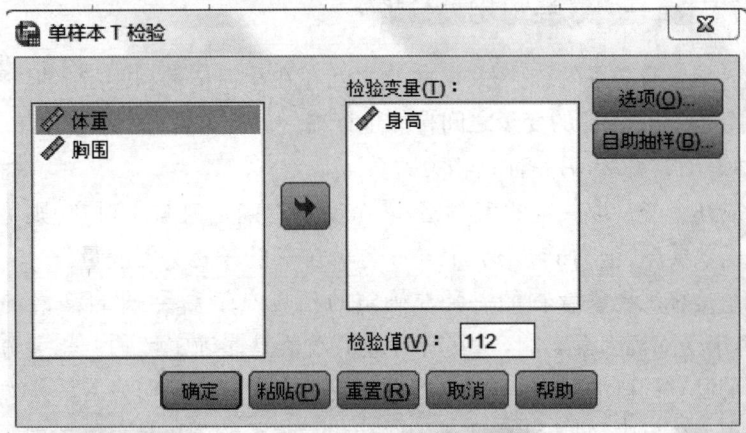

**图 11-5 "单样本 T 检验"对话框**

第 3 步:点击"选项"按钮,出现"单样本 T 检验:选项"对话框的"置信区间"中输入置信度,系统默认为 95% ,如图 11-6。

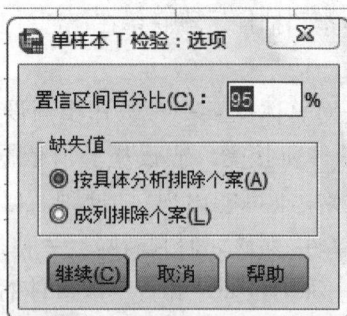

**图 11-6　"单样本 T 检验：选项"对话框**

第 4 步：点击"继续"按钮，返回"单样本 T 检验"对话框，点击"确定"按钮，得到相关结果，如表 11-3。

**表 11-3　单样本 T 检验结果**

| 单样本 T 检验结果 | | | | | |
|---|---|---|---|---|---|
| 检验值＝112 | | | | | |
| | $t$ | 自由度 | 显著性（双尾） | 平均值差值 | 差值 95% 置信区间 | |
| | | | | | 下限 | 上限 |
| 身高 | −3.466 | 95 | .001 | −2.1094 | −3.318 | −.901 |

从表 11-3 可以看到，$|t|=3.466>$临界值＝1.96，$t$ 统计量的显著性为 0.001，小于所要求的显著水平 0.05，所以拒绝原假设，接受研究假设，即总体身高值不会是 112 厘米。

## 二、　统计分析——双变量相关分析

客观世界是普遍联系的统一整体，事物之间存在相互依赖、相互制约、相互影响的关系。描述事物数量特征的变量之间自然也存在一定的关系，变量之间的关系可以分为两种：一种是函数关系，另一种是相关关系。

当一个或几个变量取一定的值时，另一个变量有确定值与之对应，则称这种关系为确定性的函数关系，记为 $y=f(x)$，其中 $x$ 称为自变量，$y$ 称为因变量。

相关关系是客观现象存在的一种非确定的相互依存关系，即自变量的每一个取值，因变量由于受随机因素影响，与其所对应的数值是非确定性的。相关分析中的自变量和因变量没有严格的区别，可以互换。本书只介绍双变量相关关系分析。

在各种相关分析中，只有两个变量的线性相关关系的分析是最简单的。两个变量之间的线性 相关程度可以用简单线性相关系数去度量，相关系数是反映变量之间相关关系密切程度的统计量，根据线性相关系数计算方法的不同，线性相关系数具体分为如下三种。

### ≫（一）皮尔逊（Pearson）相关系数及检验

皮尔逊相关也称为积差相关（或积矩相关）是英国统计学家皮尔逊于20世纪提出的一种计算直线相关的方法。这是最简单也最常用的相关系数，用于衡量间隔尺度变量间的线性关系。其计算公式如下：

$$r = \frac{\sum_{i=1}^{n}(x_i - \bar{x})(y_i - \bar{y})}{\sqrt{\sum_{i=1}^{n}(x_i - \bar{x})^2 \sum_{i=1}^{n}(y_i - \bar{y})^2}}$$

公式中 $r$ 只是代表了样本的相关系数，其中，"$n$" 为样本数，$x_i$，$y_i$ 代表两个变量的样本观测值。

当两个变量的标准差都不为零时，相关系数才有定义，皮尔逊相关系数适用于：

1. 两个变量之间是线性关系，都是连续数据。

2. 两个变量的总体是正态分布，或接近正态的单峰分布。

3. 两个变量的观测值是成对的，每对观测值之间相互独立。

虽然样本相关系数 $r$ 可作为总体相关系数 $\rho$ 的估计值，但从相关系数 $\rho=0$ 的总体中抽出的样本，计算其相关系数 $r$，因为有抽样误差，故不一定是0，要判断不等于0的 $r$ 值是来自 $\rho=0$ 的总体还是来自 $\rho \neq 0$ 的总体，必须进行显著性检验。

检验的原假设是总体相关系数 $\rho=0$，即相关系数不显著，在原假设为真的条件下，与样本相关系数 $r$ 有关的 $t$ 统计量服从自由度为 $(n-2)$ 的 T 分布：

$$t = \frac{r\sqrt{n-2}}{\sqrt{1-r^2}}$$

SPSS 会自动计算 T 检验统计量的观测值和对应的显著性概率 P 值，根据 P 值来判断相关系数的显著性。

例如某小学在统考中随机抽取30名考生的语文与数学成绩，具体如下。

语文成绩：60,62,53,57,62,59,48,41,46,58,51,55,78,74,60,62,53,57,62,59,48,41,46,58,51,55,78,74,60,62。

数学成绩：62,80,77,65,64,67,53,58,67,65,68,68,69,58,88,62,80,77,67,65,61,58,65,68,68,69,58,88,62,80。

请对其进行相关性分析（显著性水平取 $a=0.05$）。

第1步：分析。

由于考虑的是学生语文成绩和数学成绩的相关性问题，故应用二元变量的相关性进行分析，同时学习成绩是定距变量，所以考虑用皮尔逊相关系数来衡量。

第2步：数据的组织。

数据分成两列，一列是语文成绩，变量名为"语文成绩"；另一列是数学成绩，变量名为"数学成绩",输入数据并保存(data11-3.sav)。

第 3 步:双变量的相关性分析。

选择菜单"分析—相关—双变量",打开如图 11-7 所示的对话框,将"语文成绩"和"数学成绩"两变量移入"变量"框中;"相关系数"选择"皮尔逊";在"显著性检验"中选择"双尾";单击"选项"按钮,弹出如图 11-8 所示的对话框,选中"统计"选项框下的两项,计算结果中将输出均值和标准差、叉积偏差和协方差。

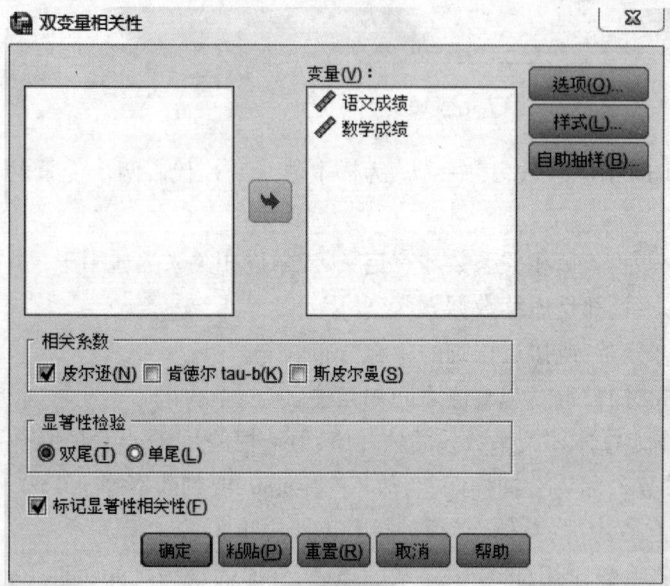

图 11-7 "双变量相关性"对话框

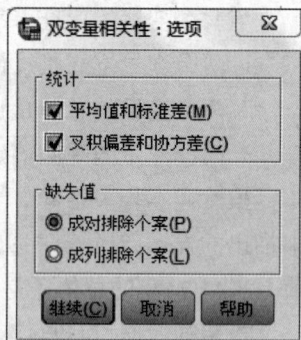

图 11-8 "双变量相关性:选项"对话框

第 4 步:主要结果及分析。

运行的主要结果如表 11-4 和表 11-5 所示,具体分析如下。

### 1. 描述性统计表

表 11-4 列出了描述性统计量平均值、标准差和统计量个案数。

表 11-4 描述性统计量

|  | 平均值 | 标准差 | 个案数 |
|---|---|---|---|
| 语文成绩 | 57.666 7 | 9.535 17 | 30 |
| 数学成绩 | 67.900 0 | 8.774 37 | 30 |

### 2. 相关分析结果表

表 11-5 是相关分析的主要结果,其中包括平方和与叉积、协方差、皮尔逊相关系数及显著性概率 P 值。

表 11-5　双变量相关性检验结果

|  |  | 语文成绩 | 数学成绩 |
|---|---|---|---|
| 语文成绩 | 皮尔逊相关性 | 1 | .221 |
|  | 显著性（双尾） |  | .240 |
|  | 平方和与叉积 | 2 636.667 | 537.000 |
|  | 协方差 | 90.920 | 18.517 |
|  | 个案数 | 30 | 30 |
| 数学成绩 | 皮尔逊相关性 | .221 | 1 |
|  | 显著性（双尾） | .240 |  |
|  | 平方和与叉积 | 537.000 | 2 232.700 |
|  | 协方差 | 18.517 | 76.990 |
|  | 个案数 | 30 | 30 |

从表 11-5 可看出，相关系数为 0.221>0，说明呈正相关，相关系数的显著性为 0.240>0.05，因此无法拒绝原假设（$H_0$：两变量之间相关系数为零），即说明学生的语文成绩与数学成绩不存在显著性正相关。

### 》》（二）斯皮尔曼（Spearman）相关系数及检验

在进行相关分析的过程中，我们经常会遇到一些不适宜用皮尔逊相关系数的数据，例如，变量的度量尺度不是间隔尺度而是顺序尺度的数据，变量总体的分布不详，这时皮尔逊相关系数就不再适用。

若两列变量值为顺序尺度的数据（又称为定序数据），并且变量值所属的两个总体并不一定呈正态分布，样本容量不一定大于 30，这时两个变量之间的相关性可以通过计算斯皮尔曼相关系数进行分析。斯皮尔曼相关系数的计算公式为：

$$r = 1 - \frac{6 \sum_{i=1}^{n} d_i^2}{n(n^2 - 1)}$$

斯皮尔曼等级相关系数对数据条件的要求没有皮尔逊相关系数严格，只要两个变量的观测值是成对的等级评定资料，或者是由连续变量观测资料转化得到的等级资料，不论两个变量的总体分布形态、样本容量的大小如何，都可以用斯皮尔曼等级相关系数来进行研究。

斯皮尔曼相关系数假设检验的原假设也是总体相关系数 $\rho = 0$，在小样本下，斯皮尔曼相关系数 $r$ 就是检验统计量，在大样本下，采用正态检验统计量 Z 统计量：

$$Z = r\sqrt{n - 1}$$

公式中,Z统计量服从标准正态分布。

SPSS将自动计算斯皮尔曼相关系数、Z检验统计量的观测值和对应的概率P值。

例如某高校抽样10名短跑运动员,测出100米短跑的名次和跳高的名次如表11-6所示,问这两个名次是否在0.05的显著性水平下具有相关性。(数据来源:马庆国,《应用统计学:数据统计方法、数据获取与SPSS应用》,科学出版社;参见数据文件:data6-4.sav)

表11-6 10名运动员的100米短跑及跳高名次

| 百米名次 | 1 | 2 | 3 | 4 | 5 | 6 | 7 | 8 | 9 | 10 |
|---|---|---|---|---|---|---|---|---|---|---|
| 跳高名次 | 4 | 3 | 1 | 5 | 2 | 7 | 10 | 8 | 9 | 6 |

第1步:分析。

由于百米名次和跳高名次均是定序数据,故考虑用斯皮尔曼相关系数进行分析。

第2步:数据的组织。

数据分成两列,第一列是百米名次,变量名为"百米名次";第二列是跳高名次,变量名为"跳高名次",输入数据并保存。

第3步:两元变量的相关性分析。

选择菜单:"分析,相关—双变量",打开如图11-9所示的对话框,将"百米名次n"和"跳高名次"两个变量移入"变量"框中;相关系数选择"斯皮尔曼"系数;在显著性检验中选择双尾检验。

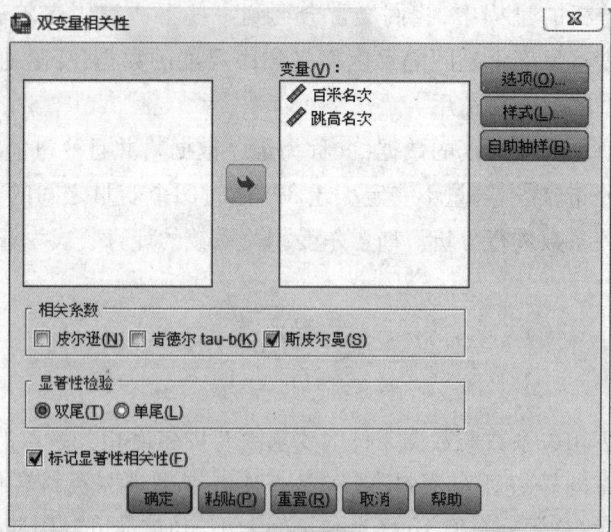

图11-9 "双变量相关性"对话框

第4步:主要结果及分析。

运行的主要结果如表11-7所示。

表 11-7  双变量相关性检验结果

|  |  |  | 百米名次 | 跳高名次 |
|---|---|---|---|---|
| 斯皮尔曼 Rho | 百米名次 | 相关系数 | 1.000 | .697* |
|  |  | 显著性(双尾) | . | .025 |
|  |  | 个案数 | 10 | 10 |
|  | 跳高名次 | 相关系数 | .697* | 1.000 |
|  |  | 显著性(双尾) | .025 | . |
|  |  | 个案数 | 10 | 10 |

*. 在 0.05 级别(双尾),相关性显著。

具体分析如下:

由上表可知:相关系数为 0.697>0,说明呈正相关,而相伴概率值 0.025<0.05,说明百米名次和跳高名次在 0.05 水平下是显著相关的。由表下的注释(在 0.05 级别(双尾),相关性显著)也可看出这两个名次在 0.05 的显著性水平下是显著相关的。

### 》》(三)肯德尔(Kendall's tau-b)等级相关系数及检验

肯德尔 tau-b 等级相关系数是用于反映分类变量相关性的指标,适用于两个分类变量均为有序分类的情况。对相关的有序变量进行非参数相关检验;取值范围在-1-1之间,此检验适合于正方形表格。肯德尔 tau-b 等级相关系数的计算公式为

$$\tau = (U - V) \frac{2}{n(n-1)}$$

肯德尔 tau-b 等级相关系数假设检验的原假设也是总体相关系数 $\rho = 0$,在小样本情况下,斯皮尔曼相关系数 $r$ 就是检验统计量,在大样本情况下采用的检验统计量为

$$Z = \tau \sqrt{\frac{9n(n-1)}{2(2n+5)}}$$

式中,Z 统计量近似服从标准正态分布。

SPSS 将自动计算肯德尔 tau-b 等级相关系数、Z 检验统计量和对应的概率 F 值。

例如:假设男女两个消费者对某 10 件商品的质量进行评价,其评分状态如表 11-8。问男性、女性评价是否一致(a=0.05)?

表 11-8  男女评分等级表

| 商品 | 男评分等级 | 女评分等级 |
|---|---|---|
| 1 | 5 | 4 |
| 2 | 1 | 2 |
| 3 | 8 | 6 |

续表

| 商品 | 男评分等级 | 女评分等级 |
|---|---|---|
| 4 | 7 | 9 |
| 5 | 4 | 8 |
| 6 | 3 | 3 |
| 7 | 9 | 5 |
| 8 | 2 | 1 |
| 9 | 10 | 10 |
| 10 | 6 | 7 |

第1步:分析。

由于男评分等级和女评分等级均是定序数据,故考虑用斯皮尔曼相关系数进行分析。

第2步:数据的组织。

数据分成两列,第一列是男评分等级,变量名为"男评分";第二列是女评分等级,变量名为"女评分",输入数据并保存(data6-5.sav)。

第3步:两元变量的相关性分析。

选择菜单:"分析,相关—双变量",打开如图11-10所示的对话框,将"男评分"和"女评分"两变量移入"变量"框中;相关系数选择"斯皮尔曼"和"肯德尔tau-b"系数;在显著性检验中选择双尾检验。

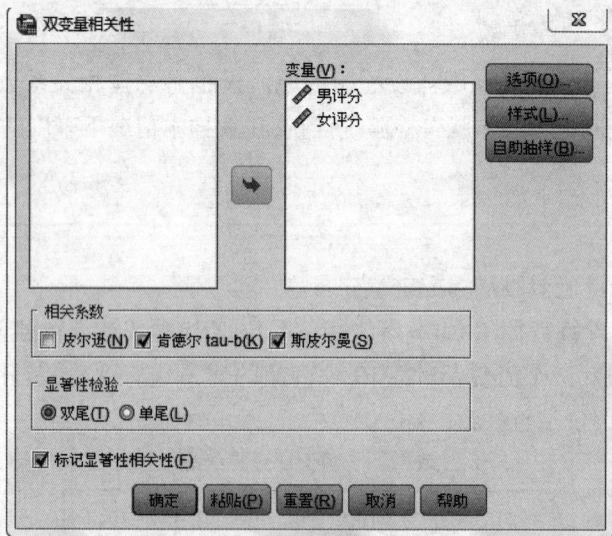

图11-10 "双变量相关性"对话框

第4步:主要结果及分析。

运行的主要结果如表11-9所示。

表 11-9　双变量相关性检验结果

| | | | 男评分 | 女评分 |
|---|---|---|---|---|
| 肯德尔 tau_b | 男评分 | 相关系数 | 1.000 | .556* |
| | | 显著性（双尾） | . | .025 |
| | | 个案数 | 10 | 10 |
| | 女评分 | 相关系数 | .556* | 1.000 |
| | | 显著性（双尾） | .025 | . |
| | | 个案数 | 10 | 10 |
| 斯皮尔曼 Rho | 男评分 | 相关系数 | 1.000 | .733* |
| | | 显著性（双尾） | . | .016 |
| | | 个案数 | 10 | 10 |
| | 女评分 | 相关系数 | .733* | 1.000 |
| | | 显著性（双尾） | .016 | . |
| | | 个案数 | 10 | 10 |

*. 在 0.05 级别（双尾），相关性显著。

具体分析如下。

从表 11-9 的上半部分可看出，两变量的肯德尔相关系数为 0.556 >0，双尾检验的显著性概率为 0.025 <0.05，应拒绝两变量不相关的原假设，说明两变量具有显著的正相关性。

从表 11-9 的下半部分可看出，两变量的斯皮尔曼相关系数为 0.733>0，同时双尾检测的显著性概率值 P =0.016<0.05，也说明两变量呈显著的正相关性. 从表的脚注可看出双尾检测下两变量在 0.05 水平上具有显著的正相关性。

## 三、比较分析

### 》》（一）比较分析的类型

比较是对调查资料进行理论分析的最常用、最基本的方法。比较法是将不同的事物和现象进行对比，找出其异同点，从而分清事物和现象的特征及其相互联系的方法。所谓"不怕不识货，就怕货比货"。

比较多种多样：数量比较、质量比较、纵向比较、横向比较、形式比较、内容比较、同类比较、异类比较、结构比较、功能比较、理论与事实比较等。采取那种比较方法取决于研究的需要。

横向比较：就是根据同一标准对同一时间的不同认识对象进行比较的方法；

纵向比较:就是对同一认知对象在不同时期的特点进行比较,以发现其历史的变化趋势。因此它又叫历史比较。

横向比较和纵向比较各有其长短。横向比较的优点是现实性强,容易理解,便于掌握,它侧重从质与量上对认识对象加以区分;缺点是作为一种静态比较法,难以揭示事物的本质规律及发展趋势。纵向比较的长处在于能够揭示事物之间的有机联系,认识事物之间的发展趋势;但它往往对事物之间横向联系注意不够。因此,需要将横向比较与纵向比较相结合,以达到对事物的深入了解和认识。

进行比较研究,要特别注意事物的可比性。要使两个事物或两种现象具有可比性,关键是选择恰当的比较角度,建立起对双方都适用的比较标准。否则就无法进行比较。例如可以把合资企业和国有企业的经济效益进行比较,但不可以把企业的经济效益与政府的工作作风放在一起比较。因为经济效益与工作作风是两种不同的指标。

### ≫（二）类型比较——横向比较

类型比较就是对各种类型进行比较的方法。类型比较是一种横向比较。

类型比较研究方法包括两个步骤或两个层次,首先是建立或识别类型,然后是对不同类型进行比较,在比较中认识事物或社会现象的本质特征。

类型比较的最终目的是更深入地认识客观事物。

例如:毛泽东在《中国社会各阶级分析》一文中,把中国社会阶级区分为地主阶级、买办阶级、中产阶级、小资产阶级、半无产阶级、无产阶级和游民无产者,然后对他们的经济地位与政治态度进行了比较分析,在此基础上形成了谁是革命的敌人、谁是革命的朋友、应该依靠谁、团结谁、反对谁的理论认识,并据此制定出适合中国社会特点的新民主主义革命路线。

改革开放后,在调查中广泛运用了类型比较法进行研究。如农村改革前期的安徽模式与四川模式的比较,改革后期的苏南模式与温州模式的比较。通过比较积累经验,再向全国推广。

**1. 同类比较**　比较两种或两种以上同类事物而认识异同点的方法。同类相同点比较,可以找到事物发生发展的共同规律。同类相异点比较,可以找到事物发生发展的特殊性。如对我国社会经济发展水平不同的农村地区基础教育发展的比较研究。通过三个抽样县调查说明,虽然经济发展水平不同,但在普及九年制义务教育方面都采取了若干共同措施,也正是通过对不同地区普及义务教育的经验教训的比较分析,力图对促进农村地区基础教育发展作出若干概括性结论。

**2. 异类比较研究**　比较两种或两种以上性质相反的事物或一个事物的正反两方面,通过比较表面相异的两类对象以发现异中之同,找出其中的共同规律。这种比较,反差大、结果鲜明,有利于鉴别和分析。如有人对老子、赫拉克利特辩证思想的比较研究,发现二者在天道观、发展观、矛盾观等方面有惊人的相似之处,又有各自阐发的侧重和局限性,而该问题的研究,对探讨古代哲学的发展有重要意义。

## ≫（三）历史比较——纵向比较

是一种纵向比较，它是对不同历史时期的社会现象的异同点进行比较和分析，由此揭示社会现象的发展趋势或发展规律。

历史比较法常用于宏观社会研究，如历史阶段的划分。其目的在于通过对比，发现社会现象在历史演变过程的变化规律，从而获得对社会变迁的科学认识，建立科学的社会发展和社会变迁理论，以科学地解释人类社会。

在具体的社会调查研究中运用社会比较法，是将收集到的具体事实分为不同时期进行比较，并具体分析它们的差异，概括出一些本质差异，然后上升到某种社会历史理论的高度对这种差异作出说明和解释，或者提出一些新的理论观点。

## 四、 类比法

类比法也叫"比较类推法"，是指由一类事物所具有的某种属性，可以推测与其类似的事物也应具有这种属性的推理方法。其结论必须由实验来检验，类比对象间共有的属性越多，则类比结论的可靠性越大。反之，结论的可靠性程度就会越小。此外，要注意的是类比前提中所根据的相同情况与推出的情况要带有本质性。如果把某个对象的特有情况或偶有情况硬类推到另一对象上，就会出现"类比不当"或"机械类比"的错误。

## ≫（一）类比的特征

类比推理是这样的一种推理，它把不同的两个（两类）对象进行比较，根据两个（两类）对象在一系列属性上的相似，而且已知其中的一个对象还具有其他的属性，由此推出另一个对象也具有相似的其他属性的结论。

类比推理的基本原理可以用下列模式来表示：

$A$ 对象具有属性 $a$、$b$、$c$，另有属性 $d$，

$B$ 对象具有属性 $a$、$b$、$c$，

所以，$B$ 对象具有属性 $d$。

上述的"$A$""$B$"是指不同的对象。可以指①指不同的个体对象；②指不同的两类对象；③指不同的领域。

类比的结论是或然的。类比的结论之所以具有或然性，主要是由于以下两方面的原因：

第一，是因为对象之间不仅具有相似性，而且具有差异性。就是说，$A$、$B$ 两对象尽管在一系列属性（$a$、$b$、$c$）上是相似的，但由于它们是不同的两个对象，总还有某些属性是不同的。如果 $d$ 属性恰好是 $A$ 对象异于 $B$ 对象的特殊性，那么，我们作出 $B$ 对象也具有 $d$ 属性的结论，便是错误的。

第二,是对象中并存的许多属性,有些是对象的固有属性,有些是对象的偶有属性。

类比法的特点是"先比后推"。"比"是类比的基础,既要"比"共同点也要"比"不同点。对象之间的共同点是类比法是否能够施行的前提条件,没有共同点的对象之间是无法进行类比推理的。

### ≫（二）类比的类型

类比的出发点是对象之间的相似性;而相似对象又具有多种多样的属性,在这些属性之间又有这样和那样的关系。人们对这些关系的认识过程,是从简单到复杂的过程。随着对这些关系认识的不断深化,人们所运用的类比方法也就出现了不同的类型。

(1)性质类比。所谓性质类比,就是根据类比物的性质与应予解释的系统的性质之间的类似性所进行的类比。

性质类比是类比方法中比较简单的类型,这种类比仅以类比物与应予解释的系统之间的性质相似为依据,这种类似性还是比较肤浅的,还没有确定各相似性质之间的必然性联系。由此可推出:所得的结论具有很大的或然性。

(2)形式类比。形式类比是依据类比物与应予解释的系统两个领域的因果关系或规律性相似而进行的类比。

由于形式类比是以相似的因果关系或规律性为依据的,因此这种类比结论的可靠性程度就能大大地提高。

(3)综合类比。综合类比是在应用综合法建立数学模型的基础上,根据数学模型之间的相似性而进行的一种类比。

### ≫（三）类比法的一般应用

尽管类比推理的结论不是十分可靠的,但是它在研究活动中,却有着非常重大的意义:

(1)类比是提供一种发现事物规律和提出一种假设的重要方法。科学史上的重大发现,有许多是应用类比推理获得的。荷兰科学家惠更斯把光和声进行类比,根据光和声有许多相同的属性,而声是呈波动状态向外传播的,因此他推论光也以波动状态进行传播。总之,科学史上运用类比推理的例子是不胜枚举的。无数事例说明,类比推理是人们思维活动中的一种重要的思维形式。

(2)类比被用于解释新的理论和定义。当一新理论刚提出之时,必须通过类比用人们已熟悉的理论去说明新提出的理论和定义;新提出的理论必须与别的已知理论进行类比,它才能得以解释。

(3)类比与模拟实验也有密切关系。在客观条件受到限制而不能直接考察被研究对象时,往往可以依据类比而采用间接的模拟实验进行研究。

## ≫（四）类比法在商业预测领域的特殊般应用

许多事物的变化发展规律都带有某种相似性，尤其是同类事物之间。类比预测是根据类推性原理，把预测对象同其他类似事物进行对比分析，从而估计和推断预测对象未来发展与市场预测发展变化趋势的一种预测方法。类比预测适用范围广，方法简便，论证性强。依据类比目标的不同，类比预测推断可以分为产品类推、地区类推、行业类推和局部总体类推。

**1. 产品类推**　产品类推是根据产品在功能、结构、原材料、规格等方面具有的相似性，推测产品市场的发展可能出现的某种相似性。如可以根据我国家用电冰箱的市场发展规律大致地推断家用空调的发展趋势。与性质相近相似产品的类比，特别适合于新产品开发方面的预测。如可以根据消费者在口味和香型方面的需求，类比推断卷烟制品香型的发展趋势，比如开发水果香型的卷烟等。

**2. 地区类推**　地区类推是依据其他地区（或国家）曾经发生过的事件进行类比推断。同一产品在不同地区或国家有领先或落后的发展状况，可以根据某一地区的市场状况类推另一地区的市场。如把预测对象与另一地区同类产品发展变化的过程或趋势相比较，找出相类似的变化规律，用来推测预测对象未来的发展趋势。下面用一个案例来说明该法的应用：

例如：某市下辖 A1、A2、A3、A4 四个区，各区人口及去年卷烟销量见表 11-10，经过对 A1 区卷烟消费者的抽样调查，预测今年 A1 区的人均卷烟需求为 7.8 条/人，假设今年人口数不变，各区保持和去年同样的销售比率，请运用对比类推预测法，根据 A1 区情况预测各区今年的卷烟销售量。（保留 3 位小数）

表 11-10　某市去年四区卷烟销售量

| 区 | A1 | A2 | A3 | A4 |
|---|---|---|---|---|
| 实际销售量 | 150 | 185 | 146 | 228 |
| 人口/万人 | 20 | 25 | 20 | 30 |

**分析提示：**

（1）确定预测目标。确定预测目标就是确定预测对象，以及预测的目的和要求。这里的预测目标是根据 A1 区今年的卷烟需求（7.8 条/人），预测今年 A2、A3、A4 各区的卷烟销售量。

（2）因为四个区同属一市，可以认为四个区的卷烟需求变化具有相同趋势。可采用地区类推法，将 A1 区今年卷烟需求（7.8 条/人）作为类推基准，预测 A2、A3、A4 区今年的卷烟需求，进而预测各区今年的卷烟销售量。

（3）具体类推计算如下：

①计算去年各区人均卷烟需求

A1 区去年人均卷烟需求 = 150/20 = 7.5（条/人）

A2 区去年人均卷烟需求 $=185/25=7.4$(条/人)

A3 区去年人均卷烟需求 $=146/20=7.3$(条/人)

A4 区去年人均卷烟需求 $=228/30=7.6$(条/人)

不妨把 A1 区的去年人均卷烟需求视为1,则其余各区相对于 A1 区的去年人均卷烟需求相对值为:

A2 区相对值 $=7.4/7.5=0.987$

A3 区相对值 $=7.3/7.5=0.973$

A4 区相对值 $=7.6/7.5=1.013$

②类推计算今年各区人均卷烟需求

已知 A1 区今年人均卷烟需求为 7.8 条/人,以此为类推基准,且其余各区相对值保持不变,则其余各区今年人均卷烟需求可类推得到:

A2 区今年人均卷烟需求 $=7.8\times.987=7.699$(条/人)

A3 区今年人均卷烟需求 $=7.8\times.973=7.589$(条/人)

A4 区今年人均卷烟需求 $=7.8\times1.013=7.901$(条/人)

③计算各区今年卷烟销售量预测值

A1 区:$20\times7.8=156.0$(万条)

A2 区:$25\times7.699=192.475$(万条)

A3 区:$20\times7.589=151.78$(万条)

A4 区:$30\times7.901=237.03$(万条)

**3. 行业类推**　行业类推是根据领先的行业市场状况类推滞后的行业市场,多用于新产品开发预测,以相近行业的类似产品的发展变化情况,来推断新产品的发展方向和变化趋势。

**4. 局部总体类推**　局部总体类推,即以局部推断总体。一般在应用上可以用某一个企业的普查资料或某一个地区的抽样调查资料为基础,进行分析、判断、预测和类推某一行业或整个市场的发展变化趋势。下面用一案例说明该法的应用:

例如,A 市烟草公司所辖地区有 750 万人,为了预测明年全市卷烟销售量,公司的经济运行处选择辖区综合消费、经济发展处于全地区中等水平的 B 县进行调查统计。经调查,B 县有 100 万人,预测明年全县销售卷烟 770 万条,请用对比类推法中的局部总体类推法,根据 B 县情况预测 A 市明年的卷烟销售量。

**分析提示:**

(1)确定预测目标。这里的预测目标是 A 市明年的卷烟销售量。

(2)收集整理资料,进行分析判断。根据调查,下辖的 B 县综合消费、经济处于全地区中等水平,有 100 万人,预测明年全县销售卷烟 770 万条,从而求得:

B 县明年人均卷烟消费量预测值 $=$ 销售量 $\div$ 人口数 $=770\div100=7.7$(条/人)

(3)运用局部总体类推法的原理,以明年 B 县人均卷烟消费量作为 A 市明年人均年卷烟销售水平,即明年 A 市人均卷烟消费量为 7.7 条,则可以预测

A 市明年的卷烟销售量:

A 市明年的卷烟销售量＝A 市人均年卷烟销售量×人口数＝7.7×750＝5 775(万条)

## 五、 因果分析

### ≫ (一)因果分析的含义和特点

因果分析,是一种探寻现象之间因果关系的方法。因果联系是客观事物之间普遍存在的一种现象。客观事物之间的因果联系具有如下一些特点:一是因果联系具有先后相继性,因果联系总是原因在前,结果在后。但是,两个先后相继的现象并不一定存在着因果联系。二是因果联系具有必然性,只要在相同的条件下,同样的原因会产生同样的结果。三是因果联系具有复杂性,有一因一果、一因多果、多因一果、多因多果等多种情况,因而认识现象间的因果联系是一个十分复杂的过程。

### ≫ (二)因果分析的方法

客观事物之间存在这样一种关系:事物 A 是事物 B 的原因,事物 B 是事物 A 的结果。进一步说,事物 A 的变化引起事物 B 的变化,事物 A 由于事物 B 的变化而变化。人们称这种关系为因果关系,分析因果关系的方法称为因果分析方法,或因果关系分析方法。

因果关系是事物之间普遍存在的一种关系,正因为有因果关系的普遍性这个客观基础,因此因果分析法是我们在社会调查中一种常用的理论分析方法。形式逻辑和唯物辩证法是研究因果联系的最一般的方法。

**1.形式逻辑因果分析法** 1872 年,英国哲学家、逻辑学家穆勒总结了从洛克到他所在的时代以来的认识经验,提出了探寻因果关系的五种方法:求同法、求异法、求同求异法、共变法、剩余法[1]。

(1)求同法。首先列举这一现象出现的多个事例,然后分析每个事例的各种先行情况(或条件),如果在各种事例中只有一种先行情况是共同的,那么可以认为这一先行情况就是这一现象出现的原因。特点是"异中求同",它所依据的主要方法是经验观察,因而其结论只能是一种或然性的结论,它不能保证结论的必然正确。为了提高结论的可靠程度,运用求同法时,应有足够多的事例,否则就不能使用求同法。

例如,某单位的三个仓库里都放有未熟的苹果,他们未做任何处理,一段时间后都自动变熟了。什么原因呢? 他们对三个仓库的温度、湿度、通风等条件作了考察,发现这些条件都不相同,唯一相同的是都同时放有成熟的苹果,于是推断:成熟的苹果可能与生苹果变熟有因果联系,这个结论是运用求同法得出的。

求同法的公式是:

---

① 水延凯.社会调查教程[M].4 版.北京:中国人民大学,2007,6:355-358.

| 场合 | 先行情况 | 被研究现象 |
|---|---|---|
| 1 | A,B,C | a |
| 2 | A,D,E | a |
| 3 | A,F,G | a |
| 所以 | A 可能是 | a 的原因 |

（2）求异法（差异法）。如果在考察某一被研究对象出现的事例与不出现的事例时，只有一种先行情况不同，其他先行情况都相同，并且当这种先行情况存在时，被研究现象就出现，当它不存在时，被研究现象就不出现，那么就可以认为这一先行情况是被研究现象出现的原因。特点是"同中求异"，由于它是从先行情况的有无两个方面进行考察的，因而较之求同法优越，其结论的可靠程度相对较高。但它的前提和结论的联系依旧是或然的，与求同法一样，有可能把真正的原因忽略掉。

例如，选两块相邻的土地，它们的土壤成分、地势高低等情况相同，在浇水、施肥、防治病虫害和田间管理等措施上也大体相同，不同的是一块田地选用优良麦种，另一块田地用的仍是普通麦种，结果选用优良麦种的那块田地收成好，另一块田地则收成不好。由此可以得出结论：选用优良麦种是麦田收成好的重要原因。

求异法的公式是：

| 场合 | 先行情况 | 被研究现象 |
|---|---|---|
| 1 | A,B,C,D,E | a |
| 2 | —,B,C,D,E | — |
| 所以 | A 可能是 | a 的原因 |

（3）求同求异法。如果在出现所研究的现象的若干场合（第一组）中，只有一个情况相同，而在所研究现象不出现的若干场合（第二组）中，却没有出现这个情况，其他情况不尽相同，那么，这个情况可能是所研究现象的原因。求同求异法是把求同法与求异法结合起来运用，其正反场合使用的事例越多越好，场合越多，可靠性也就越高。当然仍只具有或然性。

求同求异并用法的公式是：

| 正面场合 | 先行情况 | 被研究现象 |
|---|---|---|
| 1 | A,B,C | a |
| 2 | A,D,E | a |
| 3 | A,F,G | a |
| ⋮ | ⋮ | ⋮ |

| 反面场合 | 先行情况 | 被研究现象 |
|---|---|---|
| 1 | —,B,M,N | — |
| 2 | —,C,Q,R | — |
| 3 | —,D,Q,P | — |
| ⋮ | ⋮ | ⋮ |
| 所以 | A 可能是 | a 的原因 |

（4）共变法。在其他先行情况都相同、只有一种情况不同的条件下，当这一情况发生变化时，被研究现象也随之发生变化。那么可以认为这一先行情况是被研究现象的原因。其特点是在变化中求因。共变法比求同法和求异法有更多的优点：共变法不但能探寻原因，还能找出因果的数量关系；共变法较求异法更简单，只要共变，便可得出结论，不必像求异法那样要从无到有，比较有、无两个方面。但是，但共变关系不一定是因果关系共变法的结论也是或然性的。

共变法的公式是：

| 场合 | 先行情况 | 研究现象 |
| --- | --- | --- |
| 1 | A1，B，C，D | a1 |
| 2 | A2，B，C，D | a2 |
| 3 | A3，B，C，D | a3 |
| ⋮ | ⋮ | ⋮ |
| 所以 | A 可能是 | a 的原因 |

（5）剩余法。是找出某一被研究现象的一组可能的原因，一一研究后，除了一个外，其他情况都不是被研究现象的原因，于是剩下的原因就是引起被研究现象的可能原因。剩余法的特点是"从余果求余因"，剩余法的结论也只具有或然性。

剩余法的公式是：

被研究的复合现象 a，b，c，d 的复合原因是 A，B，C，D。

| 已知 | B 是 b 的原因 |
| --- | --- |
| 已知 | C 是 c 的原因 |
| 已知 | D 是 d 的原因 |
| 所以 | A 可能是 a 的原因 |

上述五种方法都是探索因果联系的有效方法，但他们的结论都只具有或然性。五种方法实际运用时，往往相互补充，交互使用。

2. **唯物辩证法的因果分析**　因果联系在时间顺序上，总是原因在先，结果在后，而不会出现相反的情况。但是，先后相随的联系并不一定都是因果联系。例如，白天黑夜先后交替、春夏秋冬前后相随就不是因果联系，地球自转和围绕太阳公转才是它们相继出现的真正原因。这说明，先后联系仅仅是因果联系的必要条件，而不是因果联系的充分必要条件。

唯物辩证法认为，世界上的一切现象都是由某种或某些现象所引起的，因果联系的本质就是引起和被引起的联系。其中，引起某一现象的现象叫原因，而被某种现象引起的现象叫结果。这种引起和被引起的联系，才是因果联系的充分必要条件。

在唯物辩证法看来，要判明社会现象之间的因果联系，除了要揭示社会现象之间引起和被引起的联系外，还应该把握以下几个要点：

（1）因果联系是有条件的、相对的；

（2）因果联系是特指的、对应的；

（3）因果联系是对称的、相当的，即只有特定性质和规模的原因，才能引起特定性质和规模的结果；反之，特定性质和规模的结果，也只能被特定性质和规模的原因所引起；

（4）因果联系是多样的、特殊的。

一般地说，因果联系有以下几种基本类型：

①一因多果，同因异果，即一种原因同时引起多种结果，同一原因在不同条件下引起不同结果。

②一果多因，同果异因，即一种结果由多种原因引起，同一结果在不同条件下由不同原因引起。

③多因多果，复合因果，即原因和结果都不是单一的，而是复合的。

在分析因果联系时，不仅要注意社会现象之间引起和被引起的关系，而且要注意分析不同事物、不同条件下因果联系的多样性和特殊性。只有实事求是地分析、揭示各种各样因果联系的不同特点，才能得出符合实际的科学结论。

## 六、 结构-功能分析

结构-功能分析法，就是运用系统论关于结构与功能相互关系的原理来分析社会现象的思维方法。结构-功能分析法的主要内容是：结构分析法、功能分析法，以及黑箱方法、灰箱方法和白箱方法。

### ≫（一）结构功能理论的基本观点

系统结构，是指系统内部诸要素之间的联系方式；系统功能，则是指系统与外部环境相互联系、相互作用的能力。

结构功能理论认为，任何社会事物都是由一定组成部分或要素构成的，这些部分或要素组成了一个社会系统，它们之间相对稳定的联系就是这一系统的结构。每一系统要存在和发展下去，就必须满足一些基本的条件或需求，这些条件或需求是由系统的某一特定部分来满足的，换句话说，系统组成部分担负着特定的社会功能。在此分析基础之上，结构功能理论认为每一社会现象的产生、发展和变化，都是与它担负的社会功能紧密相关的。

结构与功能的相互关系是：结构说明系统内部的联系和作用，功能说明系统外部的联系和作用；一方面结构决定功能，有什么样的结构就有什么样的功能，结构的改变也必然引起功能的改变，结构的有序化也促进了功能的有序化。另一方面，功能也制约、影响结构的变化。事物原有功能的强化、削弱、丧失以及某种新功能的产生，会导致事物原有结构发生变化。一个和尚、两个和尚、三个和尚的道理可以清晰地说明之间的转化。

一个系统总是处于动态平衡过程中,如果结构在内外因素的作用下发生失调,也会刺激结构自身重新调整。社会系统结构的改变必然引起社会功能的改变,社会系统结构的有序化则促进功能的有序化。进行结构功能分析,应该是动态的而不是静态的。

结构分析法,就是通过剖析系统内在结构来认识系统特性及其本质的思维方法。例如人口结构的研究,所使用的思维方法都是结构分析法。这说明,结构分析法具有广泛适用性和普遍指导意义。为了弥补结构分析法的不足,随着系统论、信息论、控制论的发展,功能分析法就得到了日益广泛的重视和应用。

功能分析法,就是通过系统与环境之间"输入"和"输出"的关系来判断系统内部状况及其特性的思维方法。所谓功能就是把特定的"输入"转化为特定的"输出"的能力。通过对这种转化能力的分析,就可以对系统内部结构及其特性形成一定的认识。

结构分析法,通常称为"内描述方法",它是一种静态研究方法;功能分析法,通常称为"外描述方法",它是一种动态研究方法。这两种方法,可以分别使用,也可以结合起来使用。只有既对系统进行静态"内描述"研究,又对系统与环境的关系进行动态"外描述"研究,并把两者结合起来的方法,才能算是完整的结构-功能分析法。

### ≫（二）结构功能分析的主要内容

功能分析的关键,主要包括以下几个方面的内容。

（1）系统结构和功能的承载物。系统结构和功能的承载物,也就是分析对象。同时,还应该进一步明确是就分析对象的哪些方面进行分析。

（2）系统的内部结构和功能。系统的内部结构是指系统内部各组成要素间在形式上的排列和比例。内部功能分析的内容包括三方面:一是内部功能关系的性质,即各组成要素之间是相互影响、相互作用,还是某一因素影响和作用于另一因素;二是内部功能建立与存在的必要条件,即在满足什么样的条件时,各要素间的相互影响和作用才能存在和建立起来;三是满足内部功能的机制,即促使各要素之间发生相互影响和相互作用的手段和方法。

（3）系统整体和各组成部分的特征。进行结构功能分析,不仅要分析系统每一部分的特点以及它对整个系统和其他部分的作用和影响;而且需要分析系统的整体特征,但整体特征并不等同于各个组成部分的特征的总和。

（4）系统的外部结构和功能。系统外部结构和功能分析,主要包括三部分的内容:一是系统在其外部环境中所处的位置;二是它对外部环境的影响和作用;三是系统外部功能的性质。

### ≫（三）结构功能分析的一般步骤

在调查资料的理论分析中运用结构功能分析方法,一般按下列步骤进行。

第一步,将所研究的现象置于一定的社会系统之中,说明这一系统的内部结构与外部结构,分析这一现象在社会系统中的地位和作用,分析它对社会运行和社会发展具有何种功能。

第二步,从性质上和数量上分析这一现象与其他现象的相互联系、相互影响和相互制约的关系。

第三步,结合各种分析,对所研究现象作出说明和解释。包括说明和解释所研究现象是如何产生的,是必然的还是偶然的,所研究现象与社会结构的哪些部分"配套"等。

## 七、 归纳、演绎推理

### 》 (一)归纳推理

归纳是由个别、特殊到一般的思维方法。归纳推理的方法是,首先产生一些个别的前提,然后把这些前提与其他前提结合在一起,以形成结论。这些个别的前提可以从观察、实验、调查中获得。

**例如** 某市在卷烟消费品牌调查表明,在 500 个被调查者中,有 200 人购买 A 牌卷烟。根据这 200 个个别的发现,可以得出下面的结论:大约有 40% 的消费者购买 A 牌卷烟。

在归纳推理法中,任何结论都是从观察、实验或调查的事实中得出的。社会或市场调查中通过对大量个体的调查和研究得出一般性结论的方法,就是归纳推理方法。

归纳法可分为完全归纳法、不完全归纳法。

完全归纳法就是根据某类事物中每个对象都具有(或不具有)某种属性,从而概括出该类事物的全部对象都具有(或不具有)某种属性的方法。

运用归纳法,有时不可能将全部对象列举出来,所列举的作为前提的事例只是一类事物里的一部分对象,这就是不完全归纳法。它又分为简单枚举法和科学归纳法两种形式。

简单枚举法是根据某一属性的重复出现,又没有遇到相反的事例而推论出该类事物都具有(或不具有)某种属性的方法。简单枚举法的结论容易犯"轻率概括""以偏概全"的错误。为了提高其可靠性,应尽可能多地占有材料,同时注意搜集可能出现的反面事例。

科学归纳法是一种建立在对事物发展的内在联系和规律性认识的基础上进行的归纳。是根据某类事物中的部分对象与某种属性之间所产生的某种联系而推出结论的不完全归纳法。科学归纳法,不仅使人们的认识由个别扩展到一般,而且使人们既知其然又知其所以然,它的结论是带必然性的。因此,它在调查资料的理论分析中运用得较为广泛。

如,我们发现不同地区、不同国家中大量农村人口向城市集中的现象资料,就要进一步研究在这种现象背后,隐藏着什么原因。当我们通过研究,认识到工业化的发展要求为之服务的第三产业的发展,工业的集中性要求有一种能够满足这种需求的社区形式时,我们就可以科学地归纳出,随着工业化水平的提高,城市化是不可避免的必然趋势。

### 》》（二）演绎推理

演绎推理方法是从一般的前提推出个别结论的方法。在资料的理论分析中,可以利用已经获得的一般知识,去指导对同类的新的个别事物的认识。演绎推理一般包含两个前提,一个前提代表一般原理,叫大前提;一个前提代表某种事实同一般原理的关系,叫小前提。由大前提、小前提到结论,是用一般的原理推断特殊的事实。

**例如** 烟草含有害物质(大前提),烤烟是烟草(小前提),烤烟含有害物质(结论)。演绎推理过程包括一系列的语句,其中最后一句是结论,它是从前提逻辑地推理出来的。前提的正确性决定结论的正确性。

**例如** 存款利率下降时,居民储蓄存款会减少(大前提),20××年2月,存款利率降低(观察到的事实,小前提),因此,银行存款额将会减少(结论)。

**例如** 某市40%的消费者购买A牌卷烟(大前提),预计明年该市卷烟消费量为100万大箱(事实预测,小前提),明年该市A牌卷烟销售量可能是40万大箱(结论)。在上述两个例子中,结论是从大前提和小前提逻辑推理出来的。

但实际结果常常与上面的结论有一些差别,有时甚至差别很大。例如,虽然存款利率下降,但人们对未来预期不乐观,在医疗、保险、教育、住房等方面需要很大的支出,因此,银行的存款可能不会下降,反而会上升。又如,由于A牌卷烟竞争对手实力的增强、卷烟质量的提高、产品价格的下降,结果使得在100万大箱的卷烟消费量中,A牌卷烟消费量只有30万大箱。因此,尽管演绎推理法可用在资料分析中,但必须明白其使用的前提常常是较脆弱的,不能作为制定经营决策的唯一参考依据。

归纳法和演绎常是相互作用的。演绎方法中的前提常是从归纳推理中得出的。比如通过归纳推理得出结论"春天是旅游旺季"可以作为演绎推理的前提,因为这个归纳结论是通过观察数年来每年各季节旅游人数而得出的。

在使用推理方法时,要建立适当的证据,使从这些证据推导出的结论更富有逻辑性。这种逻辑过程不仅对研究者是明显的,对任何其他人也应是明显的。演绎推理方法中的前提必须是有效的,而在归纳推理方法中的前提则需要充分的依据。

## 操作示例 ·······································

### SIM手机描述性统计分析[①]

为简化起见,我们只分析SIM手机用户满意调查中的两个变量:"总体感知质量"

---

① 关于描述性统计分析:http://www.ltesting.net/TestTech/PT/200702/1557.htm.

和"总体满意度"变量。

（1）数据的频数分析

用 SPSS 软件的频数分析可以很容易地画出两个变量的频数图 11-11 和图 11-12。

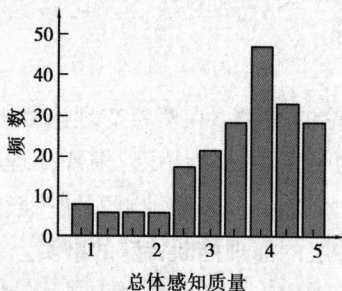

图 11-11　总体感知质量频数图

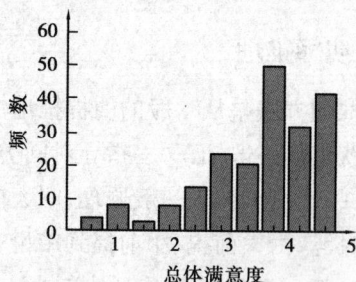

图 11-12　总体满意度频数图

两个变量的频数图表明：大部分被调查者对 SIM 手机的质量评价较高，总体感觉比较满意，打分在 8 ~ 10 分。

（2）数据的集中趋势分析

利用 SPSS 的描述性统计分析，计算 SIM 手机"总体感知质量"和"总体满意度"的平均值、中位数和众数：

|  | 总体感知质量 | 总体满意度 |
|---|---|---|
| 人数 | 200 | 200 |
| 平均数 | 7.11 | 7.43 |
| 中数 | 8 | 8 |
| 众数 | 8 | 8 |

共有 200 个(N)被调查者参与了 SIM 手机调查；总体感知质量均值(Mean)7.11分、中位数(Median)8 分、众数(Mode)8 分；总体满意度均值 7.43 分、中位数 8 分、众数8 分，与前面的频数分析结果一致。

（3）数据的离散程度和分布分析

同样利用 SPSS 软件的描述性统计分析，可以得出 SIM 手机的离散程度和分布指标：

|  | 总体感知质量 | 总体满意度 |
|---|---|---|
| 人数 | 200 | 200 |
| 标准差 | 2.36 | 2.29 |
| 方差 | 5.56 | 5.25 |
| 偏度 | −0.961 | −0.988 |
| 峰度 | 0.358 | 0.437 |

"总体感知质量"变量的标准差(Std. Deviation) 2.36、方差(Variance) 5.56;"总体满意度"标准差 2.29、方差 5.25,说明不同样本对两个变量打分的差异程度不大,或者说不同样本对 SIM 手机评价的差异不大。"总体感知质量"变量的偏度(Skewness) -0.961、峰度(Kurtosis)0.358;"总体满意度"变量偏度 -0.988、峰度 0.437,说明数据不符合正态分布。

## 拓展训练

围绕选题对审核整理后的调查资料进行理论分析。

# 项目五
# 调查成果的表达

## 知识目标

了解社会调查报告的种类及写作基本要求。

掌握调查报告结构、内容、构成要素和写作程序等问题。

## 能力目标

能撰写出有一定质量、内容充实的调查报告。

## 任务 12  写作调查报告

### 任务描述

完成了调查资料的收集与资料分析工作后,调查任务并没有结束,而是进入了最后的也是最为重要的一环,就是把我们调查研究的结果以文字的形式传达给他人,并与人进行交流,以实现调查的最终目标,这一环就是撰写调查报告。作为社会调查成果集中体现的调查报告,其撰写的好坏,直接关系到社会调查成果质量的高低和社会作用的大小。因此,我们要重视调查报告的写作,表达好调查成果。

### 任务完成

一、任务完成目的与要求

了解社会调查报告的种类及写作基本要求;掌握其结构与内容;掌握撰写的程序;能撰写出有一定质量、内容充实的调查报告。

二、任务完成步骤

1.教师结合前导项目任务的完成,分析社会调查报告的写作步骤、结构与内容;

2.教师布置任务,要求学生在课后以小组为单位,围绕选题完成调查报告的写作任务;

3.组织学生讨论,分析各小组写作的社会调查报告是否符合写作要求,是否达到调查的真正目的,找出不足并加以修改完善。

## 必备知识

### 一、 调查报告的含义及种类

#### ≫（一）含义

社会调查报告(以下简称为调查报告)是针对社会生活中的某一情况、某一事件、某一问题,进行深入细致的调查研究,然后把调查研究得来的情况真实地表述出来,以反映问题,揭露矛盾,揭示事物发展的规律,向人们提供经验、教训和改进办法而写作的书面报告。

#### ≫（二）调查报告的种类

调查报告按不同的标准可分为不同的种类。

**1.根据性质与功能不同,可分为描述性调查调查和解释性调查报告**

(1)描述性调查报告。通过对调查资料和结果的详细陈述,展示所调查的社会现象的基本状况和主要特点,使人们对这一社会现象有一个比较系统、全面的认识。这种调查报告主要适用于了解情况、把握现状、归纳特点为主要目标的社会调查。

(2)解释性调查报告。通过调查资料说明与解释某种社会现象产生的原因,或揭示不同社会现象之间的相互关系。这种调查报告主要是给人们一个合理、深刻的解释。

值得注意的是:描述性调查报告与解释性调查报告并不是相互排斥,只是侧重点不同。解释可以使描述更清晰、更便于人们理解与把握所描述的社会现象;同样,在解释性调查报告中,描述往往是解释的前提与基础,它使得解释更加有理有据。

**2.根据主题范围与内容不同,可分为综合性调查报告和专题性调查报告**

(1)综合性调查报告。通过对大量调查资料的整理和统计分析,将某一社会现象、社会问题或人们所关注的研究对象的基本状况作较为全面、系统、完整、具体反映。这种调查报告的特点往往是内容丰富,篇幅较长。研究者往往用较大篇幅对调查数据进行统计分析,并对统计结果加以客观的说明,力求全面地呈现与研究主题相关的所有内容。

(2)专题性报告。围绕某一特定现象或特定问题,对调查情况和调查结果进行陈述。专题性调查报告因问题比较集中,资料分析和挖掘往往比较深入,篇幅一般比较简短。

**3. 根据调查目的不同,分为学术性调查报告和应用性调查报告**

(1)学术性调查报告。侧重于对社会现象的理论探讨,通过对实证调查资料的统计分析和归纳,检验理论或建构理论。学术性调查报告往往通过在专业杂志上发表、在相关学术会议宣讲或编写成专著来公告调查结果。它具有较强的理论性和专业性。

(2)应用性调查报告。侧重于解决社会现实生活中的实际问题。

下面结合秘书岗位工作需要,主要介绍应用性调查报告。为更好地了解应用性调查报告,从内容上来分,它又可分为以下几种:

**1. 情况调查报告**  这类调查报告主要是反映基本情况的综合性调查报告。其调研的目的是掌握某一领域或某一方面的社会情况,使人们了解其现状、发展及值得注意的倾向,为人们的认识提供比较翔实的资料,也为领导和有关部门决策时作为参考。如,番禺职业技术学院高等教育研究室查吉德研究员,就广州市企业技能型人才现状进行了调查,他从企业职工的学历结构、岗位结构、职称结构、企业开展职业培训状况等方面进行了调查。

分析结果发现,就学历结构而言,中职、高职、本科院校毕业的职工分别占企业职工总数的41.39%、13.74%、8.44%。就企业职工的岗位结构的调查,企业职工主要由研发人员、管理人员、营销人员、生产人员构成。据统计,企业这四类人员分别占职工总数的2.86%、7.33%、8.05%、80.86%。就企业生产人员的职称结构的项目调查来看,企业生产人员中技师、高级技师合计占生产人员的4.2%。高级技工占10.62%,中初级工占56.2%。高级工以上的技能型人才非常缺乏。就企业开展培训状况来看,63.5%的企业有自己的职工培训机构。在对企业员工进行调查时发现,13.5%的被调查者接受过(或正在受)成人高等教育,35.1%的经常接受在职培训,33.8%较少接受在职培训,只有14.9%的没有接受过在职培训。由此可见,大多数企业比较重视员工的职业技能培训工作。

从查吉德研究员对以上四方面的调查结果来看,我们不难发现目前企业技能型人才存在的明显不足。如果有些方面得不到改善,可以预测广州企业技能型人才数量不足的问题会越来越严重,将成为制约企业发展的重大问题。这些数据将会引起有关方面,特别是企业的领导层的关注。

**2. 典型经验调查报告**  这是通过分析概括先进人物或先进地区、先进单位的正面经验,从而指导和推动某方面工作的一种调查报告。这类报告往往能为贯彻党和国家的方针政策提供具体的经验和做法,因此有较强的政策性和指导性。在写作这类报告时,应重点介绍具体做法以及所取得的成绩和指导意义。让读者从中受到启发、教育。如:安徽经济管理学校石红星老师所做的《安徽省职教集团建设情况的调查》就介绍了这种经验：

安徽汽车职教集团、安徽经济技术职教集团、安徽化工职教集团把扩大招生规模作为集团重要任务之一，在集团内开展联合招生、合作办学，使得集团牵头单位的年招生规模在 3 000 人以上，并始终位居全省前列。其中，安徽汽车工业学校成为该省唯一一所超万人规模的中职学校。近几年，该省中职招生规模每年也持续稳定在 35 万以上。由此可见，省职教集团建设带来了招生规模的扩大。

3. **问题调查报告** 这是针对某一方面或某一工作的严重问题，进行专项调查，用充分确凿的事实澄清真相，客观分析发生的原因，准确判明问题的性质，指出问题的严重性和危害性，并提出解决问题的途径和建议，为问题的处理提供依据。如下列引述的材料中，列举了大学生就业时出现的多种不良心态。这些问题将会引起教育主管部门及学院招生就业部门的高度注意，对这些心理问题引起重视。

通过对资料分析，发现大学生在就业遭受挫折后一蹶不振的占 59%，甚至有 5% 的学生感觉到快要崩溃的状态，普遍表现为就业受挫能力差；在求职时盲目从众心理的学生达 47.6%，等、靠、要的占到了 21%，表现为自我认识不足；调查中还发现，在就业时 24% 的同学缺乏基本的人际交往能力，表现为人际关系不和谐。如此等等问题，各高校的领导，特别是招生就业部门的领导如果不能有针对性地提出解决的办法，学生就业就面临着很大的问题[①]。

4. **新生事物调查报告** 这类报告主要是写作者在及时发现新经验、新事物，把握其性质，预测其生存、发展趋势，认识其存在的价值和社会意义后，写作的调查报告。着重介绍现实生活或工作中涌现出来的、具有典型意义的新生事物，使人们了解其现状、发展以及值得注意的倾向，进而起到肯定和支持新生事物、扶持新生事物发展的作用。

## 二、 调查报告撰写的程序

### ≫ （一）提炼确定主题

主题是调查报告的灵魂和中心思想，从一定意义上说，能否提炼和确立一个明确的、深刻的、有社会意义的主题是写好调查报告的关键；是调查报告能否打动人心，引起社会和决策者、决策机关重视的关键；也是调查研究成果包括整个调查研究工作成败的关键。

调查报告的主题，有的是上级机关或领导确定的，有的是自己提出来的，有的在设计阶段已经提出雏形，有的是在调查阶段逐步形成。但无论属于哪一种情况，调查报告的主题都应该是调查者在完成全部调查、对调查资料进行深入分析、综合之后才最

---

① 陈静,等.大学生就业心态表现出的人格缺失的调查[J].西南民族大学学报:人文科学版,2008(7).

终确定的。

确定的主题应做到正确、集中、鲜明、新颖。正确，是指主题要如实反映客观事物的本质和规律，要对人们的社会实践起指导作用，对社会的发展起促进作用。集中，是指主题要突出，要小而实，不要多中心，不要大而空。所谓鲜明，就是调查报告所表现的基本思想、立场观点必须十分明确，清清楚楚，毫不含糊，使人一目了然。新颖，也就是说，立意要新，有独到见解和感受，给人以启迪。一份成功的调查报告，应当发掘出别人尚未研究或尚未深入研究的东西，得出比别人更加深刻的结论。

### ≫（二）构思拟订提纲

确定了主题，不要急于动手去写调查报告，而应先拟订一个周密、合理的提纲。这一点对于初学者而言更为重要。

拟订提纲主要是以书面形式对作者的初步构思加以梳理，使之系统化、完善化、定型化。为实际打下基础。拟订调查报告写作提纲的方法是对主题进行分解，并将分解后的每一部分进一步具体化。比如，就一项当代青年结婚消费问题的调查，拟写报告提纲时，可先将主题分解为"当代青年结婚消费的现状""当代青年结婚消费的特点""当代青年结婚消费的趋势""当代青年结婚消费中存在的问题""正确引导当代青年结婚消费的建议"等几个大的部分，然后将每一部分的内容具体化。比如，将第一部分内容具体化为：结婚消费的数量、结婚消费的内容和形式、结婚消费费用的来源、当事人的职业、文化程度等背景与消费形式之间的关系等。

提纲的结构与内容通常包括：(1)标题；(2)观点句，也叫中心论点句或主题句，概括全篇的基本观点的语句，作用是使作者牢记报告的中心之所在；(3)内容纲要，是提纲的主体部分，分条列项反映正文的构成状况。它不是观点和资料的简单罗列，而是精心设计的逻辑框架，使观点和资料在其中能居于最恰当的位置。其详略可自定，可以把提纲拟写为条目式或观点式。

### ≫（三）分析选取材料

调查材料是用来表现调查主题的。调查者通过深入细致的调查，获得了比较丰富的信息材料，在写作调查报告时，不能只把材料堆砌起来，而是要先分析、比较，剔除与表现主题无关的材料，并在能表现主题的一类材料中，选择最能反映事物本质、最能表现主题的材料。毛泽东同志在湖南考察农民运动时，所获材料不少，而写进《湖南农民运动考察报告》的只有"十四件大事"，这当中就经历了一个精心鉴别和选择材料的过程。经过精心鉴别选择的"十四件大事"，较之"不少而显得少"，却包含"全部材料"的思想。反映了事物的本质，使"农民运动好得很""农民运动是革命先锋"这深刻的主题十分鲜明、突出。

为了表现主题，调查者在写作时，要注意选择下列材料：

一是典型材料。调查发现的极具个性的材料，即典型材料，必须真实、具体。一个好的典型材料,往往具有深刻的含义和巨大的说服力。如,下列引述的材料中,是有关黑龙江省少数民族文化历史对"三皮文化"的描述。

所谓"三皮"文化,是指桦树皮文化、兽皮文化和鱼皮文化的合称。其中桦树皮文化是指以白桦树皮为材质而形成的文化,兽皮文化是指以野生动物(特指哺乳类动物)皮毛为材质而形成的文化,鱼皮文化是指以鱼皮为材质而形成的文化。三皮文化反映了东北少数民族独特的生存方式,它不仅是一种物质文化,同时又是人们社会生产与社会文化的综合映射,集中反映了少数民族在生产生活中充分发挥他们的聪明才智、利用大自然赐予的资源进行的创作。在这次调查中,三种文化形式与工艺都有所发现。

我省桦树皮文化保存于鄂伦春与赫哲两个民族聚居区。鄂伦春的桦皮工艺由来已久,他们曾用其制作大量生活用具,如盆、碗、装油容器、烟盒等,多由妇女制作。在我省,鄂伦春的桦皮工艺主要保留在塔河十八站乡和呼玛白银纳乡。6月20日上午我们采访了十八站乡的郭宝林(男,60岁,鄂伦春族)一家。他在2007年6月由中国文联、中国民间文艺家协会组织评比的首批"中国民间文化杰出传承人"命名中被评为"桦树皮制作"传承人,因此可称得上是桦树皮工艺制作的杰出代表。他能够制作传统的桦皮船。桦皮船为呼玛河畔鄂伦春人的重要生产、生活工具,因为这种船非常适合在呼玛河使用,这里河道浅,大船靠不上岸。郭宝林在十几岁时就跟父亲学会了制作桦皮船,现在仍然在做,有时是为自己做,也有时给别人做,去年他还做了两个。现在能制作桦皮船的人已经为数不多了,一共不到十人,其中多数为郭宝林老人的徒弟,有周红、郭红强(侄子)、刘林(汉族,是他姑爷)、孟卫兴等,还有一位名叫由奇安的汉族人也能做。船的规格长度为6~8米,宽一般1米以上,最小85厘米,110厘米为最宜,但原料不好找。每年6月20日左右是剥桦树皮的最好时间,也就是我们来调查的时间。一般不用伐木,直接在山上扒下树皮带回家里加工。现在除了桦皮船以外,他很少做其他桦皮制品,但他二女儿郭红霞(35岁)却一直在从事桦树皮工艺小件制作,她还专门为我们完整地制作了一件桦树皮工艺品——鞋,因为材料已经准备好了,所以只用了一个小时,一件淳朴而又不失精美的桦皮工艺鞋就摆在了我们面前。郭宝林的老伴也能制作桦树皮工艺品。在全乡能从事制作的还有十余人。多数是妇女,以小件为主,如装饰盒,茶叶筒,花瓶,花篮,蝴蝶等,形状各异,各有特色。①

透过调查者对郭宝林家制作桦树皮船的这段描述,我们了解到了黑龙江省少数民族文化历史中独特的桦树皮文化。

二是综合材料。如果说典型材料反映的是"点",综合材料反映的则是"面"。"面"上的材料,是在原始材料的基础上整理而成的,它说明事物总体的概貌。写作时,要注意处理好典型材料与综合材料的关系,只有把这两者有机地结合起来,才能充分说明事物总体的情况。如,下述引用材料中,是一份调查报告中对农村老人赡养存在

① 郭孟秀.黑龙江省少数民族文化历史与现状调查报告[J].北方文物,2008(3).

的主要问题及其产生的原因分析,其材料就将典型材料与综合材料结合运用得较好,有理有据。

……

二是,家庭分家析产纠纷引起的赡养问题。在赡养纠纷中大多是因分家析产所产生的,有的老人在儿女分家时存在厚此薄彼的现象,导致家庭财产(包括生产资料)分割不均发生矛盾,人为使家庭成员之间形成积怨,多子女家庭中的子女对老人不尽赡养义务,其他子女就相互观望,相互推诿,对老人不履行赡养义务,致使老人的基本生活无法得保障,这类纠纷占赡养纠纷的30%。譬如,向家湾村村民吴某5个子女,为家庭矛盾及分家析产纠纷导致生活无着落,去年过年时还到政府要饭吃。村、镇、司法所、法庭等单位和部门多次上门调解都收效甚微。老大说老人给老二分的田多些,应该老二养老;老二说老人给老么分的财产多些,应该老么养老;老么说家庭生活困难,自己基本生活无保障,无法承担养老任务。子女一个个这样你推我让,最终受伤害的就只有老人,真正印证了"两个老人抚养了八个孩子长大,但是八个孩子成家了养不活两个老人"的道理,这是雷锋镇赡养纠纷的典型。①

三是对比材料。选择从不同的角度、不同的侧面进行比较的材料。对比材料是一组有可比性的材料。如:历史的与现实的对比,成败对比,新旧对比,好坏对比,先进与落后对比等。有比较才有鉴别。对比性材料可以使人们认识更深刻,观点更清楚,主题更突出。这样的对比材料在毛泽东1927年3月写的《湖南农民运动考察报告》运用较多。

四是统计材料。统计材料包括绝对数、相对数、平均数、指数、动态数列等等。统计数字具有很强的概括力和表现力,有的问题,有的观点,用很多叙述也难以表达清楚,而用一个数字,一个百分比,就可以使事物的总体面貌一目了然。恰当地运用统计数字,可以增强调查报告的科学性、准确性和说服力。如下述引用材料中,是描述用人单位在地方高校的金融专业毕业生综合评价,其中就用到了多个统计材料。

工作态度方面:经调查显示,45.76%的用人单位对地方高校金融专业毕业生工作态度评价为一般,认为较好的占41.61%;用人单评价较差的占4.97%;评价为很好与很坏的比例分别为4.14%、0.62%。

专业知识方面:通过调查发现,用人单位对专业知识评价一般的占45.76%;41.61%的认为地方高校金融专业毕业生的专业知识水平较高;认为很好的比率为4.14%;很差与较差的比率分别为0.62%与4.97%。

综合素质方面:调查显示,约50%的用人单位对毕业生的综合素质评价为一般,其次是较好,占36.65%;认为很好的占3.52%,6.42%与0.41%的单位评价分别为较差与很差。

合作精神:通过调查发现,46.79%的企业认为毕业生的合作精神较好;认为其合

---

① 潘剑锋,陈欢,刘峰.关于农村老人赡养问题的调查报告[J].湖南科技学院学报,2009(11):124-128.

作精神一般的比率为 38.10%；认为较差的比率为 7.45%；7.45% 认为毕业生合作精神很差。

社交能力：经调查显示，46.38% 的用人单位对地方高校金融专业毕业生社交能力评价为一般，认为较好的占 38.72%；用人单位评价较差的占 6.00%，评价为很好与很坏的比例分别为 4.97%、0.41%。

开拓创新：调查显示，55.49% 的企业认为本科毕业生开拓创新能力一般，认为较好的占 24.64%，较差的比例占 13.66%；认为很好与很差的比例分别为最低比率是 2.07%、1.45%。

实际工作能力：在实际工作能力评价上，企业认为一般的占最高比率，为 45.55%；第二是较好，比率为 42.44%，其次是较差，占 4.55%，再次为很好 3.93%，认为很差的占仅 2.1%。

外语水平：在外语水平评价上，59.21% 的企业认为一般；认为很好与较好的分别占 17.39%、16.15%；认为很差占 2.89%。

计算机水平：通过分析发现，在计算机水平方面，企业认为水平一般占 48.45%，认为较好的占 38.65%，认为较差与很差的比例分别为 6.21%、0.83%。①

围绕主题精选出材料后，还要运用得法。运用材料的过程，就是一个用材料说明观点、揭示主题的过程。在写作中，要努力做到用材料说明观点，用观点论证主题，使它们三者之间具有内在的逻辑联系。同时，还要注意详略得当、主次分明，以便更好地表现主题。

## ≫（四）起草形成报告

在拟定提纲之后，便可以着手起草调查报告。在写作过程中，不但要按照提纲推衍成文，还必须讲求具体的写作方法。后者除了前述格式方面的要求外，主要指采用恰当的表达方式和仔细推敲语言等。从表达方式的形式上看，调查报告除了文字表达以外，要更多地采用非纯文字表达形式，即图表、数字等。从文体性质上看，调查报告是一种记叙性、说明性和议论性相结合的文体。调查报告作为一种应用性文体，在语言表达方面要做到朴实、准确、简明、庄重。

## ≫（五）检查修改定稿

俗话说"好文章是改出来的"，调查报告的写作和其他文章一样，一般不能一蹴而就，需要拟写人员要从内容到形式进行认真检查、反复修改。修改主要从主题、材料、结构、语言等四个方面进行。

**1. 检查突出主题**　主题是调查报告的"灵魂"所在。检查修改文稿主题，主要是检查其观点是否正确、鲜明、深刻、集中。

---

① 蔡幸，高培旺. 地方高校金融专业人才社会需求和培养质量调查报告[J]. 市场论坛，2008(11)：83-85.

2. **检查修正材料**　调查报告的材料是形成和表达主题所依据的事实、数据、经典论述、方针、政策、规定等，要真实、可信、准确。如因缺少材料而不足以突出主题，应增补有代表性、有典型性的材料；与观点不一致的材料，无论有多新颖多真实，一律删除；陈旧无代表性的材料应替换成新颖有代表性的材料。

3. **检查整理结构**　要从全文着眼，总体结构的修正、起承转合的调整、层次的改变以及详略的变化等，使其成为一个统一的整体。

4. **检查完善语言**　用规范得体的语言表达主题的思想。检查修改时，主要修改含混不清、表意不明、搭配不当、词序颠倒的语句，不规范的汉字以及错误的标点符号等，力求语言的准确、鲜明、精炼、生动。

5. **检查美化文面**　检查调查报告是否符合行文格式要求，检查数字的书写有没有不合要求、规定的，检查调查报告中的图表、符号、公式是否合乎规范，并逐一修改美化。

## 三、　调查报告的结构与内容

调查报告由于种类、内容、目的不同，结构和写法上也各有差异，有时还会因作者的写作习惯上的差异，即使同一类型的调查报告，其写法有时也有不同。也就是人们通常所说的"文无定法"。尽管如此，但其基本结构和内容安排仍存在着一定的共性，是有规律可循的，即"文章有法"。一般说来，其结构通常由标题、正文、落款三部分构成。有时，一些调查报告还有附录。

### 》》（一）标题

众所周知，一个好的标题往往能起到"画龙点睛"的作用，因此有"题好一半文"之说。调查报告的标题和其他文章标题一样重要，撰写时必须醒目，观点鲜明，生动活泼，使读者见题明义。

1. **标题从形式上来讲，有两种形式**

（1）单行标题的形式。这种形式有两种写法，一种类似于行政公文的标题，直接写明关于什么问题的调查报告，即由"调查对象+调查内容+文种"组成。如：《某县农村留守儿童学习情况的调查报告》；另一种类似于一般文章的标题，如《挖掘农村消费潜力　扩大农村消费需求》。采用文章式的标题虽不能让人从标题中看到文种，但能达到生动活泼、引人注目的作用。

（2）双行（正副）标题形式。即用正标题概括调查报告的主要内容，用副标题补充说明了调查的范围和对象等。如《他们也有爱的权利——北京市老年人婚姻问题调查》。

2. **标题从内容上来讲，有如下写法**

一是用调查对象和主要问题作标题。如，《湖南农民运动考察报告》《关于中、小学实行强行补课的调查》《当代大学生思想状况调查》等，这种标题比较简明、客观，有利于读者是否选择阅读，但比较呆板，缺乏吸引力。

二是用一定的判断或评价作标题。如《择友不当是青少年犯罪的重要原因》《影响未来养老形式的一个重要因素》。既表明调查所研究的主要内容，又表明了作者的观点和结论，具有较强的针对性。

三是用提问作标题。如《当今青年农民在追求什么》《这些人为什么改变不了贫困的命运》等。这类标题比较尖锐、鲜明，最突出的特点是吸引人们的注意力，有利于调动人们进一步阅读的欲望，一般用于揭露问题的调查报告。

标题的写法灵活多样，无论采取哪种标题方法，都要求概括、简明、新颖、对称。也就是说，标题要能总括全篇的内容，要用最简洁的文字说明调查报告的主题，要有新鲜感，富有吸引力或感染力，还要与调查报告的内容相适应。

## 》》（二）正文

调查报告的正文分为前言、主体和结束语三部分。

1. 前言　前言又称为引言、导语或绪论，是调查报告的有机组成部分。前言写得如何，对激发读者的兴趣，具有重要的作用。一般来说，前言有以下几种写法：

（1）情况交代法。即开门见山，简要说明调查时间、地点、对象、范围、方式、调查的经过情况及结论等，给人以总的印象。例如《新农村调查报告》前言：

根据常委会工作安排，今年3—5月，市人大农经委、农经工作室会同研究室和政府有关部门围绕全市推进社会主义新农村建设工作进行了专题调研。期间，调研组召集市发改委、财政局、农业局、林业局、水利局、交通局、劳动局、畜牧办、统计局等有关部门负责人进行了座谈；先后到长清、平阴、商河等5个县区听取政府部门工作汇报，并通过实地察看、调查问卷、走访交谈等形式，深入6个乡镇、14个村、30余户农户开展调查，广泛了解情况，认真听取意见；部分县（市）人大根据市里统一安排，实行上下联动，在本区域内开展了调研活动，并提出调查报告。4月中旬，常委会领导和部分驻会委员也专门到章丘市和济阳县进行了调研察看，提出了加快推进我市新农村建设的意见和建议。现综合调研情况，提出如下报告：

（2）结论先行法。即在前言中先把结论简要写出来。例如《村级债务的形成及其消化》前言：

在全面实行村务公开、民主管理的过程中，村级债务问题逐渐暴露出来。居高不下的债务，已给农村各项工作造成了很大的影响，成为困扰广大农村基层干部的一个突出问题，如任其发展下去，势必影响农村政权的稳定，制约农村经济的发展。为此，我们以××省××地区4县1市的部分乡镇为样本，对村级债务的特点、原因等进行调查和分析，并提出整治的思想和对策，以助于这一问题的解决。

（3）提问设悬法。即在前言中只提出问题、设置悬念，吸引读者。例如《苏北四市外出民工子女生存现状》前言：

从繁华都市到卫星城镇,到处都有这么一群忙碌的身影:他们搞建筑、送牛奶、卖小吃、当服务员、做清洁工……他们不知疲倦风雨无阻,承担了城里人最不愿意干的脏活、苦活、累活;他们已经成为我国城市建设中一股重要的力量,已经成为现代城市生活中不可缺少的一部分。他们,就是从农村流入到城镇的劳动力;他们,就是为生活而四处奔波的地地道道的中国农民,被人们约定俗成为"农民工",简称"民工"。

置身繁华都市,漫步大街小巷,我们可以看到他们忙碌而又不知疲倦的身影,可以看到他们生活的艰辛与工作的劳累,可以看到他们在追寻梦想和希望中洒下的辛勤汗水,但我们却看不到与他们相隔千里、缺少父爱母爱的孩子,这些"留守孩子"的生存环境、生活状况是怎样的呢?他们的身体、心理、教育状况又是怎样的呢?

这种连续提问、设置悬念的写法,增强吸引力,常用于总结经验和揭露问题的调查报告。

不管采取哪种写法,前言的文字都应力求简明、精练,具有吸引力。

2.**主体**　主体是调查报告的核心,写的好坏直接影响调查报告质量的高低、价值的大小。其写作应考虑三个因素:一是表现主题的需要。什么写法能更好地表现主题,就采取什么写法。二是调查材料的状况。材料不同,调查报告主体的写法也不一样。三是谋篇布局。即如何安排结构。结构在调查报告中有重要作用,它和主题、材料一样,都是构成调查报告的重要因素。如果把主题比作调查报告的灵魂,把材料比作调查报告的血肉,那么,结构就是调查报告的骨架。一篇质量较高的调查报告,除了要有深刻的主题、丰富的材料外,还必须有完美的恰当的结构,三者缺一不可。这三方面所包含的丰富内容,将在后面的部分有详细的论述。

下面主要介绍安排内容顺序和结构形式。调查报告主体部分的写法不是固定不变、千篇一律的,应该根据调查报告的不同类型和写作目的精心安排内容顺序和结构形式。

(1)在内容安排上,不同类型的调查报告,其表达顺序不同。

①新生事物调查报告。要比较完整地介绍其产生、发展的过程,揭示其成长的规律,以及说明其意义和作用。其内容表达顺序是"产生过程—具体做法—意义作用";

②典型经验调查报告。应说明先进经验的思想基础、创造过程、具体做法和实际效果等方面。其内容的表达顺序是"成果—做法—经验"或"做法—经验—成果";

③情况调查报告。内容比较广泛、比较全面,篇幅比较长,叙述比较详尽。其内容的表达顺序是"情况—成果—问题—建议";

④问题调查报告。这类调查报告的内容表达顺序是"问题—原因—意见和建议"。

(2)在行文结构上,调查报告采取纵式、横式或纵横式三种。

①纵式。即根据事件发展过程的先后次序或按调查的顺序安排结构层次、组织材料。其优点是事实完整、条理清楚、脉络清晰、结构畅通。大部分反映新生事物的调查报告一般选择这种结构方式。比如,一项反映新中国成立50年来某省小学教育发展状况的调查报告,就可按纵式结构来安排,即可以将主体分为文革前的小学教育、文革

期间的小学教育、改革开放以来的小学教育三个不同时期。

②横式。即把调查得来的情况、经验、问题等分成几个部分来写。分别冠以小标题或序号,从不同的方面围绕全文中心叙述说明。例如:陈婷、王彬、李书宁的《当代大学生社会责任感调查报告——基于对广州市705名大学生的调查》,其主体部分从家庭责任感、他人责任感、集体责任感、国家(民族)责任感、人类社会责任感等五个方面来探讨大学生社会责任感的现状。这种结构多适应于反映情况、介绍经验或研究问题的调查报告。

③纵横式。这是将纵式和横式结合起来,以一种为主,另一种为辅。有利于按照事务的性质、分类等展开全面的论述。这种方式通常用于大型的或反映比较复杂的社会问题的调查报告的写作。如,一项反映新中国成立50年来某省教育发展状况的调查报告,就可按纵式结构来安排,即可以将主体分为文革前的教育、文革期间的教育、改革开放以来的教育三个不同时期。在三个不同时期内,再分为教师状况、学生状况、校舍状况、教育资源状况等。

3. **结束语** 有的调查报告不写结束语,是以主体部分的末段自然结束,意尽言止。有的有极简短的结束语。有的却有比较长的结束语,或用来总结全文,深化主题,以提高阅读者的认识;或提出新问题,指出努力方向,启发人们更进一步地去探索;或补充交代在正文里没有涉及而又值得重视的情况和问题,提出有益建议,供领导参考。

结束语的写作要服从写作目的、内容表达、结构安排的需要,采取适当的结尾方式,话多则长,话少则短,无话则止,切莫画蛇添足,损害全文。

总而言之,前言部分以介绍情况、说明目的为主;主体部分以详细描述社会现象的实际情况、报告调查结果为主;结尾部分则以对这一社会现象的讨论以及解决问题的建议为主。

### ≫(三)落款

落款标注在正文的下方,包括署名和日期。署名也可写在标题或副标题的正下方,日期则应写在正文的右下方,也有的不写。

## 四、 撰写调查报告的基本要求

1. **内容真实** 真实性是调查报告首要的、最大的特点。所谓真实性,就是尊重客观事实,靠事实说话。这一特点要求调研人员必须树立严谨的科学态度、认真求实的精神,从确定调查对象到开展调查活动,从分析研究问题到提出解决问题的方法,从调查报告的基本内容到最后得出的结论,都应以大量的事实作为依据,准确地反映客观实际。彻底抛弃"假大空"的虚伪作风,不仅报喜,还要报忧,不仅要充分肯定工作成绩,还要准确反映工作中存在的问题。只有严谨的科学态度,才能写出真实可靠、对工作具有指导意义的调查报告。

2. 叙议结合  调查报告以报告研究社会现象的结果为内容,概述事件、介绍经验、叙说情况都要运用叙述的表达方式,而成因的分析、结论的得出又都运用议论的表达方式,因此,其具有表述上的叙议性。其叙与议同于记叙文的叙和议论文的议。其侧重在一种直陈式、梗概式的叙述与紧贴事实、点到为止的论证。

3. 语言平实  调查报告中,所涉及的人物、事件要真实,事件发生的时间、地点、背景、过程、原因和结果也要真实。这就要求其语言平实,不夸张、不修饰、不片面追求文采。力求准确、明快、简洁。

## 操作示例

### 中国公众本土与全球观念调查报告(2021)[①]
#### 人民智库

当今世界正经历百年未有之大变局,和平与发展仍然是时代主题,国际环境日趋复杂,不稳定性和不确定性明显增强。2020年突如其来的新冠肺炎疫情给各国带来了严峻考验,全球经济增长陷入萎缩、全球化进程遭遇逆风……过去的一年多,在世界疫情与百年变局交织之下,以习近平同志为核心的党中央团结带领全国各族人民迎难而上、艰苦奋斗,取得了抗击新冠肺炎疫情的重大战略性成果,率先实现经济正增长,如期完成脱贫攻坚目标任务,全面建成小康社会取得伟大历史性成就。从积极推动抗疫国际合作到全力促进世界经济复苏,从坚定维护多边主义到合力应对气候变化,在国际舞台上,中国用行动深刻阐述了构建人类命运共同体的丰富内涵。2021年是"十四五"规划开局之年,是全面建设社会主义现代化国家新征程起步之年,在此,对中国公众观念形成、对本国和全球的认知、感受和态度进行观察和研究,能够为了解国内发展现状和国际环境变化提供重要参考。

2021年5月—7月通过互联网和微信公众平台发布网络问卷进行调查。本次公众本土与全球化观念调查在延续往年核心问题架构基础上,有所变化与创新:第一,针对新冠肺炎疫情暴发以来,国际范围内舆情话题与疫情舆情热点不断的情势,着重增加了对公众观念形成过程中信息获取偏好和舆论倾向感知的考察,从信息输入、观念形成和外化表现全过程,理解我国公众对于本国与世界的看法与认识;第二,结合当前国内和国际的政治经济形势,特别选取了2020—2021年具有标志性的重要事件,以线上调查和线下访谈的形式,理解公众观念的倾向与变化。

此外研究团队还根据受访者的年龄、性别、学历、地区等属性,就调查研究中的关键问题抽样进行线下访谈。受访者中,男性样本占比为61.28%,女性样本占比为38.72%;从年龄分布来看,20~29岁受访者占41.38%,30~39岁受访者占41.25%,40~49岁受访者占10.61%,19岁及以下受访者占5.5%,50岁及以上受访者占1.27%;从学历水平来看,大学本科及以上的受访者占28.68%,大学专科学历受访者占34.24%,

① 冯一帆,刘明.中国公众本土与全球观念调查报告[M].国家治理,2021(2):41-84。

高中/技校/中专学历受访者占 30.07%,初中学历受访者占比为 6.32%,小学及以下学历受访者占比为 0.69%。

一、受访公众对于政治参与表现出强烈意愿。

受访公众对于政治参与表现出强烈意愿。其中 50～59 岁受访者的政治参与热情最高,调查结果是公众对我国社会主义制度和发展道路高度认同。

我们党高度重视发展社会主义民主政治,保证人民进行广泛政治参与、充分表达政治意愿,推动人民当家作主不断落实。政治参与是指在特定的政治体制内公民或社会组织影响国家政治决策或政治行为的各种行为,公民政治参与是我国实现国家治理体系现代化建设的重要途径。近年来,随着社会经济发展、人均受教育年限增长、互联网快速普及,我国公民政治参与意识也在逐渐增强,参政议政积极性高涨。

调查结果显示,超过半数的受访者表现出了较强的政治参与意识,并在聚焦访谈中表现出极强的主人翁精神和民族责任感,表示工作单位人大代表选举换届投票、社情民意征集、社会价格调整听证会等都与自己的生活息息相关。其中,对于前两项的重要性认可度都超过了七成(72.77%、70.24%)。其中,50～59 岁受访者涉及的问题中,该年龄段选择"非常紧密"和"比较紧密"的人数均超过了 90%,这样的结果有力地反映出了我国公民以直接形式参政议政的积极性。群众积极有序地进行政治参与。人民的意愿和要求得到最广泛的表达和反映,能有效调动起社会层面的积极性、主动性、创造性。

二、绝大多数受访者对于目前的生活状态感到满意,且对国家经济社会发展和个人未来发展都充满了信心。

绝大多数受访者(85.54%)对于目前的生活状态感到满意,且有超七成受访者(71.82%)表示对国家经济社会发展和个人未来发展都充满了信心,如图 12-1 所示。

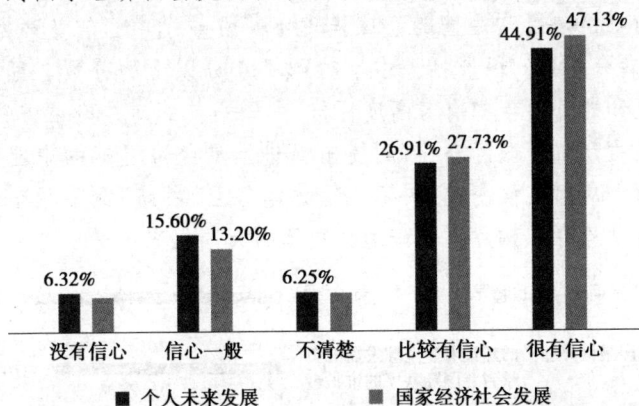

图 12-1 公众对国家经济社会发展与个人未来发展的信心

2020 年初到 2021 年,我国通过采取严格防控措施有效控制住了疫情,并率先摆脱经济发展的困境。在海外疫情持续涨潮的大背景之下,我国在全球主要国家中一枝独秀地实现了经济正增长,彰显了中国经济的强大韧性和巨大的潜力。当被问及对当前生活的满意度时,共有超过八成的受访者对目前的生活表示非常满意(52.75%)或比较满意(32.79%)。当被问及"对我国经济社会发展的信心如何"时,共有近四分之三的受访者表示很有信心(47.13%)或较有信心(27.73%)。当被问及"对个人未来发展的信心如何"时,有44.91%的受访者表示非常有信心,表示较有信心的受访者占26.91%。受访公众对国家未来发展信心略高于对个人未来发展的信心程度,但是二者在趋势和整体比例上却高度趋同。

受访者认为中国已经走近世界舞台中心,对于当前中国在国际事务中积极作为的大国形象表达了强烈的肯定。伴随着国家实力和地位的提升,中国在国际事务中扮演的角色正在发生改变。我国在促进世界经济发展、完善全球治理、应对全球风险挑战等方面做出了重要贡献,在应对国内国际问题方面对于世界其他国家来说具有重要的借鉴意义。

当被问及中国在世界舞台上的相对位置时,受访者对于中国已经日益走近世界舞台的中心表现出高度认同。调查结果以10分为满分,分数越接近10分表示在公众心目中该国或国际组织在世界舞台上的位置越靠近中心。中国以7.98分排名第一,美国以7.09分位列第二,俄罗斯(7.06分)和欧盟(7.02分)分列三四位,所调查国家和国际组织平均分数6.83分。当今世界正处于深刻而急剧的调整之中,全球治理格局正走向不均衡的多极化,不同全球治理议题下的主导力量更趋多元,传统强国和新兴市场国家的竞争和博弈日益激烈,国际力量对比正在发生根本性的变化。伴随着我国综合国力和国际地位的不断提升,中国在世界大国格局中扮演着至关重要的角色,成为推动世界和平发展的参与者、建设者和引领者。

当问及有关"中国角色"相关观点时,调查结果如图12-2显示,受访民众对于积极观点有着强烈的认同感,其中,"中国向多国施以援手体现大国担当"(4.20分),"中国是世界和平的建设者、全球发展的贡献者、国际秩序的维护者"(4.16分),"中国为世界防疫树立了新标杆"(4.14分),"中国为构建新型国际关系、构建人类命运共同体贡献了中国智慧"(4.09分),"中国为全球治理不断贡献了中国智慧和力量"(4.03分)等积极表达,在满分5分的评价打分中都得到了4分以上的分数。可以看出,公众对中国的国际形象和对外角色都有着高度评价,中国当前的对外交往方针得到公众的广泛认可。从积极推动抗疫国际合作,到提出促进世界经济复苏的中国方案,从坚定维护多边主义到合力应对气候变化,从高质量共建"一带一路"到引领全球减贫合作,中国以实际行动生动诠释了构建人类命运共同体的大国担当。

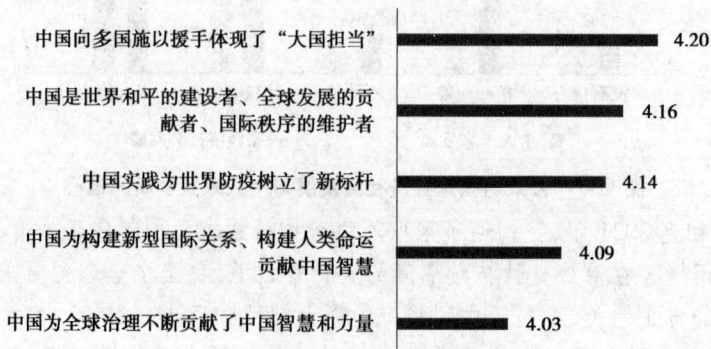

图12-2 公众眼中的中国角色(得分,满分5分)

三、我国民众对时事热点问题关注度很高。

我国民众对时事热点问题关注度很高,77.83%的受访者较习惯通过国内媒体获取时政资讯,对国内媒体(53.24%)的信任程度显著高于海外媒体(18%)。个体的观念形成与对客观事物的认识,主要依赖外界信息的输入,而信息获取方式与途径的偏好,对于参照框架的形成具有决定作用。伴随着国际范围内信息技术的发展、信息生产主体的多样化、信息传播载体的多元化,更大范围内思想、文化、信息的传播与共享成为可能,本次调查结果如图12-3所示,反映出了当前的信息媒体格局和舆论形成的新生态。

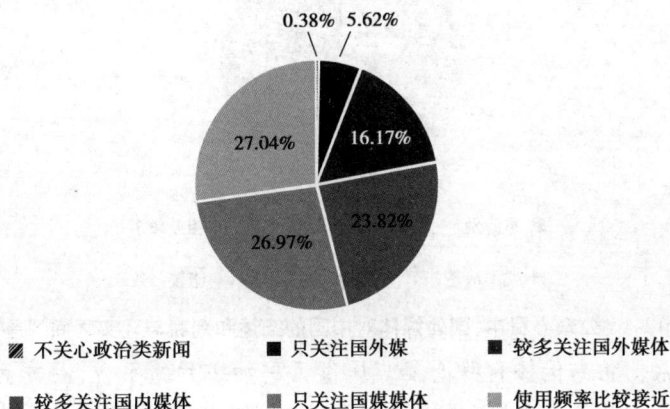

**图12-3　公众获取时政新闻的途径或习惯**

当被问及"获取时政新闻的途径或习惯"时,超过50%的受访者表示只关注国内媒体或较多关注国内媒体,有27.04%的受访民众表示对国内和国际媒体的报道关注程度比较接近,仅有两成民众偏向从国外媒体获取资讯。同时,多数受访者表示当国内和国外媒体对于某一事件的报道出现较大差异时,更加倾向于相信国内媒体。

有27.54%的受访者则表示要结合实际情况分析,选择比较相信国外媒体或完全相信国外媒体的受访者,分别仅占12.13%和5.87%。国内媒体仍然是国内公众获取各类信息的最主要和最信任渠道,相关媒体从业者依然在我国担负着向公众进行信息传播与观念塑造的重要职责。

在"获取时政新闻的主要方式和平台"的有关调查中,有63.36%的受访者表示视频网站平台已经成为自己获取信息最主要的渠道之一。通过广播电视节目(60.45%)和微博、微信等国内社交平台(60.33%)获取时政新闻的比例也超过了六成。此外,有37.21%的受访者表示主要通过报纸和杂志获取新闻,25.33%的受访者将国外新闻网站作为获取资讯的平台,仅有8.97%的受访者表示家人朋友的转述也是获取信息的主要的渠道。不同年龄段受访者获取信息的偏好也显示了显著差异,20~29岁年轻人对视频网站和网络社交媒体的依赖性最强,而60岁及以上的受访者则主要通过报纸杂志、广播电视等相对传统的媒体渠道获取信息。媒体格局和舆论生态正伴随着互联网的发展,发生着重心的转移,新兴的视频网站平台、社交网络平台等都开始具有传统媒体的传播与社会动员属性和功能,新媒体已经日益成为信息传播的主要平台和载体,年轻一代的注意力也伴随着传播形式和传播媒介的变化而发生着明显的迁移。

四、受访者对中国的舆论形象整体表示乐观,认为国内媒体和海外媒体(60.77%)都能比较客观中立地反映事实。

受访者对中国的舆论形象整体表示乐观(73.73%),多数认为国内媒体(65.58%)和海外媒体(60.77%)都能比较客观中立地反映事实,如图12-4所示。

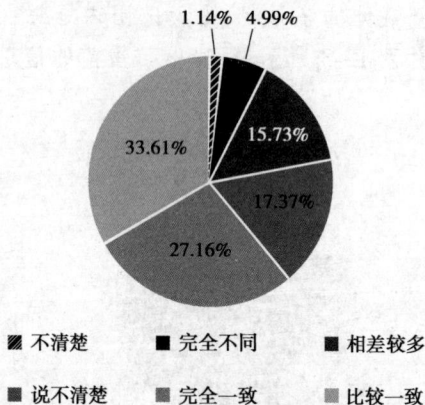

图12-4　公众心目中,国外媒体对中国的描述和判断与现实之间的差距

媒体的发展为信息传播和舆论参与提供了更加多元的平台,一方面,重要的公共突发新闻事件报道的传播速度加快,另一方面,大量未经核实考证的信息、具有迷惑性和煽动性的言论和报道,对社会民众的情绪、态度、意见的形成产生了一定影响。特别是新冠肺炎疫情暴发以来,多轮热点事件在国内外媒体和社交平台上轮番发酵,更是考验着民众对于网络热点与敏感话题的甄别和感知能力。

当问到"国外公众和媒体对中国表现出的舆论倾向"时,49.66%的受访者比较乐观,认为国外对华的报道和基本态度以正面为主;24.7%的受访者则认为外媒笔下的中国形象负面倾向较为明显;另有24.07%的受访者认为外部舆论总体来说比较客观。对于国外公众和媒体对中国的描述和判断是否符合实际情况,约三分之二的受访者认为总体符合实际(67.77%),有20.72%的受访者认为相差较大。

关于我国对其他国家和地区报道中的舆论倾向,超六成(63.36%)受访者认为以正面为主;26.6%的受访者认为不存在明显倾向,比较公正客观。关于我国公众和媒体对其他国家和地区的描述和判断与实际情形之间的关系,66.58%的受访者认为二者比较一致,12.5%的受访者认为偏差较明显。

新冠肺炎疫情暴发以来,国内国际舆论热点频现,而中国当代民众的交流表达方式、情感倾向与思维习惯,都在这些具体的媒体报道与舆论参与中被塑造。在舆论及信息传播过程中,如何适应国内国际高速变化的舆情进展,提升我国媒体的舆情引导力,同时避免标签化的报道使民众形成"二元对立"式解读造成不良后果,需要我国主流媒体进一步在舆论事件报道的全面性、深入性上寻找突破口。

五、讨论与建设

本年度报告通过不同维度的问题设计,对中国公众对当今中国与世界的态度和观点进行了立体的展现,通过对信息渠道、观念形成的影响要素和观念的外在表达的过程性拆解,获得了覆盖全面且易于追踪的调研结果。基于本次调研报告的数据和资料,在实践层面,课题组提出以下四个方面的建议:

第一,深化媒体转型融合,丰富宣传传播手段,走好网上群众路线。

调查发现,当前公民获取信息的主要渠道已经从传统媒体转向网络视频网站和互联网社交网站,随着技术飞速发展,网络影响力已经渗透到了社会经济生活的各个方面。通过互联网平台倾听民声、了解民情是做好网上群众工作、回应群众关切、推动国家治理能力和体系现代化的重要途径。习近平总书记指出,"各级党政机关和领导干部要学会通过网络走群众路线,经常上网看看,了解群众所思所愿,收集好想法好建议,积极回应网民关切、解疑释惑"。当前,网络视频平台和社交平台方兴未艾,党员干部应与时俱进,强化互联网思维、提升网络引用能力、发挥网媒的监督作用,坚持"面对面""键对键"相结合,从细节入手,在网络舆情中发现治理的难点、在网络留言中看到治理的盲点、在网友建议中寻找治理优化的起点,丰富思想传播手段,以民众喜闻乐见的宣传形式实现党心民意的同频共振,从而进一步提高为人民服务的水平,更高效地满足人民多元多样的需求。

第二,以人民为中心,促进和维护社会公平正义。

民生保障获得感与社会公平感已经成为公众评价政府绩效,衡量政府公信力的重要依据。同时,公平正义是我们党追求的一项崇高价值,党的十八大以来,习近平总书记高度重视维护和促进社会公平正义,提出"公正是法治的生命线"。要推进全面依法治国,必须紧紧围绕保障和促进社会公平正义来进行。要坚持全面推进科学立法、严格执法、公正司法、全民守法,继续推进法治领域改革;要用法治给行政权力定规矩、划界限,规范行政决策程序,加快转变政府职能,推进严格规范公正文明执法;要不断深化司法体制改革,加快构建规范高效的制约监督体系,坚守公正司法的底线,坚持维护人民权益,不断提高司法公信力。保障人民安居乐业是政法工作的根本目标,必须坚持以人民为中心,坚持一切为了人民、一切依靠人民,遵循"促进社会公平,增进民生福祉"的原则,在法治轨道上推进国家治理体系和治理能力现代化。

第三,坚持实事求是,做好舆论宣传工作。

舆论是影响社会发展的重要力量,新闻舆论工作是党的一项重要工作,事关党和国家的前途命运,其持续健康发展离不开党性、政治性、真实性、人民性、创新性的有机统一。眼下,互联网已经成为意识形态斗争的新一线,各级政府和宣传媒体坚持正确舆论导向、坚守舆论宣传阵地、创新舆论宣传方式、聚集舆论宣传力量、营造良好舆论氛围,增强政治敏锐性、培养宣传意识,充分利用舆论宣传树立典型。实事求是是我党新闻宣传工作的基本原则,在舆论工作中克服虚构浮夸、以偏概全、画蛇添足、捕风捉影等不良现象,理解并弘扬爱国主义精神,必须坚持立足民族又面向世界,坚持正确的政治方向,提高政治素质,增强政治鉴别力和敏锐性,不断提升新闻舆论的传播力、引导力、影响力、公信力。

第四,积极参与全球治理,推动建设新型国际关系。

随着国力的不断增长,我国民众对于国际事务的关心程度不断上升,对于中国积极参与全球治理有了新期待。习近平总书记在庆祝中国共产党成立 100 周年大会上的重要讲话中指出,"新的征程上,我们必须高举和平、发展、合作、共赢旗帜,奉行独立自主的和平外交政策,坚持走和平发展道路,推动建设新型国际关系,推动构建人类命运共同体,推动共建'一带一路'高质量发展,以中国的新发展为世界提供新机遇"。当前疫情影响余波未平、单边主义思潮泛滥,面对世界百年未有之大变局,要本着相互尊重的前提、公平正义的准则、合作共赢的目标,积极参与国际事务,尊重差异、凝聚共识,坚持多边主义,与其他国家开展务实合作,共同应对恐怖主义、气候变化、网络安全、公共卫生等全球性挑战,为全球经济复苏做出贡献,做世界和平的建设者、全球发展的贡献者、国际秩序的维护者。

(引用说明:在引用时,格式略作调整,内容未变)

## 拓展训练

根据调查研究的资料,写作规范的社会调查报告。

# 参考文献

[1] 赵勤,等.社会调查方法[M].北京:电子工业出版社,2009.

[2] 吴增基,等.现代社会调查方法[M].上海:上海人民出版社,2009.

[3] 周德民,戴香智.社会调查方法教程[M].北京:中国劳动社会保障出版社,2008.

[4] 风笑天.现代社会调查方法[M].4 版.武汉:华中科技大学出版社,2008.

[5] 李莉,等.实用社会调查方法[M].广州:暨南大学出版社,2008.

[6] 周德民,等.社会调查方法教程[M].北京:中国劳动社会保障出版社,2008.

[7] 张兴杰,等.社会调查[M].南京:南京大学出版社,2008.

[8] 水延凯,等.社会调查教程[M].4 版.北京:中国人民大学出版社,2007.

[9] 颜玖.观察法在社会科学研究中的应用[J].北京市总工会职工大学学报,2001,16(4):36-44.

[10] 郝大海.社会调查研究方法[M].3 版.北京:中国人民大学出版社,2016.

[11] 赵淑兰.社会调查方法[M].北京:机械工业出版社,2016.